백점

BOOK 1 개념북

사회 6·2

구성과 특징

BOOK ❶ 개념북

검정 교과서를 통합한 개념 학습

2023년부터 초등 5~6학년 사회 교과서가 국정 교과서에서 **11종 검정 교과서**로 바뀌었습니다.

'백점 사회'는 **검정 교과서의 개념과 자료를 통합적으로 학습**할 수 있도록 구성하였습니다. 단원별 검정 교과서 학습 내용을 확인하고 **개념 학습, 문제 학습, 마무리 학습**으로 이어지는 3단계 학습을 통해 검정 교과서의 통합 개념을 익혀 보세요.

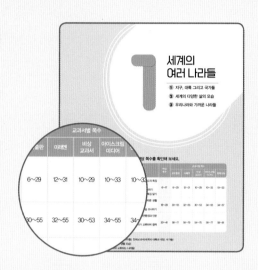

---

1 개념 학습

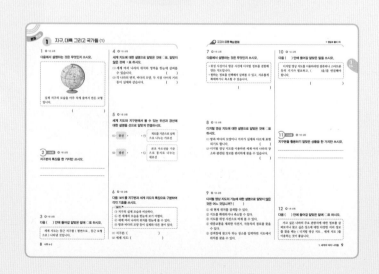

검정 교과서의 내용을 통합한 **핵심 개념**을 익힐 수 있습니다.

교과서 통합 대표 자료를 통해 다양한 자료를 학습할 수 있습니다.

QR코드를 통해 개념 이해를 돕는 **개념 강의**가 제공됩니다.

2 문제 학습

학습한 개념을 **문제**로 파악합니다.

교과서 공통 핵심 문제로 여러 출판사의 공통 개념을 익힐 수 있습니다.

교과서별 문제를 풀면서 다양한 교과서의 개념을 학습할 수 있습니다.

---

3 마무리 학습

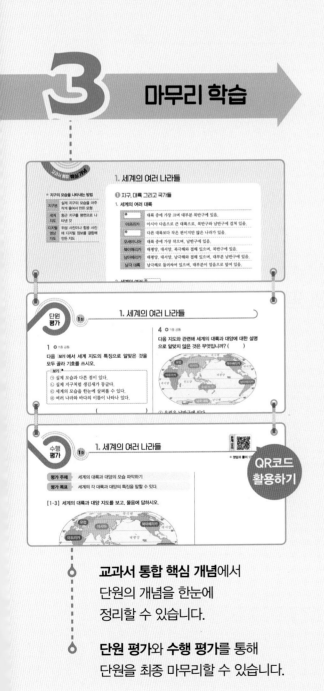

- **교과서 통합 핵심 개념**에서
  단원의 개념을 한눈에
  정리할 수 있습니다.

- **단원 평가**와 **수행 평가**를 통해
  단원을 최종 마무리할 수 있습니다.

BOOK ❷ 평가북

학교 시험에 딱 맞춘 평가 대비

묻고 답하기 / 중단원 평가

묻고 답하기를 통해 핵심 개념을 다시 익히고, 중단원
평가를 통해 자신의 실력을 확인할 수 있습니다.

대단원 평가 / 수행 평가

대단원 평가와 수행 평가를 통해 학교 시험에 대비할
수 있습니다.

차례

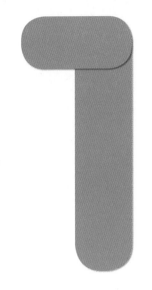

세계의 여러 나라들

1 지구, 대륙 그리고 국가들

2 세계의 다양한 삶의 모습

3 우리나라와 가까운 나라들

▶ 단원별 학습 내용과 교과서별 해당 쪽수를 확인해 보세요.

[단원명이 다른 교과서]

1 단원: 비상교육(지구, 대륙 그리고 나라들), 천재교과서(세계의 대륙과 대양, 국가들)

2 단원: 비상교육(세계의 다양한 생활 모습)

3 단원: 비상교육(우리나라와 교류하는 나라들)

개념 강의

1 지구, 대륙 그리고 국가들 (1)

1 지구본
┌ 오늘날 육지와 바다의 분포나 여러 나라의 위치를 살펴볼 때
  지구본, 세계 지도, 디지털 영상 지도를 이용해요.

① **지구본의 의미**: 실제 지구의 모습을 아주 작게 줄여서 만든 모형입니다.

② **지구본의 특징** 자료1 자료2

- 지구의 실제 모습과 비슷하여 세계 여러 나라의 위치, 거리, 모양 등을 비교적 정확하게 나타낼 수 있습니다. ➕

- 둥근 모양이기 때문에 한눈에 전 세계를 보기 어렵고, 부피가 커서 가지고 다니기 불편합니다.

➕ 위도와 경도

위도	적도를 기준으로 북쪽의 위도를 북위, 남쪽의 위도를 남위라고 함.
경도	본초 자오선을 기준으로 동쪽의 경도를 동경, 서쪽의 경도를 서경이라고 함.

지구본과 세계 지도에는 일정한 간격으로 위선(가로선)과 경선(세로선)이 그려져 있습니다. 위도와 경도를 이용하면 세계 여러 나라의 위치를 숫자로 나타낼 수 있습니다.

2 세계 지도

① **세계 지도의 의미**: 둥근 지구를 평면으로 나타낸 것입니다. ➕

② **세계 지도의 특징**

- 가지고 다니기 편리합니다.

- 세계 여러 나라의 위치와 영역을 한눈에 살펴볼 수 있습니다.

- 둥근 지구를 평면으로 나타낸 것이기 때문에 땅과 바다의 모양 등이 실제와 다른 점이 있습니다.

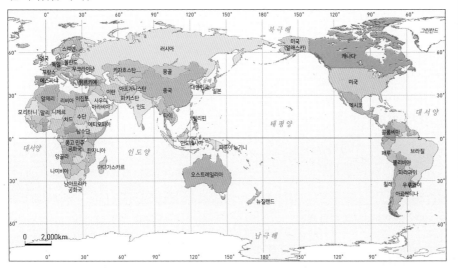

➕ 위도와 경도를 이용해 나라의 위치를 나타내는 방법

1️⃣ 나라의 동, 서, 남, 북 끝 지점 찾기
2️⃣ 남쪽과 북쪽 끝 지점에 가까운 위선 찾기
3️⃣ 동쪽과 서쪽 끝 지점에 가까운 경선 찾기
4️⃣ 각 위선과 경선에 표시된 수치(위도, 경도) 확인하기

3 디지털 영상 지도

① **디지털 영상 지도의 의미**: 위성 사진이나 항공 사진에 디지털 정보를 결합해 만든 지도입니다. ┌ 디지털 영상 지도는 어떤 나라나 장소에 관한
                                사진, 글 등의 최신 정보를 제공해요.

② **디지털 영상 지도의 특징** 자료3

- 지구본이나 세계 지도와 달리 원하는 정보를 선택해서 살펴볼 수 있습니다.

- 자유롭게 확대하거나 축소할 수 있고, 거리와 넓이를 구하기 쉽습니다.

- 컴퓨터, 스마트폰 등의 기기가 필요하고, 인터넷을 연결해야 합니다.

용어 사전

- **부피** 넓이와 높이를 가진 물건이 공간에서 차지하는 크기.
- **영역** 나라의 주권이 미치는 범위로, 영토, 영해, 영공으로 이루어짐.

교과서 통합 대표 자료

자료1 지구본, 세계 지도, 디지털 영상 지도의 특징 비교하기

지구본	세계 지도	디지털 영상 지도
실제 지구의 모습과 비슷해 지리 정보를 세계 지도보다 더 정확하게 담고 있음.	둥근 지구를 평면으로 나타내 세계 여러 나라의 위치와 영역을 한눈에 살펴볼 수 있음.	종이 지도와 달리 확대와 축소가 자유롭고, 다양한 정보를 검색할 수 있음.

자료2 지구본, 세계 지도, 디지털 영상 지도 활용하기

지구본	• 가고 싶은 나라를 지구본에서 찾아봄. • 나라 간의 크기를 비교하거나 도시 간의 거리 등을 알고 싶을 때 이용함.
세계 지도	• 가고 싶은 나라의 위치를 세계 지도에 표시하여 살펴봄. • 찾고 싶은 나라의 위치, 이동 경로 등을 확인할 때 이용함.
디지털 영상 지도	• 가고 싶은 나라의 주요 관광지에 대한 정보를 살펴봄. • 찾고 싶은 장소에 대한 다양한 지리 정보를 살펴볼 때 이용함.

▶ 지구본, 세계 지도, 디지털 영상 지도 모두 세계 여러 나라의 정보를 담고 있지만 각각의 특성이 다릅니다. 언제, 어떤 자료를 활용하는 것이 효과적인지 생각해 보고 상황에 알맞은 자료를 활용해야 합니다.

자료3 디지털 영상 지도의 기능

검색창에 찾고자 하는 장소를 입력하면 지도에서 위치를 찾을 수 있음.

자동차, 대중교통, 도보, 자전거의 경로를 찾을 수 있음.

지도를 위성 사진으로 바꿔 볼 수 있음.

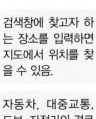
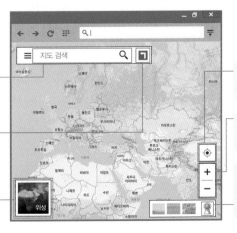

내 현재 위치를 검색할 수 있음.

지도를 확대하거나 축소할 수 있음.

어떤 장소의 실제 모습을 여러 각도에서 살펴볼 수 있음.

기본 개념 문제

● 정답과 풀이 1쪽

1
(지구본 , 세계 지도)은/는 실제 지구의 모습을 아주 작게 줄여서 만든 모형입니다.

2
위도와 (　　　　　)을/를 이용하면 세계 여러 나라의 위치를 숫자로 나타낼 수 있습니다.

3
(　　　　　)은/는 둥근 지구를 평면으로 나타낸 것입니다.

4
세계 지도를 활용하면 세계 여러 나라의 위치와 영역을 한눈에 살펴볼 수 있습니다.

(○ , ×)

5
(　　　　　)은/는 위성 사진이나 항공 사진에 디지털 정보를 결합해 만든 지도입니다.

1 지구, 대륙 그리고 국가들 (1)

1 ✚ 11종 공통

다음에서 설명하는 것은 무엇인지 쓰시오.

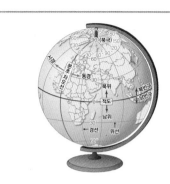

실제 지구의 모습을 아주 작게 줄여서 만든 모형입니다.

(   )

2 서술형 ✚ 11종 공통

지구본의 특징을 한 가지만 쓰시오.

_____

_____

3 ✚ 11종 공통

다음 (   ) 안에 들어갈 알맞은 말에 ○표 하시오.

세계 지도는 둥근 지구를 (평면으로 , 둥근 모형으로) 나타낸 것입니다.

4 ✚ 11종 공통

세계 지도에 대한 설명으로 알맞은 것에 ○표, 알맞지 <u>않은</u> 것에 ×표 하시오.

⑴ 세계 여러 나라의 위치와 영역을 한눈에 살펴볼 수 있습니다.   (   )

⑵ 각 나라의 면적, 바다의 모양, 두 지점 사이의 거리 등이 실제와 같습니다.   (   )

5 ✚ 11종 공통

세계 지도와 지구본에서 볼 수 있는 위선과 경선에 대한 설명을 선으로 알맞게 연결하시오.

⑴ 위선 •

• ㉠ 적도를 기준으로 남북으로 나누는 가로선

⑵ 경선 •

• ㉡ 본초 자오선을 기준으로 동서로 나누는 세로선

6 ✚ 11종 공통

다음 보기 를 지구본과 세계 지도의 특징으로 구분하여 각각 기호를 쓰시오.

┌─ 보기 ●─────────────────
㉠ 지구의 실제 모습과 비슷하다.
㉡ 전 세계의 모습을 한눈에 보기 어렵다.
㉢ 세계 여러 나라의 위치를 한눈에 볼 수 있다.
㉣ 땅과 바다의 모양 등이 실제와 다른 점이 있다.
└────────────────────────

⑴ 지구본: (   )

⑵ 세계 지도: (   )

7 ➕ 11종 공통

다음에서 설명하는 것은 무엇인지 쓰시오.

> • 위성 사진이나 항공 사진에 디지털 정보를 결합해 만든 지도입니다.
> • 원하는 정보를 선택해서 살펴볼 수 있고, 자유롭게 확대하거나 축소할 수 있습니다.

( )

8 ➕ 11종 공통

디지털 영상 지도에 대한 설명으로 알맞은 것에 ○표 하시오.

(1) 땅과 바다의 모양이나 거리가 실제와 다르게 표현 되기도 합니다. ( )

(2) 디지털 영상 지도를 이용하면 세계 여러 나라의 장소와 관련된 정보를 편리하게 찾을 수 있습니다. ( )

9 ➕ 11종 공통

디지털 영상 지도의 기능에 대한 설명으로 알맞지 <u>않은</u> 것은 어느 것입니까? ( )

① 내 현재 위치를 검색할 수 있다.

② 지도를 확대하거나 축소할 수 있다.

③ 지도를 위성 사진으로 바꿔 볼 수 있다.

④ 대중교통을 제외한 자전거, 자동차의 경로를 찾을 수 있다.

⑤ 검색창에 찾고자 하는 장소를 입력하면 지도에서 위치를 찾을 수 있다.

10 ➕ 11종 공통

다음 ( ) 안에 들어갈 알맞은 말을 쓰시오.

> 디지털 영상 지도를 이용하려면 컴퓨터나 스마트폰 등의 기기가 필요하고, ( )을/를 연결해야 합니다.

( )

11 서술형 ➕ 11종 공통

지구본을 활용하기 알맞은 상황을 한 가지만 쓰시오.

_____

_____

12 ➕ 11종 공통

다음 ( ) 안에 들어갈 알맞은 말에 ○표 하시오.

> 가고 싶은 나라의 주요 관광지에 대한 정보를 살펴보거나 찾고 싶은 장소에 대한 다양한 지리 정보를 찾을 때는 (디지털 영상 지도 , 세계 지도)를 이용하는 것이 좋습니다.

1 지구, 대륙 그리고 국가들 (2)

1 세계의 여러 대륙과 대양 ➕

① **대륙**: 바다로 둘러싸인 큰 땅덩어리를 말합니다.

└ 세계 육지 면적의 약 30% 를 차지하며 우리나라가 속해 있는 대륙이에요.

아시아	대륙 중에 가장 크며 대부분 북반구에 있음.
아프리카	아시아 다음으로 큰 대륙으로, 북반구와 남반구에 걸쳐 있음.
유럽	다른 대륙보다 작은 편이지만 많은 나라가 있음.
오세아니아	대륙 중에 가장 작으며, 남반구에 있음.
북아메리카	태평양, 대서양, 북극해와 접해 있으며, 북반구에 있음.
남아메리카	태평양, 대서양, 남극해와 접해 있으며, 대부분 남반구에 있음.
남극 대륙	남극해로 둘러싸여 있으며, 대부분이 얼음으로 덮여 있음. 자료1

② **대양**: 세계의 큰 바다를 말합니다. ➕ 자료2

태평양	가장 큰 바다로, 아시아, 오세아니아, 아메리카 대륙 사이에 있음.
대서양	두 번째로 큰 바다로, 아프리카, 유럽, 아메리카 대륙 사이에 있음.
인도양	아시아, 아프리카, 오세아니아 등에 인접해 있음.
북극해	북극 주변에 있는 바다로 아시아, 유럽, 북아메리카 대륙에 둘러싸여 있음. └ 대부분 얼음에 덮여 있어요.
남극해	남극 대륙을 둘러싸고 있음.

2 대륙별 주요 나라 자료3

유럽	아시아	북아메리카
• 영국	• 대한민국	• 캐나다
• 이탈리아	• 중국	• 미국
• 에스파냐	• 인도	• 멕시코
• 프랑스	• 일본	• 쿠바
• 포르투갈	• 사우디아라비아	• 과테말라

아프리카	오세아니아	남아메리카
• 이집트	• 뉴질랜드	• 브라질
• 알제리	• 오스트레일리아	• 아르헨티나
• 나이지리아	• 피지	• 칠레
• 탄자니아	• 팔라우	• 페루
• 남아프리카 공화국	• 파푸아 뉴기니	• 에콰도르

➕ **지구의 육지와 바다**

지구는 육지와 바다로 이루어졌고, 그중에서 육지의 면적은 약 30%, 바다의 면적은 약 70%입니다.

➕ **바다 이름에 붙는 '양'과 '해'의 의미**

| 양 | 태평양이나 대서양처럼 '양'으로 불리는 바다는 매우 큰 바다를 일컬음. |
| 해 | 북극해나 남극해처럼 '해'로 불리는 바다는 육지와 섬이 가로막아 큰 바다와 떨어진 작은 바다로, 대부분이 육지에 둘러싸였음. |

용어 사전

● **북반구** 위도 0°인 적도를 기준으로 북쪽 지역.
● **남반구** 위도 0°인 적도를 기준으로 남쪽 지역.
● **인접** 이웃하여 있음. 또는 옆에 닿아 있음.

✔ 교과서 통합 대표 자료

자료 1 남극 대륙

▲ 남극에 사는 펭귄

남극 대륙은 지구의 가장 남쪽에 있는 대륙입니다. 남극 대륙의 면적은 약 1,420만 ㎢로 유럽 대륙과 오세아니아 대륙보다 넓습니다. 남극 대륙 전체 면적의 약 98%는 일 년 내내 얼음과 눈으로 덮여 있습니다. 남극 대륙에서는 다양한 과학 탐구 활동이 이루어지고 있습니다. 우리나라도 남극 대륙에 세종 과학 기지와 장보고 과학 기지를 세워 여러 연구 활동을 수행하고 있습니다.

자료 2 대양의 모습과 위치

대서양은 대체로 에스(S) 자형을 이루고 있어요.

▲ 태평양　　　▲ 대서양　　　▲ 인도양

▲ 북극해　　　▲ 남극해

❯ 태평양, 대서양, 인도양은 북반구와 남반구에 걸쳐 있으나, 북극해는 북반구에, 남극해는 남반구에 있습니다.

자료 3 각 대륙에 속한 나라의 위치와 영역 살펴보기

구분	캐나다	프랑스
나라의 모습	북반구 / 적도 / 남반구	북반구 / 적도 / 남반구
위치한 대륙	북아메리카	유럽
위도와 경도 범위	북위 41°~84°, 서경 52°~141°	북위 41°~51°, 서경 5°~동경 8°
주변에 있는 대양	북쪽에 북극해가 있음.	서쪽에 대서양이 있음.
주변에 있는 나라	남쪽에 미국이 있음.	동쪽에 독일이 있음.

기본 개념 문제

● 정답과 풀이 2쪽

1

(대양 , 대륙)은 바다로 둘러싸인 큰 땅덩어리를 말합니다.

2

(　　　　　)은/는 우리나라가 속해 있는 대륙으로, 대륙 중에서 가장 큽니다.

3

북아메리카는 태평양, 대서양, 북극해와 접해 있는 대륙입니다.

(○ , ×)

4

가장 큰 바다로, 아시아, 오세아니아, 아메리카 대륙 사이에 있는 바다는 (　　　　　)입니다.

5

이집트, 알제리, 나이지리아 등의 국가가 있는 대륙은 (아프리카 , 유럽)입니다.

1 지구, 대륙 그리고 국가들 (2)

1 ➕ 11종 공통

다음에서 설명하는 대륙은 어디인지 쓰시오.

> 대한민국, 인도, 중국 등의 나라가 속해 있는 대륙으로, 대륙 중에서 가장 큽니다.

(   )

2 ➕ 11종 공통

각 대륙에 대한 설명을 선으로 알맞게 연결하시오.

(1) 북아메리카 •

• ㉠ 대륙 중 가장 작으며 남반구에 있음.

(2) 오세아니아 •

• ㉡ 태평양, 대서양, 북극해와 접해 있으며, 북반구에 있음.

3 ➕ 11종 공통

대륙에 대한 설명으로 알맞은 것에 ○표, 알맞지 <u>않은</u> 것에 ×표 하시오.

(1) 유럽은 작은 편이지만 많은 나라가 있습니다.

(   )

(2) 아프리카는 대륙 중에서 가장 크며 남반구에 있습니다.

(   )

[4-6] 다음 지도를 보고, 물음에 답하시오.

4 ➕ 11종 공통

위 지도에 나타난 대륙 중 다음에서 설명하는 곳을 찾아 이름을 쓰시오.

> 태평양, 대서양, 남극해와 접해 있으며, 대부분 남반구에 있습니다.

(   )

5 ➕ 11종 공통

위 지도에 나타난 북극해에 대한 설명으로 알맞은 것을 두 가지 고르시오. (,   )

① 가장 큰 바다이다.
② 남극 대륙을 둘러싸고 있다.
③ 아시아, 오세아니아, 아메리카 대륙 사이에 있다.
④ 아시아, 유럽, 북아메리카 대륙에 둘러싸여 있다.
⑤ 북극 주변에 있는 바다로 대부분 얼음에 덮여 있다.

6 서술형 ➕ 11종 공통

위 지도에 나타난 태평양의 특징을 한 가지만 쓰시오.

_____

_____

7 ➕ 11종 공통

다음에서 설명하는 대양은 무엇입니까? ( )

> 아시아, 아프리카, 오세아니아 등에 인접해 있습니다.

① 남극해 ② 대서양
③ 북극해 ④ 인도양
⑤ 태평양

8 ➕ 11종 공통

다음 ㉠, ㉡에 들어갈 알맞은 대양을 쓰시오.

> 세계에서 가장 큰 대양은 (㉠)이고, 두 번째로 큰 대양은 (㉡)입니다. (㉠)은/는 아시아, 오세아니아, 아메리카 대륙 사이에 있습니다. (㉡)은/는 아프리카, 유럽, 아메리카 대륙 사이에 있습니다.

㉠ ( ), ㉡ ( )

9 ➕ 11종 공통

각 나라가 있는 대륙을 보기 에서 골라 쓰시오.

> **보기**
> • 아시아   • 아프리카   • 오세아니아

(1) 이집트, 알제리, 나이지리아, 탄자니아 등
( )

(2) 뉴질랜드, 오스트레일리아, 피지, 팔라우 등
( )

10 ➕ 11종 공통

북아메리카 대륙에 있는 나라를 알맞게 짝지은 것은 어느 것입니까? ( )

① 칠레, 브라질
② 캐나다, 미국
③ 에스파냐, 이탈리아
④ 이집트, 나이지리아
⑤ 오스트레일리아, 뉴질랜드

[11-12] 다음은 프랑스에 대해 조사한 내용입니다. 물음에 답하시오.

위치한 대륙	㉠ 유럽
위도와 경도 범위	㉡ 북위 41°~51°, 서경 5°~동경 8°
주변에 있는 대양	㉢ 서쪽에 태평양이 있음.
주변에 있는 나라	㉣ 동쪽에 독일이 있음.

11 아이스크림, 천재교육 외

위 ㉠~㉣ 중 알맞지 않은 내용을 골라 기호를 쓰시오.

( )

12 서술형 아이스크림, 천재교육 외

윗글의 밑줄 친 '유럽' 대륙에 속한 나라를 두 곳 쓰시오.

_____

_____

1 지구, 대륙 그리고 국가들 (3)

1 세계 여러 나라의 면적

① 세계 여러 나라의 영토 면적

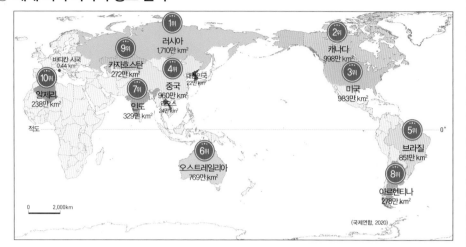

(국제연합, 2020)

- 세계에서 영토 면적이 가장 넓은 나라는 러시아이며, 두 번째로 넓은 나라는 캐나다입니다. ➕
- 세계에서 영토 면적이 가장 좁은 나라는 바티칸 시국이며, 우리나라의 경복궁과 면적이 비슷합니다. 자료 1

② 우리나라의 영토 면적

- 우리나라의 영토 면적은 약 22만 ㎢이며, 남한만의 영토 면적은 약 10만 ㎢입니다. → 우리나라의 영토 크기는 세계에서 85번째예요.
- 우리나라와 영토 면적이 비슷한 나라로는 유럽의 영국과 루마니아, 아시아의 라오스 등이 있습니다. ➕

2 세계 여러 나라의 모양 자료 2

영토 모양이 장화를 닮은 나라	영토 모양이 코끼리를 닮은 나라	영토 모양이 닭을 닮은 나라
▲ 이탈리아	▲ 타이	▲ 중국
국경선이 단조로운 나라 ➕	해안선이 복잡한 나라	영토 모양이 남북으로 길쭉한 나라 자료 3
▲ 이집트	▲ 노르웨이	▲ 칠레

➕ 캐나다

캐나다는 북아메리카 대륙의 북쪽에 있습니다. 러시아에 이어 세계에서 두 번째로 큰 나라로, 남쪽에 있는 미국과 함께 북아메리카의 대부분을 차지합니다.

➕ 우리나라와 영국의 영토 비교

세계 지도에서 영국과 우리나라를 비교해 보면 영국이 더 커 보이지만 실제 한반도의 면적은 영국과 비슷합니다.

➕ 아프리카의 국경선

국경선은 대부분 산지나 강과 같은 지형적 특성을 바탕으로 정해집니다. 그러나 아프리카는 과거 이 지역을 지배했던 유럽의 여러 나라가 마음대로 국경선을 정해서 직선인 경우가 많습니다.

용어 사전

- **시국** 하나의 도시로만 이루어진 국가.
- **국경** 나라와 나라의 영역을 가르는 경계.
- **단조롭다** 단순하고 변화가 없어 새로운 느낌이 없음.

♦ 교과서 통합 대표 자료

● 정답과 풀이 3쪽

자료 1 세계에서 가장 작은 나라, 바티칸 시국

세계에서 면적이 가장 작은 나라는 바티칸 시국입니다. 바티칸 시국은 이탈리아 수도 로마의 시내에 있습니다. 면적은 우리나라의 경복궁보다 약간 크고, 인구는 약 800명으로 알려져 있습니다. 바티칸 시국은 카톨릭교의 중심지로, 카톨릭교의 교황이 바티칸에 있으며 세계에서 가장 큰 성당인 성 베드로 대성당이 이곳에 있습니다.

자료 2 위치에 따른 여러 나라의 특징

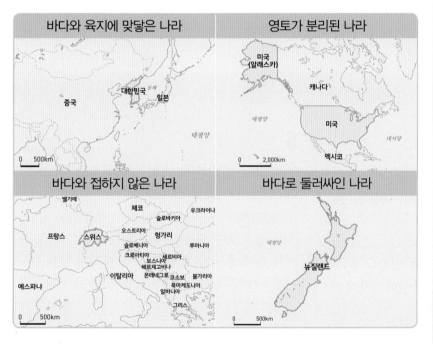

> 세계의 여러 나라 중에는 대륙과 연결되어 있으면서 바다와 접해 있는 나라도 있고, 다른 나라를 사이에 두고 영토가 분리된 나라도 있습니다. 또한 대륙 안쪽에 위치하여 바다와 접하지 않은 나라도 있고, 바다로 둘러싸인 나라도 있습니다.

자료 3 남북으로 길이가 가장 긴 나라, 칠레

▲ 칠레의 수도 산티아고

칠레는 남아메리카 대륙의 남서부 끝에 있습니다. 안데스산맥의 서쪽에 있으며, 세계에서 영토가 남북으로 가장 긴 나라입니다. 칠레의 북쪽은 페루, 동쪽은 볼리비아 및 아르헨티나와 국경을 맞대고 있으며, 서쪽은 태평양과 접해 있습니다.

기본 개념 문제

1
세계에서 영토 면적이 가장 넓은 나라는 (   )입니다.

2
세계에서 영토 면적이 가장 좁은 나라는 (   )입니다.

3
우리나라의 영토 면적은 약 22만 km²이며, 남한만의 영토 면적은 약 10만 km²입니다.

(○ , ×)

4
영토 모양이 장화를 닮은 나라는 (이탈리아 , 이집트)입니다.

5
스위스는 바다와 육지에 맞닿아 있습니다.

(○ , ×)

1 지구, 대륙 그리고 국가들 (3)

[1-3] 다음은 세계 여러 나라의 영토 면적을 나타낸 지도입니다. 물음에 답하시오.

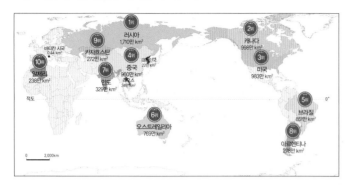

1 ➕ 11종 공통

위 지도에서 영토 면적이 가장 넓은 나라를 찾아 이름을 쓰시오.

(   )

2 ➕ 11종 공통

다음 밑줄 친 '이 나라'를 위 지도에서 찾아 이름을 쓰시오.

> 이 나라는 북아메리카 대륙의 북쪽에 있습니다. 이 나라는 세계에서 두 번째로 넓고, 북아메리카에서는 가장 넓습니다.

(   )

3 ➕ 11종 공통

위 지도를 보고 세계 여러 나라의 영토 면적에 대한 설명으로 알맞은 것에 ○표 하시오.

(1) 오스트레일리아는 미국보다 영토 면적이 넓습니다.

(   )

(2) 중국의 영토 면적은 세계에서 네 번째로 넓습니다.

(   )

4 미래엔, 천재교과서 외

다음 ( ) 안에 공통으로 들어갈 나라를 쓰시오.

> 세계에서 면적이 가장 작은 나라인 ( )은/는 이탈리아 수도 로마의 시내에 있습니다. 면적은 우리나라의 경복궁보다 약간 크고, 인구는 약 800명으로 알려져 있습니다. ( )은/는 카톨릭교의 중심지로, 세계에서 가장 큰 성당인 성 베드로 대성당이 이곳에 있습니다.

(   )

5 비상교과서, 지학사 외

우리나라의 영토에 대한 설명으로 알맞은 것을 보기 에서 골라 기호를 쓰시오.

> **보기**
> ㉠ 중국보다 영토 면적이 넓다.
> ㉡ 세계에서 두 번째로 영토 면적이 넓다.
> ㉢ 남한만의 영토 면적은 약 10만 km^2이다.

(   )

6 서술형 비상교과서, 지학사 외

우리나라와 영토 면적이 비슷한 나라를 두 곳 쓰시오.

_____

_____

7 비상교육, 아이스크림 외

다음 ( ) 안에 들어갈 알맞은 나라를 쓰시오.

> 나라 사이의 경계선인 국경선은 대부분 산지나 강과 같은 지형적 특성을 바탕으로 정해집니다. 그러나 ( )은/는 과거 이 지역을 지배했던 유럽의 여러 나라가 마음대로 국경선을 정해서 직선인 경우가 많습니다.

( )

8 비상교과서, 지학사 외

세계 여러 나라의 모양에 대해 알맞게 설명한 친구를 골라 이름을 쓰시오.

이탈리아의 영토 모양은 닭을 닮았습니다.

이집트는 국경선이 단조롭습니다.

▲ 재영   ▲ 희수

( )

9 미래엔, 천재교과서 외

다음 중 남북으로 길게 뻗은 영토 모양을 가진 나라는 어디입니까? ( )

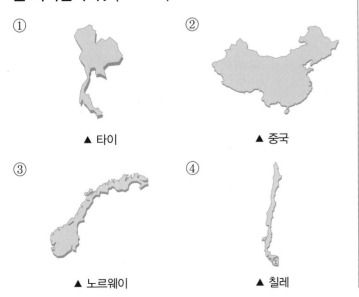

① ▲ 타이   ② ▲ 중국

③ ▲ 노르웨이   ④ ▲ 칠레

10 동아출판, 비상교과서 외

다음 ( ) 안에 들어갈 알맞은 말에 ○표 하시오.

(1) (몽골 , 노르웨이)은/는 해안선이 복잡합니다.

(2) 중국의 영토 모양은 (닭 , 코끼리)을/를 닮았습니다.

11 서술형 금성출판사, 미래엔 외

다음 지도를 보고 미국 영토의 특징을 쓰시오.

_____

_____

12 김영사, 동아출판 외

다음 지도를 보고 ㉠, ㉡에 들어갈 알맞은 나라를 �시오.

> (㉠)은/는 바다와 접하지 않고, (㉡)은/는 바다로 둘러싸였습니다.

㉠ ( ), ㉡ ( )

2 세계의 다양한 삶의 모습 (1)

1 세계의 다양한 기후

① **기후의 의미**: 한 지역에서 여러 해에 걸쳐 나타나는 평균적인 날씨를 말합니다.

② **세계 기후 분포의 특징**
- 적도 지방에서 극지방으로 갈수록 기온이 점차 낮아지며, 대체로 열대 기후, 건조 기후, 온대 기후, 냉대 기후, 한대 기후 순으로 나타납니다. +
- 각 나라나 지역의 기후는 위치, 지형, 해발 고도 등에 따라 달라집니다.

③ **세계의 기후 분포** 자료1 → 기후를 구분할 때는 해당 지역의 기온과 강수량 등을 기준으로 구분해요.

열대 기후	일 년 내내 더운 날씨가 계속되고, 가장 추운 달의 평균 기온이 18℃ 이상임.
건조 기후	강수량이 매우 적어 일 년 동안의 강수량 합이 500mm 미만이고 강수량보다 증발량이 많음.
온대 기후	가장 추운 달의 평균 기온이 -3℃ 이상 18℃ 미만이며, 사계절이 비교적 뚜렷함.
냉대 기후	가장 추운 달의 평균 기온이 -3℃ 미만이고, 가장 따뜻한 달의 평균 기온이 10℃ 이상임.
한대 기후	가장 따뜻한 달의 평균 기온이 10℃ 미만으로 매우 추움.
고산 기후	해발 고도가 높은 지역에서 나타나며, 적도 부근의 고산 기후 지역은 일 년 내내 날씨가 온화하여 우리나라의 봄 날씨와 비슷함.

2 열대 기후

① **열대 기후의 분포와 특징**

분포	적도 주변의 저위도 지역에 나타남.
특징	• 일 년 내내 기온이 높고 계절 변화가 거의 없음. • 열대 기후 지역에는 일 년 내내 비가 많이 내려 밀림을 이루는 곳이 있고, 건기와 우기가 번갈아 나타나 초원이 발달한 곳도 있음.

② **열대 기후 지역의 생활 모습** 자료2
- 일 년 내내 덥고 습해서 얇고 통풍이 잘되는 옷을 입습니다.
- 카사바, 얌 등을 재배하거나 커피, 바나나, 카카오 등의 열대작물을 대규모로 재배합니다. └ 나무와 풀을 태우고 남은 재를 거름 삼아 농사짓는 화전 농업 방식으로 재배해요.

3 건조 기후

① **건조 기후의 분포와 특징**

분포	주로 중위도 지역의 내륙에 나타남.
특징	• 낮과 밤의 기온 차이가 크고 강수량이 적음. • 강수량이 매우 적은 곳에는 사막이 발달하고, 약간의 비가 내리는 곳에는 초원이 형성되기도 함.

② **건조 기후 지역의 생활 모습**
- 온몸을 감싸는 옷을 입고, 흙벽돌로 만든 집에서 생활합니다. 자료3
- 오아시스 주변에서는 밀이나 대추야자를 재배합니다. +
  └ 강한 햇볕과 모래바람을 막기 위해서예요.

+ 적도 지방의 기온이 높은 이유

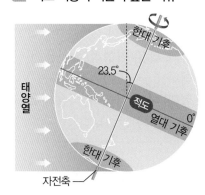

한대 기후 / 23.5° / 태양열 / 적도 / 열대 기후 0° / 한대 기후 / 자전축

적도 부근은 태양열을 다른 지역보다 많이 받기 때문에 기온이 높습니다. 대체로 저위도 지역에서 고위도 지역으로 갈수록 기온이 낮아집니다.

+ 건조 기후 지역의 생활 모습

▲ 사막 지역의 마을

사막 지역의 사람들은 오아시스나 강 주변에서 농사를 지으며 살아갑니다.

용어 사전

- **강수량** 비, 눈 등 일정한 기간에 일정한 곳에 내린 물의 양.
- **증발량** 일정한 기간에 일정한 곳에서 증발한 물의 양.
- **고산** 높은 산.
- **밀림** 큰 나무들이 빽빽하게 들어선 깊은 숲.
- **건기** 일 년 중 비가 적게 내리는 시기.
- **우기** 일 년 중 비가 많이 내리는 시기.
- **초원** 풀이 나 있는 들판.
- **오아시스** 사막 가운데에 샘이 솟고 풀과 나무가 자라는 곳.

◆ 교과서 통합 대표 자료

자료1 세계의 기후 분포

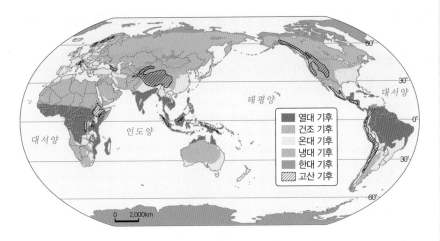

태평양

대서양

인도양

대서양

| 열대 기후 |
| 건조 기후 |
| 온대 기후 |
| 냉대 기후 |
| 한대 기후 |
| 고산 기후 |

0 2,000km

▶ 세계의 기후는 열대 기후, 건조 기후, 온대 기후, 냉대 기후, 한대 기후 등으로 나눌 수 있습니다. 태양열을 많이 받는 적도 부근은 열대 기후가 나타나고, 태양열을 적게 받는 극지방 부근은 한대 기후가 나타납니다.

자료2 열대 기후 지역의 모습

자주 내리는 비에 대비해 지붕의 경사를 급하게 만들어요.

▲ 고상 가옥

▲ 사파리 관광 산업

▶ 열대 기후 지역에서는 바람이 잘 통하도록 집의 창을 크게 만들고, 땅에서 전달되는 열기와 습기를 피하려고 기둥을 세워 바닥을 땅에서 띄워 집을 짓습니다. 독특한 자연 경관과 야생 동물을 볼 수 있어서 생태 관광 산업이 발달하기도 합니다.

자료3 건조 기후 지역의 전통 가옥

▲ 흙집

▲ 이동식 가옥

▶ 사막 지역에서는 나무 대신 주변에서 구하기 쉬운 진흙을 재료로 사용하여 흙집을 짓고 생활합니다. 초원에서는 사람들이 유목 생활을 하며 이동식 가옥인 게르를 짓고 생활하는데, 게르는 나무와 가죽, 천 등으로 조립하여 만들어 쉽게 분리해 이동이 가능합니다.

기본 개념 문제

● 정답과 풀이 4쪽

1

(   )(이)란 한 지역에서 여러 해에 걸쳐 나타나는 평균적인 날씨를 말합니다.

2

(건조 , 한대) 기후는 가장 따뜻한 달의 평균 기온이 10℃ 미만으로 매우 춥습니다.

3

(   ) 기후는 해발 고도가 높은 지역에서 나타나는 기후로, 일 년 내내 날씨가 온화하여 우리나라의 봄 날씨와 비슷합니다.

4

열대 기후 지역에서는 카사바, 얌 등을 재배하거나 커피, 바나나, 카카오 등의 열대작물을 대규모로 재배합니다.

(O , ×)

5

건조 기후는 낮과 밤의 기온 차이가 (크고 , 작고) 강수량이 적습니다.

2 세계의 다양한 삶의 모습 (1)

1 ➕ 11종 공통

다음 ( ) 안에 공통으로 들어갈 말을 쓰시오.

> ( )(이)란 한 지역에서 여러 해에 걸쳐 나타나는 평균적인 날씨로, 각 나라의 위치나 지형에 따라 ( )이/가 다르게 나타나기도 합니다.

( )

[2-3] 다음 세계의 기후 분포를 보고, 물음에 답하시오.

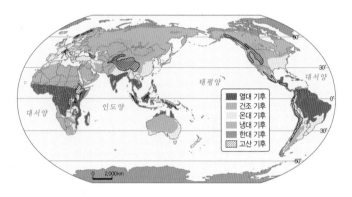

2 ➕ 11종 공통

위 지도와 관련해 ( ) 안에 들어갈 알맞은 내용에 ○표 하시오.

> 세계의 기후는 적도 지방에서 극지방으로 갈수록 기온이 점차 (낮아 , 높아)지는데, 이는 기후 형성에 큰 영향을 미칩니다.

3 ➕ 11종 공통

위 지도를 보고 평균 기온이 가장 높은 기후와 가장 낮은 기후를 알맞게 짝지은 것은 어느 것입니까?

( )

① 온대 기후 – 한대 기후
② 열대 기후 – 한대 기후
③ 열대 기후 – 냉대 기후
④ 건조 기후 – 냉대 기후
⑤ 고산 기후 – 건조 기후

4 ➕ 11종 공통

세계의 기후를 구분하는 기준으로 알맞은 것을 두 가지 고르시오. (,)

① 기온
② 인구수
③ 강수량
④ 영토의 면적
⑤ 영토의 모양

5 서술형 ➕ 11종 공통

다음 그림을 보고 적도 지역의 기온이 높은 이유를 쓰시오.

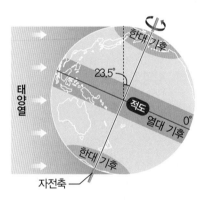

_____

_____

6 ➕ 11종 공통

각 기후에 대한 설명을 선으로 알맞게 연결하시오.

(1) 건조 기후 •

• ㉠ 가장 추운 달의 평균 기온이 −3℃ 이상 18℃ 미만이며, 사계절이 비교적 뚜렷함.

(2) 온대 기후 •

• ㉡ 강수량이 매우 적어 일 년 동안의 강수량 합이 500mm 미만이고 강수량보다 증발량이 많음.

7 ➕ 11종 공통

다음 설명에 해당하는 기후를 보기 에서 골라 기호를 쓰시오.

> **보기** ●
> ㉠ 열대 기후   ㉡ 온대 기후
> ㉢ 냉대 기후   ㉣ 한대 기후
> ㉤ 건조 기후

(1) 일 년 내내 더운 날씨가 계속되고, 가장 추운 달의 평균 기온이 18℃ 이상입니다.   (   )

(2) 가장 추운 달의 평균 기온이 −3℃ 미만이고, 가장 따뜻한 달의 평균 기온이 10℃ 이상입니다.
          (   )

8 ➕ 11종 공통

다음 ㉠, ㉡에 들어갈 알맞은 말을 각각 쓰시오.

> 열대 기후 지역 중에는 일 년 내내 비가 많이 내려 (㉠   )을/를 이루는 곳이 있고, 건기와 우기가 번갈아 나타나 (㉡   )이/가 발달한 곳도 있습니다.

㉠ (   ), ㉡ (   )

9 ➕ 11종 공통

열대 기후에 대한 설명으로 알맞은 것에 ○표, 알맞지 **않은** 것에 ×표 하시오.

(1) 주로 중위도 지역의 내륙에 나타납니다. (   )

(2) 커피, 바나나, 카카오 등의 열대작물을 대규모로 재배합니다.   (   )

10 ➕ 11종 공통

다음에서 설명하는 것은 무엇인지 쓰시오.

> 열대 기후 지역에서는 자주 내리는 비에 대비해 지붕의 경사를 급하게 만듭니다. 바람이 잘 통하도록 집의 창을 크게 만들고, 땅에서 전달되는 열기와 습기를 피하려고 기둥을 세워 바닥을 땅에서 띄워 집을 짓습니다.

(   )

11 ➕ 11종 공통

건조 기후에 대해 알맞게 설명한 친구를 골라 이름을 쓰시오.

일 년 내내 덥고 습해서 얇고 통풍이 잘되는 옷을 입습니다.

오아시스 주변에서는 밀이나 대추야자를 재배합니다.

▲ 연진   ▲ 도영

(   )

12 서술형   비상교과서, 아이스크림 외

건조 기후 지역에서 볼 수 있는 가옥의 모습을 두 가지 쓰시오.

_____

_____

2 세계의 다양한 삶의 모습 (2)

1 온대 기후

① 온대 기후의 분포와 특징

분포	중위도 지역에 주로 나타남.
특징	• 사계절이 비교적 뚜렷하고 온화함. ┌온대 기후 지역은 기후가 온화해서 인구가 많고 여러 산업이 발달했어요. • 온대 기후 지역에는 우리나라처럼 여름에 강수량이 집중되는 곳, 서부 유럽처럼 일 년 내내 강수량이 고른 곳, 지중해 주변처럼 여름보다 겨울에 강수량이 많은 곳이 있음.

② 온대 기후 지역의 생활 모습 [자료 1]
• 일찍부터 다양한 농업이 발달했습니다. ⊕
• 계절에 따른 옷과 음식이 다양하며, 지역에 따라 집의 모습도 다양합니다.

2 냉대 기후

① 냉대 기후의 분포와 특징

┌러시아의 시베리아, 캐나다 등이 속해요.

분포	북반구의 중위도와 고위도 지역에 나타남.
특징	• 겨울은 여름보다 길고 몹시 추우며 눈이 많이 옴. • 여름에는 기온이 높이 올라 여름과 겨울의 기온 차이가 큼.

② 냉대 기후 지역의 생활 모습
• 기온이 비교적 온화한 지역에서 농업이 이루어지고 있습니다.
• 뾰족한 잎을 가진 침엽수림이 넓게 발달했고, 겨울에 눈이 녹지 않고 계속 쌓여 있는 모습을 볼 수 있습니다. [자료 2]

3 한대 기후

① 한대 기후의 분포와 특징

분포	남극과 북극 주변의 고위도 지역에 나타남.
특징	기온이 매우 낮아 얼음과 눈으로 덮인 곳이 많고, 나무가 자라기 어려움.

② 한대 기후 지역의 생활 모습 [자료 3]
• 사람들은 사냥하여 얻은 생선과 고기를 주로 먹습니다.
• 짧은 여름에 땅이 녹아 이끼와 같은 작은 풀이 자라는 곳에서는 순록을 기르며 유목 생활을 하기도 합니다.

┌사람들은 순록의 털과 가죽으로 만든 옷을 입어요.

4 고산 기후

① 고산 기후의 분포와 특징

분포	해발 고도가 높은 지역에서 나타남.
특징	• 일 년 내내 우리나라의 봄철과 같이 온화함. ┌주변의 고도가 낮은 지역보다 기온이 낮아요. • 적도 부근의 고산 지대는 인간이 거주하기 유리하여 일찍부터 도시가 발달함.

② 고산 기후 지역의 생활 모습 ⊕
• 라마와 알파카 같은 가축을 길러 고기와 털을 얻습니다.
• 서늘한 지역에서 잘 자라는 감자와 옥수수 등을 주로 재배합니다.

⊞ 프랑스 망통 레몬 축제

프랑스 남쪽 지중해에 접한 망통은 여름이 덥고 건조하여 올리브나 레몬, 오렌지를 많이 재배합니다. 매년 2월이면 수확한 레몬과 오렌지로 다양한 조형물을 만들어 축제를 엽니다.

⊞ 고산 기후 지역의 생활 모습

고산 기후 지역에 사는 사람들은 낮과 밤의 큰 기온 차를 견디려고 망토와 같은 옷을 입습니다.

용어 사전
● 지중해 유럽과 아시아, 아프리카에 둘러싸인 바다로, 주변에는 그리스와 이탈리아 등의 나라가 있음.
● 백야 고위도 지방에서 한여름에 해가 지지 않아 낮이 계속되는 현상.

자료 1 온대 기후 지역의 농업

▲ 벼농사　　　　▲ 올리브 재배　　　　▲ 화훼 농업

▶ 여름철 기온이 높고 강수량이 많은 아시아 지역에서는 벼농사가 발달했습니다. 지중해 주변 지역에서는 올리브, 포도, 오렌지 등을 재배합니다. 유럽에서는 밀을 주로 재배하며, 일부 지역에서는 목축업과 <u>화훼 농업</u>이 이루어지기도 합니다.

└─ 꽃이 피는 풀과 나무 등을 기르는 농업이에요.

자료 2 냉대 기후 지역의 침엽수림

▲ 침엽수림　　　　▲ 펄프용 목재 생산　　　　▲ 통나무집

▶ 냉대 기후 지역에서는 목재 생산이 많고, 침엽수를 이용하여 종이를 만드는 공업이 발달했습니다. 침엽수는 재질이 부드러워 종이의 원료로 이용됩니다. 또한 나무가 많기 때문에 주로 통나무집을 짓고 생활합니다.

자료 3 한대 기후 지역의 생활 모습

┌─ 우리나라는 남극에 세종 과학 기지와 장보고 과학 기지, 북극에 다산 과학 기지를 세워 극지방을 연구하고 있어요.

▲ 순록 유목　　　　▲ 장보고 과학 기지　　　　▲ 송유관

▶ 한대 기후 지역에서는 연중 기온이 매우 낮아 농사를 짓기가 어렵습니다. 사람들은 순록을 키우며 유목 생활을 하기도 합니다. 최근 지하자원 개발과 극지방 기후 환경 연구 등이 활발하게 이루어지고 있으며, 백야와 빙하 등을 이용한 관광 산업이 발달하고 있습니다.

● 정답과 풀이 5쪽

1

사계절이 비교적 뚜렷하고 온화한 (　　　　　) 기후 지역은 인구가 많고 여러 산업이 발달했습니다.

2

냉대 기후 지역에서는 뾰족한 잎을 가진 침엽수림이 넓게 발달했습니다.

(○ , ×)

3

(냉대 , 한대) 기후는 고위도 지역에 주로 나타나며, 기온이 매우 낮아 얼음과 눈으로 덮인 곳이 많습니다.

4

한대 기후 지역에 사는 사람들은 (　　　　　)을/를 기르며 유목 생활을 하기도 합니다.

5

고산 기후 지역은 주변의 고도가 낮은 지역보다 기온이 높습니다.

(○ , ×)

2 세계의 다양한 삶의 모습 (2)

1 ⊕ 11종 공통

온대 기후 지역에서 나타나는 강수량의 특징을 선으로 알맞게 연결하시오.

(1) 서부 유럽 •

(2) 지중해 주변 •

• ㉠ 일 년 내내 비가 고르게 내림.

• ㉡ 여름보다 겨울에 강수량이 많음.

2 ⊕ 11종 공통

온대 기후 지역에 대한 설명으로 알맞은 것을 보기 에서 모두 골라 기호를 쓰시오.

보기
㉠ 사계절이 비교적 뚜렷하다.
㉡ 침엽수림 지대가 넓게 분포한다.
㉢ 인구가 많고 다양한 산업이 발달했다.
㉣ 일 년 내내 우리나라의 봄철과 같이 온화하다.

(   )

3 ⊕ 11종 공통

다음 ㉠, ㉡에 들어갈 알맞은 말에 ○표 하시오.

온대 기후 지역은 일찍부터 농업이 발달했습니다. 아시아에서는 주로 ㉠ (밀농사 , 벼농사)를 짓고, 유럽에서는 주로 ㉡ (밀 , 쌀)을 재배합니다.

4 ⊕ 11종 공통

냉대 기후에 대해 알맞게 설명한 친구를 골라 이름을 쓰시오.

기온이 비교적 온화한 지역에서 농업이 이루어지고 있어.

▲ 상수

얼음과 눈으로 덮인 곳이 많고, 나무가 자라기 어려워.

▲ 민영

(   )

5 ⊕ 11종 공통

다음 사진과 관련해 냉대 기후 지역에서 많이 생산되는 것은 무엇입니까? (   )

▲ 침엽수림

① 과일   ② 목재   ③ 석유
④ 석탄   ⑤ 천연가스

6 서술형 ⊕ 11종 공통

냉대 기후가 나타나는 분포 지역을 쓰시오.

_____

_____

7 ✚ 11종 공통

다음에서 설명하는 기후는 무엇인지 쓰시오.

> ① 분포
> 　남극과 북극 주변의 고위도 지역에 나타납니다.
> ② 특징
> 　기온이 매우 낮아 얼음과 눈으로 덮인 곳이 많고, 나무가 자라기 어렵습니다.

(　　　　　　　　)

8 ✚ 11종 공통

한대 기후 지역의 생활 모습에 대한 설명으로 알맞은 것에 ○표 하시오.

(1) 밀을 주로 재배하며, 일부 지역에서는 화훼 농업이 이루어지기도 합니다.

(　　　)

(2) 최근 지하자원 개발과 극지방 기후 환경 연구 등이 활발하게 이루어지고 있습니다.

(　　　)

9 금성출판사, 천재교육 외

한대 기후 지역에서 주로 이루어지는 활동으로 알맞은 것을 보기 에서 골라 기호를 쓰시오.

> 보기
> ㉠ 순록 유목　　　㉡ 올리브 재배
> ㉢ 열대작물 재배　㉣ 사파리 관광 산업

(　　　　　　　　)

10 ✚ 11종 공통

다음 (　　) 안에 공통으로 들어갈 말을 쓰시오.

> (　　　　) 기후는 해발 고도가 높은 곳에서 나타나는 기후입니다. (　　　　) 기후는 무더운 평지보다 인간이 생활하기에 유리하기 때문에 도시가 발달하기도 합니다.

(　　　　　　　　)

11 ✚ 11종 공통

고산 기후에 대한 설명으로 알맞은 것은 무엇입니까? (　　　)

① 낮과 밤의 기온 차이가 작은 편이다.
② 해발 고도가 낮은 지역에서 나타난다.
③ 주변의 고도가 낮은 지역보다 기온이 높다.
④ 온화한 기후를 바탕으로 목축업이 발달했다.
⑤ 적도 부근의 고산 지대는 일찍부터 도시가 발달했다.

12 서술형 비상교육, 아이스크림 외

다음 사진과 관련해 고산 기후 지역의 생활 모습을 두 가지 쓰시오.

_____

_____

2 세계의 다양한 삶의 모습 (3)

개념 강의

1 세계 여러 나라 사람들의 다양한 생활 모습

- 자연환경과 인문환경에 따라 세계 여러 나라 사람들의 생활 모습은 다양하게 나타납니다. ➕
- 오늘날에는 교통과 통신의 발달로 교류가 활발해지면서 전 세계적으로 비슷한 생활 모습이 나타나기도 합니다.

2 세계 여러 나라 사람들의 의식주 생활 모습 ➕

① **의생활** ➕ ┌ 세계 여러 나라에 나타나는 다양한 생활 모습을 이해하고 존중하는 마음가짐이 필요해요.

| **인도의 사리** 자르지 않고 바느질하지 않은 옷을 깨끗하다고 생각하여 한 장의 긴 천을 허리와 어깨에 두른 사리를 입음. | **멕시코의 판초와 솜브레로** 일교차가 심한 날씨에 쉽게 입고 벗을 수 있는 판초를 입고, 햇볕을 막을 수 있는 솜브레로를 씀. | **노르웨이의 털옷** 추운 날씨에 적응하기 위해 동물의 털과 가죽으로 만든 옷을 입고 모자와 털 부츠를 착용함. |

② **식생활** 자료 1

| **멕시코의 타코** 옥수수를 주식으로 하는 멕시코에서 얇게 구운 옥수수빵에 채소와 고기를 넣어 만든 타코를 먹음. | **뉴질랜드 마오리족의 항이** 주변에 화산과 온천이 많아서 땅의 열기를 이용해 고기나 채소 등을 익혀 먹음. | **튀르키예의 케밥** 유목민이 옮겨 다니면서 간편하게 먹기 위해 고기를 꼬챙이에 끼워 불에 구워 먹음. |

③ **주생활** 자료 2 자료 3

| **캐나다의 통나무집** 주변에서 구하기 쉬운 통나무를 쌓아 올려 집을 지음. | **그리스의 하얀 가옥** 벽을 두껍게 하여 열을 차단하고 벽을 하얗게 칠해 햇빛을 반사함. | **타이의 수상 가옥** 무더위와 해충을 피하기 위해 물 위에 집을 지음. |

➕ **백야 축제**

고위도 지방에서는 여름철 밤에도 해가 지지 않는 백야 현상이 나타납니다. 이 시기에는 러시아, 스웨덴, 노르웨이 등 여러 나라에서 축제를 합니다.

➕ **세계 여러 나라의 생활 모습 조사하기**

1 주제 및 지역 정하기
2 조사 계획 세우기
3 자료 수집하고 분석하기
4 결과 정리하기

➕ **몽골의 델**

델은 몽골에서 즐겨 입는 옷입니다. 추운 겨울에 말을 타고 다닐 때 손이 따뜻하도록 소매가 길고, 허리띠를 둘러서 몸도 따뜻하게 합니다.

용어 사전

- **솜브레로** 에스파냐, 멕시코, 미국 남부 등지에서 쓰는 중앙이 높고 챙이 넓은 모자.
- **화산** 땅속의 마그마 등의 물질이 지구 표면을 뚫고 나와 분출하여 만들어진 지형.
- **온천** 땅속의 열에 의해 데워진 지하수가 솟아 나오는 샘.
- **해충** 인간의 생활에 해를 끼치는 벌레를 통틀어 이르는 말.

✔ 교과서 통합 대표 자료

자료 1 종교에 따라 다른 음식 문화

힌두교를 믿는 사람들은 소를 신성한 동물로 여겨 소고기를 먹지 않습니다. 소는 우유를 제공해 주고 농사를 짓는 데 노동력으로 쓰여서 유용하기 때문입니다.

이슬람교를 믿는 사람들은 경전인 쿠란에 돼지고기를 먹지 말라는 구절이 있어서 먹지 않습니다. 이는 이슬람교를 주로 믿는 건조 기후 지역에서 돼지를 키우기 어려운 영향도 있습니다.

자료 2 다양한 형태의 고상 가옥

▲ 그린란드의 고상 가옥

▲ 인도네시아의 고상 가옥

▶ 추운 그린란드에서는 여름철에 땅이 녹아 가옥이 붕괴하는 것을 막으려고 땅속 깊이 지지대를 박아 집을 짓습니다.

▶ 일 년 내내 덥고 비가 많이 내리는 인도네시아에서는 땅의 열기와 습기, 해충을 피하려고 집의 바닥을 땅에서 띄워 짓습니다.

자료 3 세계 여러 나라 사람들의 생활 모습 조사하기 **예** 몽골의 게르

몽골의 지형	국토의 대부분이 평균 고도가 높은 고원 지대입니다.
몽골의 기후	• 연 강수량이 적고 계절별로 기온 차가 큽니다. • 여름이 짧고 겨울이 깁니다.
몽골 사람들의 유목 생활	• 겨울이 길고 비가 적게 내려 농사를 짓기 어렵습니다. • 가축이 먹는 짧은 풀이 자라는 초원에서 유목 생활을 합니다.
게르의 특징과 생활 모습	• 게르는 뼈대를 이루는 나무와 뼈대를 덮는 천막(양털로 짠 펠트)으로 이루어졌습니다. 쉽고 빠르게 조립 또는 분해할 수 있어 가축과 함께 자주 이동해야 하는 유목 생활에 유리합니다. • 게르 내부에는 난로가 있는데, 가축의 배설물을 연료로 사용해 요리와 난방을 합니다.
결론	• 게르는 몽골의 지형과 기후에 따라 유목 생활을 하는 몽골 사람들에게 적합한 주거 형태입니다. • 사람들은 주위에서 구하기 쉬운 재료로 집을 짓고, 집의 모양은 지형과 기후의 영향을 받습니다.

● 정답과 풀이 6쪽

1

자연환경과 인문환경에 따라 세계 여러 나라 사람들의 생활 모습은 다양하게 나타납니다.

(○ , ×)

2

인도에서는 자르지 않고 바느질하지 않은 옷을 깨끗하다고 생각하여 한 장의 긴 천을 허리와 어깨에 두른 (사리 , 판초)를 입습니다.

3

(   )을/를 주식으로 하는 멕시코에서는 얇게 구운 옥수수빵에 채소와 고기를 넣어 만든 타코를 먹습니다.

4

캐나다에서는 무더위와 해충을 피하기 위해 물 위에 집을 짓습니다.

(○ , ×)

5

(   )에서는 집을 만들 때 벽을 두껍게 하여 열을 차단하고 벽을 하얗게 칠해 햇빛을 반사합니다.

2 세계의 다양한 삶의 모습 (3)

1 ⊕ 11종 공통

세계 여러 나라 사람들의 생활 모습에 대해 알맞게 설명한 친구를 골라 ○표 하시오.

(1) 세계 여러 나라 사람들의 생활 모습은 모두 동일하게 나타나.

(   )

(2) 교류가 활발해지면서 전 세계적으로 비슷한 생활 모습이 나타나기도 해.

(   )

2 비상교과서, 아이스크림 외

다음 (   ) 안에 공통으로 들어갈 말을 쓰시오.

고위도 지방에서는 여름철 밤에도 해가 지지 않는 (   ) 현상이 나타납니다. 이 시기에는 러시아, 스웨덴, 노르웨이 등 여러 나라에서 (   ) 축제를 합니다.

(   )

3 ⊕ 11종 공통

세계 여러 나라의 생활 모습을 조사할 때 가장 먼저 해야 할 일은 무엇입니까? (   )

① 주제 정하기
② 결과 예상하기
③ 결과 정리하기
④ 조사 계획 세우기
⑤ 자료 수집하고 분석하기

4 비상교과서, 천재교육 외

다음 (   ) 안에 들어갈 알맞은 말에 ○표 하시오.

(타이 , 멕시코)에서는 일교차가 심한 날씨에 쉽게 입고 벗을 수 있는 판초를 입고, 햇볕을 막을 수 있는 솜브레로를 씁니다.

5 지학사, 천재교과서 외

각 나라에서 볼 수 있는 옷차림을 선으로 알맞게 연결하시오.

(1) 몽골 •

• ㉠

(2) 노르웨이 •

• ㉡

6 서술형 미래엔, 천재교육 외

인도에서 다음 사진과 같이 한 장의 긴 천으로 만든 옷을 입는 까닭을 쓰시오.

_____

_____

7 비상교육, 천재교과서 외

다음에서 설명하는 음식은 무엇인지 쓰시오.

뉴질랜드의 마오리족은 주변에 화산과 온천이 많아서 땅의 열기를 이용해 고기나 채소 등을 익혀 먹는 음식을 먹습니다.

(   )

8 서술형 ⊕ 11종 공통

다음 사진에 나타난 음식의 특징을 한 가지만 쓰시오.

▲ 튀르키예의 케밥

_____

_____

9 비상교육, 아이스크림 외

다음과 같은 식생활 모습에 영향을 준 것은 무엇입니까? (   )

- 힌두교를 믿는 사람들은 소를 신성시하여 소고기를 먹지 않습니다.
- 이슬람교를 믿는 사람들은 경전인 쿠란에 돼지고기를 먹지 말라는 구절이 있어서 먹지 않습니다.

① 기후   ② 종교   ③ 지형
④ 풍습   ⑤ 교통수단

10 비상교과서, 아이스크림 외

다음 사진과 같은 가옥을 볼 수 있는 나라로 알맞은 곳은 어디입니까? (   )

① 인도   ② 타이   ③ 그리스
④ 멕시코   ⑤ 캐나다

11 김영사, 천재교과서 외

인도네시아에서 볼 수 있는 가옥에 ○표 하시오.

(1)    (2)

(   )   (   )

12 미래엔, 천재교육 외

다음은 몽골의 게르에 대해 조사한 내용입니다. ㉠, ㉡에 들어갈 알맞은 말에 ○표 하시오.

- 게르는 ㉠ (유목 , 정착) 생활을 하는 몽골 사람들에게 적합한 주거 형태입니다.
- 사람들은 주위에서 구하기 ㉡ (쉬운 , 어려운) 재료로 집을 짓고, 집의 모양은 지형과 기후의 영향을 받습니다.

3 우리나라와 가까운 나라들 (1)

1 우리나라의 이웃 나라

① 우리나라와 국경을 마주하고 있는 이웃 나라: 중국, 일본, 러시아 ➕

② 우리나라와 이웃한 나라의 특징: 자연환경과 인문환경에서 비슷한 점이 많지만, 서로 다른 점도 있습니다. 자료1 자료2

2 중국의 자연환경과 인문환경

자연 환경	• 영토가 넓어 지역에 따라 다양한 지형과 기후가 나타남. ➕ • 동쪽은 넓은 평야와 대도시가 발달하고, 서쪽으로 갈수록 고원과 산지가 분포함.
인문 환경	• 동부 지역 바닷가에 주요 항구와 대도시가 있음. • 인구가 매우 많은 편이고, 지하자원과 노동력이 풍부해서 다양한 산업이 발달함.

3 일본의 자연환경과 인문환경

자연 환경	• 네 개의 큰 섬과 수천 개의 작은 섬들로 이루어짐. ➕ • 비와 눈이 많이 내리고 태풍과 지진이 잦음.
인문 환경	• 태평양 연안을 따라 공업 지역이 발달함. ┌ 원료 수입과 제품 수출에 유리하기 때문이에요. • 온천이 있는 지역에서는 관광 산업이 발달하기도 함.

4 러시아의 자연환경과 인문환경 자료3

자연 환경	• 세계에서 영토가 가장 넓은 나라이며, 위도가 높아 냉대 기후가 넓게 나타남. • 동부는 주로 고원과 산지가, 서부는 평야가 넓게 펼쳐짐.
인문 환경	• 유럽과 아시아에 걸쳐 있어 두 대륙의 문화를 바탕으로 문학, 음악, 발레 등이 발달함. • 석유, 천연가스 등 천연자원이 풍부해 다양한 산업이 발달함.

➕ **우리나라의 이웃 나라**

우리나라는 중국, 일본, 러시아와 국경을 마주하고 있습니다.

➕ **중국의 기후**

중국은 대체로 연교차가 큰 온대 기후가 나타나고, 건조 기후 지역도 넓게 분포합니다.

▲ 중국의 고비 사막

➕ **일본의 지형**

일본 국토의 대부분은 산지로 이루어져 있고 화산이 많으며 지진 활동이 활발합니다. 화산, 온천 등 자연환경을 이용한 관광 산업이 발달했습니다.

▲ 일본의 후지산

용어 사전

● **고원** 고도가 높은 지역에 있는 벌판.
● **연교차** 일 년 동안 측정한 기온, 습도 등의 최댓값과 최솟값의 차이.

● 정답과 풀이 7쪽

자료1 **이웃 나라의 인구 분포**

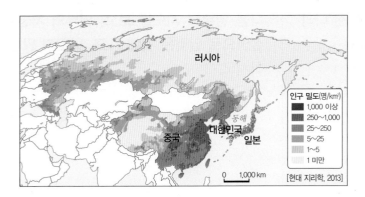

중국	온대 기후가 나타나는 동부 평야 지역에 인구가 많음.
일본	해안가의 온대 기후 지역에 인구가 많음.
러시아	유럽과 가까운 서남부의 냉대 기후, 건조 기후 지역에 인구가 많음.

자료2 **이웃 나라의 수도**

▲ 중국의 베이징

▲ 일본의 도쿄

▲ 러시아의 모스크바

➤ 중국의 수도는 베이징으로, 긴 역사를 가진 도시입니다. 베이징에 있는 자금성에는 많은 관광객이 방문합니다.

➤ 일본의 수도는 도쿄로, 일본 정치, 경제, 문화의 중심지입니다.

➤ 러시아의 수도는 모스크바로, 러시아 최대의 공업 도시입니다.

자료3 **세계에서 가장 넓은 영토를 가진 러시아**

▲ 아시아와 유럽을 구분하는 경계가 되는 우랄산맥

▲ 세계 여러 나라에 수출되는 천연가스

➤ 러시아는 아시아와 유럽에 걸쳐 있는데, 우랄산맥을 경계로 동쪽은 아시아, 서쪽은 유럽에 속합니다. 북극해 주변과 시베리아 지역에서는 천연가스를 생산하여 세계 여러 나라로 수출합니다.

1

중국, (   ), 러시아는 우리나라와 국경을 마주하고 있는 이웃 나라입니다.

2

우리나라와 이웃한 나라는 자연환경과 인문환경에서 비슷한 점이 많지만, 서로 다른 점도 있습니다.

(○ , ×)

3

우리나라의 서쪽에 있는 (중국 , 미국)은 영토가 넓어 지역마다 다양한 지형과 기후가 나타납니다.

4

일본은 국토의 대부분이 산지이며, 화산이 많고 (   ) 활동이 활발합니다.

5

(   )은/는 세계에서 영토가 가장 넓은 나라이며, 위도가 높아 냉대 기후가 넓게 나타납니다.

3 우리나라와 가까운 나라들 (1)

1 ➕ 11종 공통

다음 지도의 ㉠, ㉡에 들어갈 우리나라와 이웃한 나라의 이름을 쓰시오.

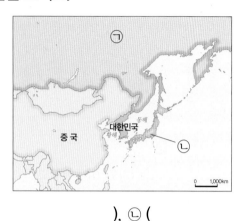

㉠ (   ), ㉡ (   )

2 ➕ 11종 공통

다음 (   ) 안에 들어갈 알맞은 말에 ○표 하시오.

> 중국은 (동쪽 , 서쪽)에는 넓은 평야와 대도시가 발달하고, (동쪽 , 서쪽)으로 갈수록 고원과 산지가 분포합니다.

3 ➕ 11종 공통

중국에 대한 설명으로 알맞지 <u>않은</u> 것은 어느 것입니까? (   )

① 노동력이 풍부하다.
② 유럽과 아시아에 걸쳐 있다.
③ 대체로 연교차가 큰 온대 기후가 나타난다.
④ 동부 지역 바닷가에 주요 항구와 대도시가 있다.
⑤ 영토가 넓어 지역에 따라 다양한 지형과 기후가 나타난다.

4 ➕ 11종 공통

다음 일본의 지도를 보고, 일본의 자연환경에 대한 설명으로 알맞은 것에 ○표, 알맞지 <u>않은</u> 것에 ×표 하시오.

(1) 국토 대부분이 평야이며, 사막이 매우 많습니다.
(   )

(2) 네 개의 큰 섬과 수천 개의 작은 섬들로 이루어졌습니다. (   )

5 아이스크림, 천재교육 외

다음 (   ) 안에 들어갈 알맞은 말을 쓰시오.

> 일본의 공업 지역은 원료 수입과 제품 수출에 유리한 (   ) 연안을 따라 발달했습니다.

(   )

6 서술형 ➕ 11종 공통

일본에서 화산, 온천 등을 이용한 관광 산업이 발달한 까닭을 쓰시오.

_____

_____

7 ➕ 11종 공통

다음 (   ) 안에 들어갈 알맞은 기후를 쓰시오.

> 중국과 일본은 (   ) 기후 지역에 많은 사람들이 살고 있습니다.

(   )

[8-9] 다음은 러시아의 지도입니다. 물음에 답하시오.

8 ➕ 11종 공통

위 지도에서 아시아와 유럽을 구분하는 경계가 되는 ㉠ 산맥의 이름을 쓰시오.

(   )

9 ➕ 11종 공통

위 지도와 관련해 러시아의 지역별 특징을 선으로 알맞게 연결하시오.

(1) 동부 지역 •

(2) 서부 지역 •

• ㉠ 평야가 넓게 펼쳐짐.

• ㉡ 주로 고원과 산지가 분포함.

10 ➕ 11종 공통

러시아의 자연환경에 대해 알맞게 설명한 친구를 골라 ○표 하시오.

(1) 세계에서 영토가 가장 넓은 나라야.

(2) 위도가 낮아 열대 기후가 넓게 나타나.

(   )   (   )

11 서술형 ➕ 11종 공통

러시아의 인문환경 특징을 한 가지만 쓰시오.

_____

_____

12 비상교육, 아이스크림 외

이웃 나라의 수도를 알맞게 짝지은 것은 어느 것입니까? (   )

	중국	일본	러시아
①	도쿄	베이징	모스크바
②	베이징	오사카	블라디보스토크
③	베이징	도쿄	모스크바
④	모스크바	오사카	베이징
⑤	블라디보스토크	도쿄	모스크바

3 우리나라와 가까운 나라들 (2)

개념 강의

1 이웃 나라의 생활 모습

① 이웃 나라의 문자 [자료 1]

우리나라	한글을 쓰고, 한자를 함께 사용함.
중국	한자를 간단하게 변형하여 사용함.
일본	한자의 일부를 변형하거나 한자와 함께 사용함.
러시아	한자를 사용하지 않고, 영어 알파벳처럼 대문자와 소문자가 있음.

② 이웃 나라의 식생활

우리나라	반찬이 무게가 있고, 국물이 있는 음식이 많아서 음식을 집기 편하도록 금속 젓가락을 사용함.
중국	음식을 한가운데 두고 먹기 편하며, 뜨겁고 기름진 음식을 집을 때 미끄러지지 않도록 길고 끝이 뭉툭한 나무젓가락을 사용함.
일본	생선 요리가 많아서 가시를 편하게 바를 수 있도록 끝이 뾰족한 나무젓가락을 사용함.
러시아	• 빵을 주식으로 하며, 포크, 나이프, 숟가락을 사용함. • 추운 날씨 때문에 차례로 음식을 내는 코스 요리 문화가 나타남.

└ 코스 요리 문화가 유럽에 전해졌어요.

▲ 우리나라

▲ 중국

▲ 일본

▲ 러시아

2 우리나라와 이웃 나라의 교류 모습 [자료 2]

① 경제 교류

에너지 협력	우리나라와 중국, 일본, 러시아가 국경을 초월해 서로 전력망을 연결하는 사업을 추진하고 있음. ➕
무역 교류	이웃 나라와 물건을 수입하거나 수출함. [자료 3]

② 문화 교류

• 우리나라와 이웃 나라는 서로의 문화를 친숙하게 하기 위해 문화 교류 행사를 열고 있습니다.

• 이웃 나라로 공부하기 위해 이동하기도 합니다. ➕

③ 정치 교류: 우리나라는 이웃 나라와 다양한 분야에서 교류하며 공동의 문제를 해결하려고 노력합니다.

④ 교류 사례를 보고 알 수 있는 점

• 우리나라는 이웃 나라와 거리가 가까운 만큼 영향을 긴밀하게 주고받으며 활발하게 교류를 하고 있습니다.

• 우리나라는 이웃 나라와 교류하며 여러 문제를 해결하려고 함께 노력하기도 합니다. └ 우리나라와 이웃 나라 사람들이 서로 이해하고 협력하는 태도가 필요해요.

➕ 국경을 초월한 에너지 협력

러시아와 고비 사막 지역의 풍부한 신재생 에너지원을 이웃 나라인 한국, 중국, 일본에 공급하고자 4개국의 정부 연구 기관과 민간 기업들이 활발하게 논의하고 있습니다.

➕ 외국인 유학생 국적별 비율

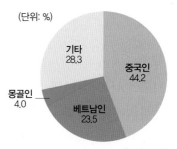

(단위: %)

기타 28.3
중국인 44.2
몽골인 4.0
베트남인 23.5

[교육부, 2021]

우리나라에서 공부하는 유학생은 꾸준히 늘어나고 있으며, 특히 지리적으로 가까운 이웃 나라에서 온 유학생이 많습니다.

용어 사전

● **변형** 모양이나 형태가 달라지거나 달라지게 함. 또는 그 달라진 형태.

● **친숙** 친하여 익숙하고 허물없음.

● **긴밀** 서로의 관계가 매우 가까워 빈틈이 없음.

✔ 교과서 통합 대표 자료

자료 1 **한자의 영향을 받은 우리나라, 중국, 일본**

▲ 우리나라의 표지판

▲ 중국의 표지판

▲ 일본의 표지판

➤ 우리나라와 중국, 일본이 한자 문화권에 속한 까닭은 지리적으로 가까이 있어 오래전부터 활발하게 교류했기 때문입니다.

자료 2 **우리나라와 이웃 나라의 교류 모습**

○○신문 20△△년 △△월 △△일

한·중·일 합작 만화 영화 국내 개봉

만화 영화계에서 큰 주목을 받은 한중일 합작 영화가 우리나라에서 개봉되었다. 이 영화는 우리나라가 총괄 제작 및 투자를 진행하고, 중국과 일본이 힘을 합쳐 만든 만화 영화이다.

○○신문 20△△년 △△월 △△일

한·중·일 환경 장관 회의

우리나라와 중국, 일본의 환경 장관들이 미세 먼지 문제와 해양 쓰레기, 기후 변화 등 각종 환경 문제의 해결 방안을 논의하기 위해 모였다. 각 나라는 협력 기구를 만들고, 미세 먼지와 관련된 정책과 기술을 공유할 예정이다.

➤ 우리나라와 이웃 나라는 영화 제작, 공연 등을 함께하며 문화적으로 활발하게 교류하고 있습니다.

➤ 우리나라와 이웃 나라는 이해와 협력을 바탕으로 공동의 문제를 해결하고자 정치적으로도 교류하고 있습니다.

자료 3 **우리나라와 이웃 나라의 무역 비중**

	중국	일본	러시아
수출 비중	25.8% (1위)	4.9% (5위)	1.3% (12위)
수입 비중	23.3% (1위)	9.8% (3위)	2.3% (9위)

[한국 무역 협회, 2021]

➤ 중국은 우리나라의 수입·수출하는 비중이 모두 1위입니다. 일본은 우리나라 무역 규모에서 큰 비중을 차지합니다. 러시아로 수출하는 것보다 수입하는 비중이 더 큽니다.

기본 개념 문제

● 정답과 풀이 8쪽

1
(   )은/는 우리나라와 중국, 일본이 공통적으로 영향을 받은 문자입니다.

2
우리나라와 중국, 일본은 식사할 때 모두 젓가락을 사용합니다.
(○ , ×)

3
중국, 일본, 러시아 중 빵을 주식으로 하며, 포크, 나이프, 숟가락을 사용해서 식사를 하는 나라는 (   )입니다.

4
우리나라는 중국, 일본, 러시아와 정치·경제·문화 등 다양한 분야에서 (   )하며 함께 발전하고 있습니다.

5
일본은 우리나라의 수입·수출하는 비중이 모두 1위입니다.
(○ , ×)

3 우리나라와 가까운 나라들 (2)

[1-2] 다음은 우리나라와 이웃 나라에서 볼 수 있는 표지판입니다. 물음에 답하시오.

▲ 우리나라의 표지판　　▲ 중국의 표지판　　▲ 일본의 표지판

1 ➕ 11종 공통

위와 같이 우리나라와 중국, 일본이 서로 교류하며 영향을 받은 문자가 무엇인지 쓰시오.

(　　　　　　　)

2 서술형 ➕ 11종 공통

위와 같이 우리나라와 중국, 일본이 같은 문화권에 속한 까닭을 쓰시오.

_____

_____

3 금성출판사, 천재교육 외

이웃 나라의 문자에 대한 설명으로 알맞은 것에 ○표, 알맞지 <u>않은</u> 것에 ×표 하시오.

(1) 중국은 한자를 간단하게 변형하여 사용합니다.

(　　　)

(2) 일본의 문자는 영어 알파벳처럼 대문자와 소문자가 있습니다. (　　　)

4 김영사, 비상교육 외

러시아에서 차례로 음식을 내는 코스 요리 문화가 발달한 까닭은 무엇입니까? (　　　)

① 빵을 주식으로 하기 때문에

② 한 번에 많이 먹는 것을 즐겼기 때문에

③ 추운 날씨로 음식이 식을 수 있기 때문에

④ 포크, 나이프 등을 이용해 식사를 하기 때문에

⑤ 다양한 재료를 이용한 요리법이 발달했기 때문에

5 미래엔, 비상교과서 외

다음과 같은 식생활 문화를 가진 나라는 어디인지 쓰시오.

생선 요리가 많아 가시를 편하게 바를 수 있도록 젓가락의 끝이 뾰족합니다.

(　　　　　　　)

6 서술형 미래엔, 천재교과서 외

다음 사진과 관련해 우리나라에서 사용하는 젓가락의 특징을 쓰시오.

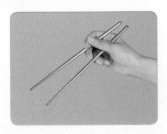

_____

_____

7 동아출판, 지학사 외

다음은 우리나라의 무역 비중을 나타낸 표입니다. 이와 관련해 알맞게 말한 친구를 골라 이름을 쓰시오.

	중국	일본	러시아
수출 비중	25.8% (1위)	4.9% (5위)	1.3% (12위)
수입 비중	23.3% (1위)	9.8% (3위)	2.3% (9위)

• 동환: 중국은 우리나라의 수입 비중과 수출 비중이 모두 1위야.
• 혜경: 러시아에서 수입하는 것보다 러시아로 수출하는 비중이 더 커.

(   )

8 ✚ 11종 공통

다음 보기 에서 우리나라와 이웃 나라의 경제 교류 사례로 알맞은 것을 골라 기호를 쓰시오.

보기

㉠ 우리나라와 러시아가 문화 교류 행사를 진행했다.
㉡ 한국, 중국, 일본, 러시아가 전력망을 서로 잇는 사업을 추진한다.
㉢ 우리나라 학생이 지리적으로 가까운 이웃 나라로 공부하기 위해 이동하기도 한다.

(   )

9 김영사, 비상교과서 외

다음 사례는 우리나라와 이웃 나라가 어떤 분야에서 교류하는 것인지 쓰시오.

만화 영화계에서 큰 주목을 받은 한중일 합작 영화가 개봉되었습니다. 이 영화는 우리나라가 총괄 제작 및 투자를 진행하고, 중국과 일본이 힘을 합쳐 만든 만화 영화입니다.

(   )

10 금성출판사, 천재교육 외

다음 그래프를 보고, 우리나라를 찾는 외국인 유학생 중 가장 많은 비율을 차지하는 이웃 나라가 어디인지 쓰시오.

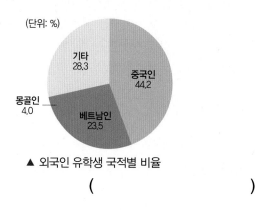

(단위: %)

기타 28.3
중국인 44.2
베트남인 23.5
몽골인 4.0

▲ 외국인 유학생 국적별 비율

(   )

11 서술형   미래엔, 아이스크림 외

한중일 환경 장관들이 모여 회의를 연 까닭이 무엇인지 쓰시오.

_____

_____

12 ✚ 11종 공통

우리나라와 이웃 나라가 교류하며 여러 문제를 해결하고자 할 때 가져야 할 바람직한 태도는 무엇입니까? (   )

① 대화보다는 폭력으로 해결한다.
② 우리의 입장만을 꾸준히 주장한다.
③ 서로 이해하고 협력하려고 노력한다.
④ 다른 나라의 피해는 신경 쓰지 않는다.
⑤ 이웃 나라가 해결해 줄 때까지 기다린다.

3 우리나라와 가까운 나라들 (3)

1 우리나라와 관계 깊은 나라의 자연환경과 인문환경 [자료1]

① 미국 ➕
→ 우리나라와 미국은 정치, 경제, 문화면에서 밀접한 관계를 맺고 있어요.

자연환경	영토 면적은 약 983만 ㎢이고, 주로 온대 기후, 냉대 기후, 건조 기후가 나타남.
인문환경	• 인구는 약 3억 3천만 명으로, 우리나라의 약 6.4배임. • 옥수수, 밀, 콩 등의 작물을 대규모로 재배함. • 석유, 석탄, 철광석 등 지하자원이 풍부하고 다양한 산업이 고르게 발달함.
우리나라와의 관계	우리나라는 미국에 반도체, 자동차, 무선 통신 기기 등을 수출하고, 미국에서 원유, 의약품, 정밀 기기 등을 수입함.

② 베트남 ➕
→ 우리나라와 베트남은 문화적으로 교류가 활발하며, 우리나라에 정착하는 베트남 사람이 많아요.

자연환경	영토 면적은 약 33만 ㎢이고, 주로 열대 기후와 온대 기후가 나타남.
인문환경	• 인구는 약 9,800만 명으로, 우리나라의 약 1.9배임. • 기온이 높고 강수량이 많으며, 토양이 비옥하여 벼농사가 발달함. • 노동력이 풍부하여 전자 제품, 기계, 의류 등을 생산하는 제조업이 발달함.
우리나라와의 관계	우리나라는 베트남에 전자 제품 및 부품 등을 수출하고, 베트남에서 전자 제품, 의류 등을 수입함.

③ 사우디아라비아 [자료2]
→ 사우디아라비아에서는 우리나라에서 거의 생산되지 않는 원유가 생산되기 때문에 우리나라와 활발하게 교류하고 있어요.

자연환경	영토 면적은 약 221만 ㎢이고, 주로 건조 기후가 나타남.
인문환경	• 인구는 약 3,500만 명으로, 우리나라의 약 2/3배임. • 세계적인 원유 생산 국가로, 석유 자원의 수출을 바탕으로 세계 각국에서 여러 기술을 도입해 국가 발전을 이루고 있음.
우리나라와의 관계	우리나라가 원유를 수입하는 대표적인 나라임.

2 우리나라와 세계 여러 나라의 교류 모습 ➕ [자료3]

독일	오스트레일리아

우리나라는 독일에 첨단 기술 제품, 의료 물품, 식품 등을 주로 수출합니다. 우리나라와 음악 공연 등 문화 교류가 활발합니다.	우리나라는 소고기, 석탄, 철광석, 알루미늄 등의 자원을 수입하고, 오스트레일리아에 자동차, 석유 화학 제품, 전자 제품 등의 공업 제품을 수출합니다.

➕ 미국의 주요 산업

▲ 미국의 옥수수 농장

미국은 풍부한 자원과 높은 기술 수준을 바탕으로 다양한 산업이 발달했습니다. 또한 넓은 땅을 이용해 옥수수, 밀 등의 곡물을 대규모로 생산하고 있습니다.

➕ 베트남의 주요 산업

▲ 베트남의 논

베트남은 세계적인 쌀 수출국으로, 평야뿐만 아니라 산지에서도 벼농사를 짓습니다. 또한 독특한 자연환경과 유명 휴양지가 많아 관광 산업이 발달했습니다.

➕ 우리나라가 다른 나라와 활발하게 교류한 사례

• 우리나라 기업이 두바이 세계 최고층 건물인 부르즈 칼리파를 건설했습니다.
• 미국의 할리우드 영화가 우리나라에서 큰 인기를 얻었습니다.

용어 사전

● **비옥** 땅이 기름지고 양분이 많음.
● **도입** 기술, 방법, 물자 등을 끌어 들임.

교과서 통합 대표 자료

자료 1 우리나라와 관계 깊은 여러 나라

인도	우리나라는 인도에 철강, 반도체, 자동차 부품 등을 수출하고, 인도에서 화학 원료, 의류 등을 수입함.
브라질	1959년 남아메리카에 있는 나라로는 처음으로 외교를 맺고, 이후 다양한 분야에서 협약을 맺으며 관계를 이어 오고 있음.
칠레	우리나라가 자유 무역 협정(FTA)을 처음으로 맺은 나라로, 경제 교류가 활발히 이루어지고 있음.

자료 2 세계에서 손꼽히는 원유 생산국, 사우디아라비아

▲ 사우디아라비아의 위치

▲ 사우디아라비아의 수도 리야드

▶ 사우디아라비아는 아시아 대륙의 서남부에 위치합니다. 국토 대부분이 사막으로 이루어져 있으며, 국민의 대부분이 이슬람교를 믿습니다.

▶ 사우디아라비아는 원유를 수출하며 빠르게 성장했습니다. 우리나라는 1970년대에 사우디아라비아에 진출하여 도로, 항만 건설 등에 참여했습니다. 오늘날에는 자동차, 전자 제품 등을 수출하고 있습니다.

자료 3 세계 여러 나라와의 교류

▲ 베트남에서 열린 한식 축제

베트남은 우리나라와 경제, 교육, 문화 등에서 교류하고 있습니다. 특히 우리나라의 음식, 드라마 등이 베트남에서 큰 인기를 얻고 있습니다.

▲ 춘천에 있는 에티오피아 한국 참전 기념관

에티오피아는 우리나라의 6·25 전쟁 당시 군대를 보내 도움을 준 나라로, 춘천에서는 에티오피아 참전 용사 기념행사를 개최하고 있습니다. 에티오피아에서는 우리나라 전통 스포츠인 태권도를 배우고 있습니다.

기본 개념 문제

● 정답과 풀이 9쪽

1
(   )은/는 우리나라와 관계 깊은 나라 중 하나로 옥수수, 밀, 콩 등의 작물을 대규모로 재배하고, 다양한 산업이 고르게 발달했습니다.

2
(독일 , 베트남)은 주로 열대 기후와 온대 기후가 나타나며, 노동력이 풍부하여 제조업이 발달했습니다.

3
사우디아라비아는 우리나라에서 거의 생산되지 않는 (   )이/가 생산되는 국가입니다.

4
(인도 , 브라질)은/는 우리나라가 1959년 남아메리카에 있는 나라로는 처음으로 외교를 맺었습니다.

5
칠레는 우리나라가 자유 무역 협정(FTA)을 처음으로 맺은 나라로, 경제 교류가 활발히 이루어지고 있습니다.
(○ , ×)

3 우리나라와 가까운 나라들 (3)

1 ➕ 11종 공통

우리나라와 관계 깊은 나라의 자연환경과 인문환경을 조사하려고 합니다. 조사해야 할 내용으로 알맞지 <u>않은</u> 것은 어느 것입니까? (   )

① 면적 　　　　② 기후
③ 지형 　　　　④ 인구
⑤ 사람들의 성격

2 ➕ 11종 공통

미국에 대한 설명으로 알맞은 것에 ○표, 알맞지 <u>않은</u> 것에 ×표 하시오.

(1) 주로 열대 기후가 나타납니다. 　　　(   )
(2) 옥수수, 밀, 콩 등의 작물을 대규모로 재배합니다.
  　　　　　　　　　　　　　　　(   )
(3) 영토의 면적은 매우 넓지만 지하자원이 부족하고, 기술 수준이 낮습니다. 　　　(   )

3 ➕ 11종 공통

미국과 우리나라의 관계에 대해 알맞게 말한 친구를 골라 이름을 쓰시오.

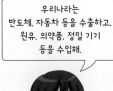
우리나라는 반도체, 자동차 등을 수출하고, 원유, 의약품, 정밀 기기 등을 수입해.

우리나라가 자유 무역 협정(FTA)을 처음으로 맺은 나라로, 경제 교류가 활발해.

▲ 다인 　　　　　　▲ 수현

(   )

4 ➕ 11종 공통

다음 사진과 관련해 베트남에서 많이 생산하여 다른 나라에 수출하는 상품이 무엇인지 쓰시오.

▲ 베트남의 논

(   )

5 서술형 ➕ 11종 공통

베트남의 인문환경 특징을 한 가지만 쓰시오.

_____

_____

6 미래엔, 비상교과서 외

다음 (   ) 안에 들어갈 알맞은 말에 ○표 하시오.

(1) 우리나라는 인도에 (석유 , 반도체), 자동차 부품 등을 수출하고, 인도에서 화학 원료, 의류 등을 수입합니다.
(2) 우리나라는 브라질과 (아시아 , 남아메리카)에 있는 나라로는 처음으로 외교를 맺고, 이후 다양한 분야에서 관계를 이어 오고 있습니다.

[7-9] 다음은 은유가 사우디아라비아에 대해 조사한 내용입니다. 물음에 답하시오.

(**(가)**), 사우디아라비아

❶ 자연환경: 영토 면적은 약 221만 ㎢이고, 주로 건조 기후가 나타납니다.

❷ 인문환경: 인구는 약 3,500만 명이고, 세계적인 원유 생산 국가입니다.

❸ 우리나라와의 관계

(나)

7 ＋ 11종 공통

위 자료를 보고 사우디아라비아에 대해 알 수 있는 점이 <u>아닌</u> 것은 어느 것입니까? (　　　)

① 기후　　　　　② 역사
③ 인구수　　　　④ 영토 면적
⑤ 생산되는 자원

8 ＋ 11종 공통

위 자료의 **(가)**에 들어갈 내용으로 사우디아라비아의 특징을 알맞게 나타낸 것을 보기 에서 골라 기호를 쓰시오.

보기
㉠ 온천이 발달한 관광의 나라
㉡ 세계에서 손꼽히는 원유 생산국
㉢ 우리나라와 가장 가까운 거리의 나라

(　　　　　　　　)

9 서술형 ＋ 11종 공통

위 자료의 **(나)**에 들어갈 내용을 쓰시오.

_____

10 동아출판, 비상교과서 외

우리나라와 세계 여러 나라가 교류하는 사례로 알맞지 <u>않은</u> 것은 어느 것입니까? (　　　)

① 미국의 할리우드 영화가 우리나라에서 큰 인기를 얻었다.
② 우리나라 기업이 두바이에 세계 최고층 건물을 건설했다.
③ 부산에서 생산한 물건을 서울에 있는 백화점에서 판매했다.
④ 에티오피아에서 우리나라 전통 스포츠인 태권도를 배우고 있다.
⑤ 우리나라가 첨단 기술 제품, 의료 물품, 식품 등을 다른 나라에 수출했다.

11 천재교육 외

다음 (　　) 안에 공통으로 들어갈 나라를 쓰시오.

(　　　　)은/는 우리나라의 6·25 전쟁 당시 군대를 보내 도움을 준 나라로, 춘천에서는 (　　　) 참전 용사 기념행사를 개최하고 있습니다.

(　　　　　　　　)

12 ＋ 11종 공통

다음 (　　) 안에 들어갈 알맞은 말에 ○표 하시오.

(1) 세계 여러 나라가 활발하게 교류하면서 서로에게 미치는 영향도 (커지고 , 작아지고) 있습니다.

(2) 우리나라는 기업에서 생산한 (곡물 , 전자 제품)을 베트남, 오스트레일리아 등 세계 여러 나라에 수출합니다.

1. 세계의 여러 나라들

① 지구, 대륙 그리고 국가들

1. 세계의 여러 대륙

❶	대륙 중에 가장 크며 대부분 북반구에 있음.
아프리카	아시아 다음으로 큰 대륙으로, 북반구와 남반구에 걸쳐 있음.
❷	다른 대륙보다 작은 편이지만 많은 나라가 있음.
오세아니아	대륙 중에 가장 작으며, 남반구에 있음.
북아메리카	태평양, 대서양, 북극해와 접해 있으며, 북반구에 있음.
남아메리카	태평양, 대서양, 남극해와 접해 있으며, 대부분 남반구에 있음.
남극 대륙	남극해로 둘러싸여 있으며, 대부분이 얼음으로 덮여 있음.

2. 세계의 여러 ❸

태평양	가장 큰 바다로, 아시아, 오세아니아, 아메리카 대륙 사이에 있음.
대서양	두 번째로 큰 바다로, 아프리카, 유럽, 아메리카 대륙 사이에 있음.
인도양	아시아, 아프리카, 오세아니아 등에 인접해 있음.
북극해	북극 주변에 있는 바다로 아시아, 유럽, 북아메리카 대륙에 둘러싸여 있음.
❹	남극 대륙을 둘러싸고 있음.

★ 세계의 여러 대륙과 대양

② 세계의 다양한 삶의 모습

1. 세계 기후 분포의 특징: 적도 지방에서 극지방으로 갈수록 기온이 점차 낮아지며, 대체로 열대 기후, 건조 기후, 온대 기후, 냉대 기후, 한대 기후 순으로 나타납니다.

2. 세계의 기후 분포

열대 기후	일 년 내내 더운 날씨가 계속되고, 가장 추운 달의 평균 기온이 18℃ 이상임.
❺ 기후	강수량이 매우 적어 일 년 동안의 강수량 합이 500mm 미만이고 강수량보다 증발량이 많음.
온대 기후	가장 추운 달의 평균 기온이 −3℃ 이상 18℃ 미만이며, ❻ 이 비교적 뚜렷함.
냉대 기후	가장 추운 달의 평균 기온이 −3℃ 미만이고, 가장 따뜻한 달의 평균 기온이 10℃ 이상임.
한대 기후	가장 따뜻한 달의 평균 기온이 10℃ 미만으로 매우 추움.
고산 기후	해발 고도가 높은 지역에서 나타나며, 적도 부근의 고산 기후 지역은 일 년 내내 날씨가 온화하여 우리나라의 봄 날씨와 비슷함.

★ 적도 지방의 기온이 높은 이유

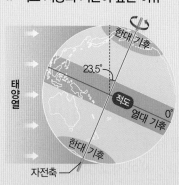

적도 부근은 태양열을 다른 지역보다 많이 받기 때문에 기온이 높습니다.

3. 세계 여러 나라 사람들의 의식주 생활 모습

의생활	인도의 사리, 멕시코의 판초와 솜브레로, 노르웨이의 털옷 등
식생활	멕시코의 타코, ❼ [　　　] 마오리족의 항이, 튀르키예의 케밥 등
주생활	캐나다의 통나무집, 그리스의 하얀 가옥, 타이의 수상 가옥 등

❸ 우리나라와 가까운 나라들

1. 우리나라의 이웃 나라

중국	• 영토가 넓어 지역에 따라 다양한 지형과 기후가 나타남. • 인구가 매우 많은 편이고, 지하자원과 노동력이 풍부해서 다양한 산업이 발달함.
❽ [　　]	• 네 개의 큰 섬과 수천 개의 작은 섬들로 이루어짐. • 태평양 연안을 따라 공업 지역이 발달하고, 온천이 있는 지역에서는 관광 산업이 발달하기도 함.
러시아	• 세계에서 영토가 가장 넓은 나라이며, 위도가 높아 냉대 기후가 넓게 나타남. • 석유, 천연가스 등 천연자원이 풍부해 다양한 산업이 발달함.

2. 우리나라와 이웃 나라의 교류 모습

① **경제 교류**: 에너지 협력, 무역 교류 등 다양한 경제 교류를 합니다.

② **문화 교류**: 문화 교류 행사를 열기도 하고, 이웃 나라로 공부하기 위해 이동하기도 합니다.

③ **정치 교류**: 이웃 나라와 교류하며 여러 문제를 해결하려고 함께 노력합니다.

3. 우리나라와 관계 깊은 나라

미국	• 영토 면적은 약 983만 ㎢이고, 주로 온대 기후, 냉대 기후, 건조 기후가 나타남. • 옥수수, 밀, 콩 등의 작물을 대규모로 재배함. • 우리나라는 반도체, 자동차, 무선 통신 기기 등을 수출하고, 원유, 의약품, 정밀 기기 등을 수입함.
❾ [　　]	• 영토 면적은 약 33만 ㎢이고, 주로 열대 기후와 온대 기후가 나타남. • 기온이 높고 강수량이 많으며, 토양이 비옥하여 벼농사가 발달함. • 노동력이 풍부하여 전자 제품, 기계, 의류 등을 생산하는 제조업이 발달함.
사우디아라비아	• 영토 면적은 약 221만 ㎢이고, 주로 건조 기후가 나타남. • 세계적인 원유 생산 국가로, 석유 자원의 수출을 바탕으로 세계 각국에서 여러 기술을 도입해 국가 발전을 이루고 있음.

★ **인도의 사리**

인도 사람들은 자르지 않고 바느질하지 않은 옷을 깨끗하다고 생각하여 한 장의 긴 천을 허리와 어깨에 두른 사리를 입습니다.

★ **한자의 영향을 받은 우리나라, 중국, 일본**

우리나라와 중국, 일본이 한자 문화권에 속한 까닭은 지리적으로 가까이 있어 오래전부터 활발하게 교류했기 때문입니다.

★ **미국의 주요 산업**

▲ 미국의 옥수수 농장

미국은 풍부한 자원과 높은 기술 수준을 바탕으로 다양한 산업이 발달했습니다. 또한 넓은 땅을 이용해 옥수수, 밀 등의 곡물을 대규모로 생산하고 있습니다.

1. 세계의 여러 나라들

1 ⊕ 11종 공통

다음 보기 에서 세계 지도의 특징으로 알맞은 것을 모두 골라 기호를 쓰시오.

보기
㉠ 실제 모습과 다른 점이 있다.
㉡ 실제 지구처럼 생김새가 둥글다.
㉢ 세계의 모습을 한눈에 살펴볼 수 있다.
㉣ 여러 나라와 바다의 이름이 나타나 있다.

( )

2 ⊕ 11종 공통

지구본의 특징을 알맞게 말한 친구를 골라 ○표 하시오.

(1) 실제 지구의 모습을 줄이지 않고 나타낸 모형이야.

(2) 세계 지도와 달리 실제 지구처럼 생김새가 둥글어.

( )   ( )

3 서술형 ⊕ 11종 공통

세계의 대양을 모두 쓰시오.

_____

_____

4 ⊕ 11종 공통

다음 지도와 관련해 세계의 대륙과 대양에 대한 설명으로 알맞지 않은 것은 무엇입니까? ( )

① 유럽은 남반구에 있다.
② 아프리카는 인도양과 접해 있다.
③ 대서양은 북아메리카와 접해 있다.
④ 아시아는 세계에서 가장 큰 대륙이다.
⑤ 태평양은 세계에서 가장 큰 대양이다.

5 ⊕ 11종 공통

유럽 대륙에 대한 설명으로 알맞은 것을 보기 에서 골라 기호를 쓰시오.

보기
㉠ 우리나라가 속해 있는 대륙이다.
㉡ 가장 작은 대륙으로 남반구에 있다.
㉢ 세계 육지 면적의 약 30%를 차지한다.
㉣ 다른 대륙에 비해 면적이 작은 편이지만 많은 나라가 있다.

( )

6 ➕ 11종 공통

세계에서 영토 면적이 가장 넓은 나라와 가장 좁은 나라를 알맞게 짝지은 것은 어느 것입니까? (　　　)

① 러시아, 중국
② 캐나다, 미국
③ 러시아, 인도
④ 캐나다, 바티칸 시국
⑤ 러시아, 바티칸 시국

7 ➕ 11종 공통

세계의 기후 분포에 대한 설명으로 알맞은 것을 보기 에서 모두 골라 기호를 쓰시오.

보기 ●
㉠ 적도 부근은 열대 기후가 나타난다.
㉡ 기후는 경도에 따라 다르게 나타난다.
㉢ 적도 지방에서 극지방으로 갈수록 기온이 점차 높아진다.
㉣ 태양열을 적게 받는 극지방 부근은 한대 기후가 나타난다.

(　　　　　　　)

8 ➕ 11종 공통

다음과 같은 특징이 있는 기후 지역에서 볼 수 있는 사람들의 생활 모습을 쓰시오.

남극과 북극 주변의 고위도 지역에서 나타나며, 기온이 매우 낮아 얼음과 눈으로 덮인 곳이 많습니다.

_____

_____

9 ➕ 11종 공통

다음과 같은 모습을 볼 수 있는 지역에서 나타나는 기후로 알맞은 것은 무엇입니까? (　　　)

▲ 사막 지역의 마을　　　▲ 흙집

① 열대 기후　　② 건조 기후
③ 온대 기후　　④ 냉대 기후
⑤ 고산 기후

10 미래엔, 비상교육 외

세계 여러 나라의 식생활 모습에 대한 설명으로 알맞은 것은 어느 것입니까? (　　　)

① 모든 나라의 식생활 모습은 비슷하다.
② 세계 여러 나라의 식생활 모습은 다양하지 않다.
③ 식생활 모습은 각 지역에서 나타나는 자연환경의 영향만 받는다.
④ 세계 여러 나라의 식생활 모습은 인문환경의 영향을 많이 받는다.
⑤ 세계 여러 나라의 식생활 모습은 풍습이나 종교의 영향을 받지 않는다.

1 단원

11 ⊕ 11종 공통

다음에서 설명하는 이웃 나라를 쓰시오.

> • 네 개의 큰 섬과 수천 개의 작은 섬들로 이루어져 있습니다.
> • 비와 눈이 많이 내리고 태풍과 지진이 자주 발생합니다.
> • 온천이 있는 지역에서는 관광 산업이 발달하기도 합니다.

(   )

12 ⊕ 11종 공통

러시아에서 아시아와 유럽을 구분하는 경계가 되는 지형은 무엇입니까? (   )

① 볼가강
② 사얀산맥
③ 우랄산맥
④ 중앙시베리아고원
⑤ 베르호얀스크산맥

13 서술형   미래엔, 비상교과서 외

다음 내용을 보고 알 수 있는 우리나라, 중국, 일본의 식생활 문화가 비슷한 점을 쓰시오.

우리나라	반찬이 무게가 있고, 국물이 있는 음식이 많아서 음식을 집기 편하도록 금속 젓가락을 사용함.
중국	음식을 한가운데 두고 먹기 편하며, 뜨겁고 기름진 음식을 집을 때 미끄러지지 않도록 길고 끝이 뭉툭한 나무젓가락을 사용함.
일본	생선 요리가 많아서 가시를 편하게 바를 수 있도록 끝이 뾰족한 나무젓가락을 사용함.

_____

_____

14 ⊕ 11종 공통

우리나라와 이웃 나라의 경제 교류 사례로 알맞은 것은 어느 것입니까? (   )

① 우리나라는 이웃 나라의 물건을 수입한다.
② 한·중·일 환경 장관이 모여 회의를 개최했다.
③ 중국과 일본 사람들이 우리나라로 공부하기 위해 온다.
④ 우리나라와 중국, 일본이 함께 만화 영화를 만들었다.
⑤ 우리나라와 중국, 일본이 미세 먼지 해결 방안을 공동으로 논의했다.

15 ⊕ 11종 공통

미국의 자연환경과 인문환경을 소개하는 신문에 들어갈 내용으로 알맞지 <u>않은</u> 것은 어느 것입니까?

(   )

① 옥수수, 밀 생산량이 많다.
② 내가 제일 가보고 싶은 나라이다.
③ 인구는 우리나라의 약 6.4배 정도이다.
④ 지하자원이 풍부하고 다양한 산업이 고르게 발달했다.
⑤ 우리나라와 정치, 경제, 문화 분야에서 교류를 많이 하는 나라이다.

1 ➕ 11종 공통

지구본에 대한 설명으로 알맞은 것을 두 가지 고르시오.
(,)

① 부피가 커서 가지고 다니기 불편하다.
② 세계 여러 나라의 위치를 한눈에 볼 수 있다.
③ 실제 지구의 모습을 아주 작게 줄인 모형이다.
④ 인터넷을 연결해야 다양한 기능을 사용할 수 있다.
⑤ 나라와 바다의 모양, 거리가 실제와 다르게 표현되기도 한다.

2 ➕ 11종 공통

다음 지도에서 북위와 남위를 구분하는 기준선인 ㉠을 무엇이라고 하는지 쓰시오.

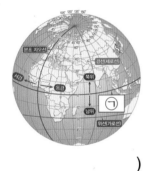

( )

3 미래엔, 아이스크림 외

다음에서 설명하는 대양은 무엇입니까? (   )

• 아프리카, 유럽, 아메리카 등에 둘러싸여 있습니다.
• 대체로 에스(S) 자형을 이루고 있습니다.

① 남극해
② 인도양
③ 태평양
④ 대서양
⑤ 북극해

4 ➕ 11종 공통

남아메리카에 대해 알맞게 말한 친구를 골라 이름을 쓰시오.

태평양, 대서양, 남극해와 접해 있으며, 대부분 남반구에 있어.

남극해로 둘러싸여 있으며, 대부분이 얼음으로 덮여 있어.

▲ 나라

▲ 용훈

( )

5 서술형 ➕ 11종 공통

다음은 세계의 대륙과 대양을 나타낸 지도입니다. 우리나라가 속한 대륙이 어디인지 쓰고, 그 대륙의 특징을 한 가지만 쓰시오.

_____

_____

6 ⊕ 11종 공통

다음에서 설명하는 것은 무엇인지 쓰시오.

> 한 지역에서 여러 해에 걸쳐 나타나는 평균적인 날씨를 말합니다.

( )

7 ⊕ 11종 공통

세계의 여러 기후에 대한 설명으로 알맞지 <u>않은</u> 것은 어느 것입니까? ( )

① 냉대 기후 – 사계절이 나타나지 않는다.
② 한대 기후 – 일 년 내내 평균 기온이 매우 낮다.
③ 열대 기후 – 건기와 우기가 번갈아 나타나는 곳도 있다.
④ 온대 기후 – 중위도 지역에 주로 나타나며 사계절이 비교적 뚜렷하다.
⑤ 건조 기후 – 일 년 동안의 강수량 합이 500mm 미만이고 강수량보다 증발량이 많다.

8 ⊕ 11종 공통

다음에서 설명하는 기후를 쓰시오.

> • 러시아의 시베리아, 캐나다와 같이 북반구의 중위도와 고위도 지역에 널리 분포합니다.
> • 여름에 밀, 감자 등을 재배하고, 침엽수림이 발달해서 목재와 펄프가 많이 생산됩니다.

( )

9 서술형 ⊕ 11종 공통

다음 사진과 같이 열대 기후 지역에서 고상 가옥을 짓는 까닭을 쓰시오.

_____

_____

10 ⊕ 11종 공통

적도 부근의 고산 기후에 도시가 발달한 까닭을 알맞게 말한 친구를 고르시오. ( )

① 사계절이 뚜렷하게 나타나기 때문이야.

② 일 년 내내 날씨가 온화해 생활하기에 유리하기 때문이야.

③ 덥고 비가 자주 내리기 때문이야.

④ 바다로 둘러싸여 있어 해양으로 진출할 수 있기 때문이야.

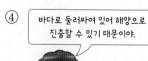

11 서술형   지학사, 천재교육 외

멕시코에서 다음과 같은 음식을 먹는 까닭을 쓰시오.

▲ 멕시코의 타코

_____

_____

12   미래엔, 비상교과서 외

다음과 같은 젓가락을 사용하는 이웃 나라는 어디인지 쓰시오.

> 둥글고 큰 식탁에 빙 둘러앉아 음식을 한가운데 두고 먹기 편하도록 젓가락이 길고, 뜨겁고 기름진 음식이 미끄러지지 않도록 젓가락 끝이 뭉툭합니다.

(   )

13 ➕ 11종 공통

우리나라와 관계 깊은 나라를 소개하는 신문 기사의 제목으로 알맞지 않은 것을 보기 에서 골라 기호를 쓰시오.

> **보기**
> ㉠ 밀 수출 강국, 베트남
> ㉡ 세계 주요 원유 수출국, 사우디아라비아
> ㉢ 우리나라와 무역을 많이 하는 나라, 미국

(   )

14 ➕ 11종 공통

사우디아라비아의 특징을 잘못 말한 친구를 골라 이름을 쓰시오.

> • 한결: 아시아 대륙의 서남부에 위치해.
> • 지민: 국민의 대부분이 이슬람교를 믿어.
> • 서현: 노동력이 풍부해서 기계, 의류 등을 생산하는 제조업이 발달했어.
> • 영진: 인구는 약 3,500만 명으로, 우리나라의 약 2/3야.

(   )

15 ➕ 11종 공통

미국에 대한 설명으로 알맞은 것을 두 가지 고르시오.
(,   )

① 세계에서 인구가 가장 많다.
② 영토 면적은 우리나라보다 작다.
③ 영토의 대부분이 열대 기후에 속한다.
④ 풍부한 자원을 바탕으로 다양한 산업이 골고루 발달했다.
⑤ 넓은 땅을 이용해 옥수수, 밀 등의 작물을 대규모로 재배한다.

평가 주제	세계의 대륙과 대양의 모습 파악하기
평가 목표	세계의 각 대륙과 대양의 특징을 말할 수 있다.

[1-3] 세계의 대륙과 대양 지도를 보고, 물음에 답하시오.

1 위 지도와 관련해 ㉠, ㉡에 들어갈 알맞은 말을 쓰시오.

(㉠) 바다로 둘러싸인 큰 땅덩어리를 말합니다.

(㉡) 지구의 약 70%를 차지하는 바다 가운데 특히 큰 바다를 말합니다.

㉠ (   ), ㉡ (   )

> **도움** 지구는 육지와 바다로 이루어져 있습니다. 그중에서 육지의 면적은 약 30%, 바다의 면적은 약 70%입니다.

2 위 지도의 오세아니아 대륙의 특징을 쓰시오.

_____

_____

> **도움** 세계의 여러 대륙에는 다양한 나라가 있으며, 대륙마다 인접하고 있는 대양이 다릅니다.

3 위 지도의 ㈎로 표시된 대양의 이름이 무엇인지 쓰고, 그 대양의 특징을 한 가지만 쓰시오.

_____

_____

> **도움** 태평양, 대서양, 인도양은 북반구와 남반구에 걸쳐 있으나, 북극해는 북반구에, 남극해는 남반구에 있습니다.

평가 주제	세계의 주요 기후 특성 파악하기
평가 목표	다양한 기후가 나타나는 특성을 설명할 수 있다.

[1-3] 세계의 기후를 나타낸 지도를 보고, 물음에 답하시오.

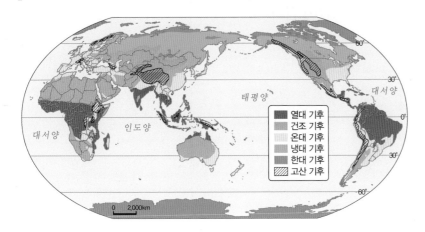

1 위 지도에 나타난 기후 중 남극과 북극 주변의 고위도 지역에서 나타나는 기후가 무엇인지 쓰시오.

(   )

도움 각 나라나 지역의 기후는 위치, 지형, 해발 고도 등에 따라 달라집니다.

2 위 지도와 관련해 ㉠~㉢에 들어갈 알맞은 말을 쓰시오.

열대 기후	• (㉠) 주변의 저위도 지역에서 나타남. • 일 년 내내 더운 날씨가 계속되고, 가장 추운 달의 평균 기온이 18℃ 이상임.
(㉡)	강수량이 매우 적어 일 년 동안의 강수량 합이 500mm 미만이고 강수량보다 증발량이 많음.
온대 기후	• 중위도 지역에서 주로 나타남. • 가장 추운 달의 평균 기온이 −3℃ 이상 18℃ 미만이며, (㉢)이/가 비교적 뚜렷함.

도움 적도 지방에서 극지방으로 갈수록 기온이 점차 낮아지며, 대체로 열대 기후, 건조 기후, 온대 기후, 냉대 기후, 한대 기후 순으로 나타납니다.

3 위 지도에 나타난 고산 기후의 특징을 쓰시오.

_____

_____

도움 고산 기후는 해발 고도가 높은 지역에서 나타납니다.

1. 세계의 여러 나라들

● 정답과 풀이 12쪽

평가 주제	이웃 나라의 자연환경과 인문환경 알기
평가 목표	이웃 나라의 특징을 설명하고 우리나라와의 관계를 말할 수 있다.

[1-3] 우리나라와 이웃하고 있는 나라 지도를 보고, 물음에 답하시오.

1 위 지도에 나타난 나라 중 다음에서 설명하는 나라를 쓰시오.

> • 네 개의 큰 섬과 수천 개의 작은 섬들로 이루어져 있습니다.
> • 태평양 연안을 따라 공업 지역이 발달했습니다.

(   )

도움 우리나라와 이웃한 나라는 자연환경과 인문환경에서 비슷한 점이 많지만, 서로 다른 점도 있습니다.

2 위 지도에 나타난 러시아의 인문환경 특징을 한 가지만 쓰시오.

_____

_____

도움 러시아는 유럽과 아시아 대륙에 걸쳐 있으며, 동부는 주로 고원과 산지이고 서부에는 평야가 펼쳐져 있습니다.

3 위 지도에 나타난 나라에서 볼 수 있는 표지판입니다. 이를 보고 알 수 있는 내용을 쓰시오.

▲ 우리나라의 표지판

▲ 중국의 표지판

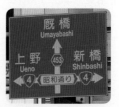
▲ 일본의 표지판

도움 우리나라와 중국, 일본은 지리적으로 가까이 있어 오래전부터 활발하게 교류했습니다.

_____

_____

2 통일 한국의 미래와 지구촌의 평화

1 한반도의 미래와 통일

2 지구촌의 평화와 발전

3 지속 가능한 지구촌

▶ 단원별 학습 내용과 교과서별 해당 쪽수를 확인해 보세요.

단원	학습 내용	백점 쪽수	교과서별 쪽수				
			동아출판	미래엔	비상교과서	아이스크림 미디어	천재교육
1 한반도의 미래와 통일	• 독도의 역사적·지리적 특성 파악하기 • 독도를 지키려는 노력 살펴보기 • 남북통일을 위한 노력 살펴보기	54~65	84~107	88~107	84~107	86~107	88~109
2 지구촌의 평화와 발전	• 지구촌의 평화와 발전을 위협하는 갈등 사례를 조사하고 해결 방안 탐구하기 • 지구촌 갈등을 해결하기 위한 노력 조사하기	66~73	108~127	108~131	108~129	108~129	110~127
3 지속 가능한 지구촌	• 지구촌의 주요 환경 문제를 조사하고 해결 방안 탐구하기 • 세계 시민으로서 지속 가능한 미래를 위한 노력 탐색하기	74~85	128~153	132~153	130~153	130~151	128~145

[단원명이 다른 교과서]
3 단원: 천재교과서(지속 가능한 지구촌과 세계 시민)

1 한반도의 미래와 통일 (1)

1 독도의 위치

- 우리나라의 동쪽 끝에 있는 섬입니다.
- 독도는 행정구역상 경상북도 울릉군 울릉읍에 속합니다.
- 독도는 북위 37°, 동경 132° 근처에 있습니다.
- 동해의 한가운데에 자리 잡고 있어 선박의 항로뿐만 아니라 군사적으로도 중요한 위치에 있습니다.
- 독도에서 울릉도까지의 거리가 일본 오키섬까지의 거리보다 가깝습니다.

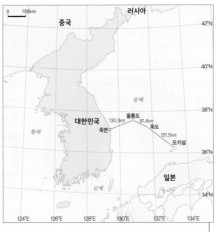

맑은 날에는 울릉도에서 독도를 맨눈으로 볼 수 있어요.

2 독도의 자연환경

① 독도의 모습 ┌ 우리 눈에 보이는 독도는 바다 위로 드러난 화산섬의 꼭대기로, 바다 아래에는 거대한 산이 펼쳐져 있어요.
- 독특한 지형과 경관을 지닌 화산섬입니다.
- 동도와 서도인 두 개의 큰 섬과 그 주위에 크고 작은 바위섬 89개로 이루어져 있습니다.
- 경사가 급하고 대부분 암석이지만 다양한 동식물이 서식하고 있습니다.

② 독도에 있는 지형: 탕건봉, 코끼리 바위, 독립문 바위, 한반도 바위, 천장굴 등이 있습니다. 자료 1

③ 독도의 기후: 동해의 영향으로 기온이 온화하고, 겨울에 눈이 많이 내립니다.

3 독도의 가치

독도는 화산 활동으로 생긴 화산섬으로 독특한 지형과 모습을 지녔고, 여러 종류의 동식물이 서식하는 생태계의 보고입니다. 자료 2

최근에는 울릉도와 독도를 오가는 여객선이 생기면서 독도의 아름다운 경관을 보러 독도를 찾는 관광객이 늘고 있습니다.

우리나라는 독도 전체를 천연기념물 제336호로 지정하여 보호하고 있습니다. ⊕

독도는 우리나라 동쪽 끝에 있는 섬으로 영토와 영해 설정에 있어 중요한 위치입니다.

독도 주변 바다는 차가운 바닷물과 따뜻한 바닷물이 만나 먹이가 풍부해 여러 해양 생물이 살기 좋은 환경입니다.

독도 주변 바다의 밑바닥에는 가스 하이드레이트가 묻혀 있고 깊은 바다에는 해양 심층수가 있는 등 자원이 많아 경제적 가치가 높습니다. ⊕

⊕ 독도를 천연기념물로 지정해 보호하고 있는 까닭

- 우리나라에서 가장 오래된 화산섬이기 때문입니다.
- 지형과 자연 경관이 독특하고 아름답기 때문입니다.
- 독도에는 다양한 동식물이 서식하고 있기 때문입니다.

⊕ 가스 하이드레이트

천연가스와 물이 결합한 고체 상태의 물질로 불을 붙이면 타는 성질이 있어 '불타는 얼음'이라고도 부릅니다.

용어 사전

- **경사** 비스듬히 기울어짐. 또는 그런 상태나 정도.
- **보고** 귀중한 물건을 간수해 두는 창고로, 귀중한 것이 많이 나거나 간직되어 있는 곳을 비유적으로 이르는 말.
- **가치** 사물이 지니고 있는 쓸모.

교과서 통합 대표 자료

자료1 독도의 독특한 지형

탕건봉

한반도 바위

독립문 바위

코끼리 바위

천장굴

탕건봉	봉우리의 모양이 옛날 관리가 갓 아래 받쳐 쓰던 탕건과 닮음.
코끼리 바위	코끼리가 코를 물속에 넣고 물을 마시는 모습과 닮음.
독립문 바위	독립문 모양을 닮아서 독립문 바위라고 부름.
한반도 바위	북쪽에서 바라보면 마치 한반도처럼 생긴 바위임.
천장굴	파도, 바람 등에 깎여서 절벽에 생긴 동굴로, 천장이 뚫려 있어 천장굴이라고 불림.

자료2 독도의 자원

▲ 사철나무

▲ 섬기린초

▲ 괭이갈매기

▶ 사철나무는 천연기념물 제538호로 지정된 나무로, 독도에서 가장 오래된 나무입니다. 섬기린초는 울릉도와 독도에서 자라는 식물입니다. 독도는 괭이갈매기의 집단 번식지 중 한 곳입니다.

▶ 살오징어, 도화새우, 부채뿔산호, 가스 하이드레이트 등 독도에는 수산 자원이 풍부하며 주변 바다에는 에너지 자원이 많습니다.

기본 개념 문제

1

(　　　　　)은/는 우리나라의 동쪽 끝에 있는 섬입니다.

2

독도는 (　　　　　) 활동으로 생긴 화산섬으로 독특한 지형과 모습을 지녔습니다.

3

독도는 경사가 급하고 대부분 암석이지만 다양한 동식물이 서식하는 생태계의 보고이기도 합니다.

(○ , ×)

4

독도 주변 바다는 차가운 바닷물과 따뜻한 바닷물이 만나 해양 생물이 살기 어려운 환경입니다.

(○ , ×)

5

우리나라는 독도를 (　　　　　) 제336호로 지정해 보호하고 있습니다.

1 ➕ 11종 공통

다음에서 설명하는 섬은 무엇입니까? (   )

- 우리나라의 동쪽 끝에 있는 섬입니다.
- 북위 37°, 동경 132° 근처에 있는 섬입니다.

① 독도   ② 울릉도   ③ 마라도
④ 백령도   ⑤ 제주도

2 서술형 ➕ 11종 공통

위 **1**번 답의 섬이 위치적으로 중요한 까닭은 무엇인지 쓰시오.

_____

_____

3 ➕ 11종 공통

독도에 대한 설명으로 알맞지 <u>않은</u> 것은 어느 것입니까? (   )

① 동해의 한가운데에 자리 잡고 있다.
② 우리나라 영토 중 가장 동쪽에 위치한다.
③ 맑은 날에는 울릉도에서 독도를 볼 수 있다.
④ 북도와 남도라고 하는 두 개의 큰 섬이 있다.
⑤ 2개의 큰 섬과 그 주변 89개의 바위섬으로 이루어져 있다.

4 ➕ 11종 공통

다음 지도를 보고 독도에 대해 알맞게 설명한 친구를 골라 이름을 쓰시오.

독도에서 울릉도까지의 거리가 일본 오키섬까지의 거리보다 더 가까워.

▲ 아량

독도는 우리나라보다 일본 영토에 가깝지만 우리나라 영토에 속해 있어.

▲ 진호

(   )

5 ➕ 11종 공통

다음 (   ) 안에 들어갈 알맞은 말에 ○표 하시오.

독도는 행정구역상 (경상북도 , 전라남도) 울릉군 울릉읍에 속합니다.

6 ➕ 11종 공통

독도를 천연기념물로 지정한 까닭으로 알맞은 것은 어느 것입니까? (   )

① 우리나라에서 가장 큰 섬이기 때문에
② 우리나라에서 인구가 가장 많기 때문에
③ 우리나라 정부가 수립된 곳이기 때문에
④ 우리나라에 하나밖에 없는 섬이기 때문에
⑤ 우리나라에서 가장 오래된 화산섬이기 때문에

7 ⊕ 11종 공통

다음 보기 에서 독도의 자연환경에 대한 설명으로 알맞은 것을 모두 골라 기호를 쓰시오.

보기

㉠ 경사가 완만하고 평평하다.
㉡ 독특한 지형과 모습을 지닌 화산섬이다.
㉢ 다양한 동식물이 서식하는 생태계의 보고이다.
㉣ 주변 바다는 일 년 내내 차가운 바닷물만 흘러 해양 생물이 살기 어렵다.

( )

8 ⊕ 11종 공통

독도에서 볼 수 있는 지형과 그 특징을 선으로 알맞게 연결하시오.

(1) 탕건봉 •

• ㉠ 봉우리의 모양이 옛날 관리가 갓 아래 받쳐 쓰던 것과 닮았습니다.

(2) 코끼리 바위 •

• ㉡ 바위의 모양이 코를 물속에 넣고 물을 마시는 코끼리의 모습과 닮았습니다.

9 ⊕ 11종 공통

다음 ( ) 안에 들어갈 알맞은 말은 어느 것입니까? ( )

( )은/는 천연기념물 제538호로 지정된 나무로, 독도에서 가장 오래된 나무입니다.

① 소나무
② 사철나무
③ 섬기린초
④ 부채뿔산호
⑤ 산돌배나무

10 ⊕ 11종 공통

독도의 가치에 대해 알맞게 설명한 친구를 골라 이름을 쓰시오.

• 예진: 독도를 찾는 관광객이 줄고 있습니다.
• 제훈: 깊은 바다에는 해양 심층수가 있는 등 자원이 많습니다.
• 유람: 우리나라 남쪽 끝에 있는 섬으로 영토와 영해 설정에 있어 중요한 위치입니다.

( )

11 서술형 비상교과서, 천재교육 외

독도 주변 바다에 다음과 같은 여러 해양 생물이 살기 좋은 까닭을 쓰시오.

• 살오징어   • 도화새우   • 부채뿔산호

_____

_____

12 ⊕ 11종 공통

다음에서 설명하는 것은 무엇인지 쓰시오.

독도 주변 바다의 밑바닥에 묻혀 있으며, 천연가스와 물이 결합한 고체 상태의 물질로 불을 붙이면 타는 성질이 있어 '불타는 얼음'이라고도 부릅니다.

( )

1 한반도의 미래와 통일 (2)

 개념강의

1 독도와 관련한 역사적 자료

① 우리나라의 옛 기록과 옛 지도

• 옛 기록 [자료1] ┌ 신라의 장군 이사부가 우산국을 정벌하여
우산국이 신라의 영토가 됐어요.

『세종실록』「지리지」 (1454년)	우산(독도)과 무릉(울릉도)이 울진현의 정동쪽 바다에 있다는 사실이 나와 있음. ➕
대한 제국 칙령 제41호(1900년)	석도(독도)를 울도군(울릉군)의 관할 구역에 포함한다는 대한 제국 황제의 칙령

• 옛 지도

「팔도총도」 (1531년)	지리서인 『신증동국여지승람』에 수록된 지도로, 우산도(독도)가 조선의 영토에 포함되어 있음. [자료2]
「조선전도」 (18세기 후반)	우산도(독도)가 제자리인 울릉도의 동쪽에 그려져 있음.

② 다른 나라의 옛 기록과 옛 지도

• 옛 기록

「태정관 지령」 (1877년)	당시 일본의 최고 행정 기관인 태정관이 울릉도와 독도는 일본의 영토와 관계없다고 선언한 지령 ➕
연합국 최고 사령관 각서 제677호(1946년)	일본의 행정 범위에서 울릉도와 독도를 제외한다는 연합국의 각서와 두 섬을 우리나라의 영토로 표시한 지도

• 옛 지도

「삼국접양지도」 (1785년)	일본의 지리학자가 만든 지도로, 울릉도와 독도가 조선의 영토와 같은 색으로 표현되어 있고 그 주변에 '조선의 것'이라고 쓰여 있음. → 오래 전부터 독도가 우리나라의 영토임을 알 수 있어요.
「조선왕국전도」 (1737년)	프랑스의 지리학자가 만든 조선의 전도로, 울릉도와 독도가 조선의 영토로 포함되어 그려져 있음.

2 독도를 지키기 위한 노력

① 독도를 지키기 위한 사람들의 노력 ┌ 독도 경비대원, 등대 관리원, 울릉군청 독도 관리 사무소 직원 등 약 50여 명이 거주하며 독도를 지키고 있어요.

안용복	1696년 일본에 가서 울릉도와 독도가 조선의 영토임을 일본으로부터 확인하고 돌아옴. ┌ 안용복은 울릉도에서 불법으로 고기잡이를 하던 일본 어선에 항의를 했어요.
독도 경비대	일본 등 외부 세력의 독도 침범에 대비하며 독도를 지키고 있음.

② 독도를 지키기 위한 정부와 민간단체의 노력

정부	• 독도에 등대, 선박 접안 시설, 경비 시설 등을 설치함. • 독도의 생태계를 보호하고 독도를 지속적으로 이용할 수 있도록 여러 법령을 시행하고 있음.
민간단체	• 외국에 독도를 알릴 수 있는 홍보 활동을 다양하게 하고 있음. • 독도를 잘못 소개한 정보와 자료를 찾아 수정을 요구하는 등의 노력을 하고 있음. [자료3]

➕ 독도의 옛 이름

• 우산도는 가장 오랫동안 사용한 명칭입니다.
• 석도는 한글 표현인 '돌섬'을 의미합니다.
• 독도라는 명칭은 1906년 울릉군수 심흥택이 공식적으로 처음 사용하였습니다.

➕ 「태정관 지령」

태정관은 "죽도와 그 밖의 일도에 관한 것은 본국(일본)과는 관계가 없음을 명심할 것."이라는 지시를 내렸습니다.

용어 사전

● **칙령** 임금이 내린 명령.
● **지령** 상급 관청이 하급 관청에 내리는 명령.
● **각서** 약속을 지키겠다는 내용을 적은 문서.
● **침범** 남의 영토나 재산 등을 불법으로 범하거나 해를 끼침.

💠 교과서 통합 대표 자료

자료 1 독도가 우리나라의 영토임을 보여주는 옛 기록

 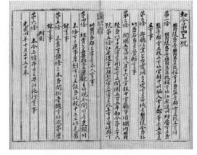

▲ 『세종실록』 『지리지』 (1454년)   ▲ 대한 제국 칙령 제41호(1900년)

- 『세종실록』 『지리지』에는 독도가 조선의 영토라는 사실과 울릉도에서 독도를 직접 눈으로 볼 수 있다는 사실이 나와 있습니다.
- 대한 제국 칙령 제41호에는 대한 제국이 울릉도에 울릉군청을 두고, 독도까지 관할하게 한다고 쓰여 있습니다.

자료 2 독도가 우리나라의 영토임을 보여주는 옛 지도

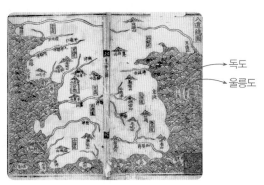

독도
울릉도

▲ 『팔도총도』 (1531년)

- 『팔도총도』는 현존하는 우리나라 옛 지도 중 우산도(독도)가 표기된 가장 오래된 지도입니다. 당시 지도에는 우산도(독도)를 실제와 달리 울릉도의 서쪽에 그렸습니다.

자료 3 독도를 지키려고 노력하는 민간단체, 반크

▲ 반크 누리집

1999년 설립된 사이버 외교 사절단으로, 인터넷에서 우리나라와 관련된 잘못된 사실을 바로잡는 데 노력하고 있습니다. 반크의 외교 사절단 단원들은 독도에 관한 사실을 전 세계 사람들에게 알리고, 일본의 억지 주장을 바로잡는 데 힘쓰고 있습니다.

기본 개념 문제

● 정답과 풀이 14쪽

1

「팔도총도」는 현존하는 우리나라 옛 지도 중 독도가 표기된 가장 오래된 지도입니다.

(○ , ×)

2 단원

2

「삼국접양지도」는 일본의 지리학자가 만든 지도로, 울릉도와 독도가 일본의 영토와 같은 색으로 표현되어 있습니다.

(○ , ×)

3

(「조선왕국전도」 , 「조선전도」)는 프랑스의 지리학자가 만든 조선의 전도로, 울릉도와 독도가 조선의 영토로 포함되어 그려져 있습니다.

4

(   )은/는 일본에 가서 울릉도와 독도가 우리나라의 영토임을 일본으로부터 확인받고 돌아왔습니다.

5

(정부 , 민간단체)는 등대, 선박 접안 시설, 경비 시설 등을 설치하며 독도를 지키기 위해 노력하고 있습니다.

1 한반도의 미래와 통일 (2)

[1-2] 다음 글을 읽고, 물음에 답하시오.

> "우산과 무릉(울릉도), 두 섬이 울진현의 정동쪽 바다 한가운데에 있다. 두 섬은 거리가 멀지 않아 날씨가 맑으면 서로 바라볼 수 있다."

1 ➕ 11종 공통

위와 같은 내용이 쓰여 있는 우리나라의 옛 기록을 쓰시오.

( )

2 ➕ 11종 공통

윗글의 '우산'이 가리키는 섬의 오늘날 이름은 무엇입니까? ( )

① 죽도 ② 독도 ③ 강화도
④ 마라도 ⑤ 제주도

3 ➕ 11종 공통

우리나라에서 만든 독도와 관련한 역사적 자료를 보기 에서 모두 골라 기호를 쓰시오.

> **보기**
> ㉠ 「조선전도」
> ㉡ 「태정관 지령」
> ㉢ 「조선왕국전도」
> ㉣ 대한 제국 칙령 제41호

( )

[4-5] 다음 글을 읽고, 물음에 답하시오.

> 이것은 지리서인 『신증동국여지승람』에 수록된 지도입니다. 우산도(독도)가 조선의 영토에 포함되어 있으며 울릉도의 서쪽에 그려져 있습니다.

4 ➕ 11종 공통

윗글의 밑줄 친 '이것'은 무엇인지 쓰시오.

( )

5 서술형 ➕ 11종 공통

위 **4**번 답의 지도를 통해 독도에 대해 알 수 있는 사실을 쓰시오.

_____

_____

6 미래엔, 비상교과서 외

다음 글을 읽고 알 수 있는 사실을 알맞게 말한 친구를 골라 이름을 쓰시오.

> 일본의 지리학자가 만든 「삼국접양지도」에는 울릉도와 독도가 조선의 영토와 같은 색으로 표현되어 있고 그 주변에 '조선의 것'이라고 쓰여 있습니다.

> • 수찬: 당시 일본 사람들은 독도를 일본 영토라고 생각했어.
> • 민지: 당시 일본 사람들이 독도를 우리나라의 땅이라고 인식하고 있었다는 사실을 알 수 있어.

( )

7 ● 11종 공통

독도를 지키려는 정부와 민간단체의 노력으로 알맞지 <u>않은</u> 것은 어느 것입니까? (   )

① 독도에 등대, 선박 접안 시설, 경비 시설 등을 설치했다.
② 외국에 독도를 알릴 수 있는 홍보 활동을 다양하게 하고 있다.
③ 독도를 자국 땅이라고 주장하는 일본에 무력을 사용해 항의하고 있다.
④ 독도의 생태계 보호와 지속 가능한 이용을 위해 여러 법령을 시행하고 있다.
⑤ 독도를 잘못 소개한 정보와 자료를 찾아 수정을 요구하는 노력을 하고 있다.

[8-9] 다음 글을 읽고, 물음에 답하시오.

> 조선 숙종 때 부산 동래에 살던 사람으로 울릉도 주변에서 고기잡이하는 일본 어민들을 쫓아내고 항의하였습니다. 이 일이 계기가 되어 일본에서는 일본인의 울릉도 주변 접근을 금지하는 명령을 내렸습니다.

8 ● 11종 공통

독도를 지키고자 위와 같은 노력을 한 사람은 누구인지 쓰시오.

(   )

9 서술형 ● 11종 공통

위 **8**번 답의 인물이 한 또 다른 노력을 쓰시오.

_____

_____

10 ● 11종 공통

독도를 지키려는 노력에 대한 설명으로 알맞은 것에 ○표, 알맞지 않은 것에 ×표 하시오.

(1) 독도를 지키려는 사람들의 노력은 오늘날에도 이어지고 있습니다. (   )
(2) 민간단체는 독도를 지키는 데 필요한 여러 법령을 만들어 시행하고 있습니다. (   )
(3) 정부나 민간단체뿐만 아니라 개인도 독도를 지키고자 다양한 활동을 할 수 있습니다. (   )

[11-12] 다음 글을 읽고, 물음에 답하시오.

> (   )은/는 1999년 설립된 사이버 외교 사절단입니다. 인터넷에서 우리나라와 관련된 잘못된 사실을 바로잡는 데 노력하고 있습니다.

11 미래엔, 비상교육 외

윗글의 (   ) 안에 들어갈 알맞은 단체를 쓰시오.

(   )

12 미래엔, 비상교육 외

위 **11**번 답에 대해 알맞게 설명한 친구를 골라 이름을 쓰시오.

외부 세력의 독도 침범에 대비하며 독도를 지키고 있어.

독도에 관한 사실을 전 세계 사람들에게 알리는 데 힘쓰고 있어.

▲ 영지   ▲ 종희

(   )

1 **한반도의 미래와 통일 (3)**

 개념 강의

1 남북통일이 필요한 까닭

① **남북 분단:** 우리나라는 광복 이후 38도선을 경계로 대한민국 정부와 북한 정권이 각각 수립되었고, 6·25 전쟁을 겪으면서 분단이 더욱 굳어졌습니다.

② **남북 분단으로 겪는 어려움** 자료1

전쟁에 대한 두려움	전쟁이 일어날 수 있다는 ●공포가 있으며, 세계 평화에 부정적 영향을 미치고 있음.
이산가족의 고통	이산가족들이 고향에 가지 못해 슬픔을 겪고 있음.
언어와 문화의 차이	남북한의 언어, 문화와 생활 모습 등의 차이가 더욱 벌어지고 있음.
과도한 국방비 지출	남한과 북한의 국방비 지출이 많아 경제적으로 ●손실을 보고 있음.

③ **남북통일의 필요성**

- 이산가족의 아픔을 치유하고, 민족의 동질성을 회복할 수 있습니다.
- 국방비를 줄여 다른 분야에 사용하면 사회의 여러 분야가 발전할 수 있습니다.
- 유라시아 횡단 철도가 연결되면 우리나라에서 유럽까지 기차로 갈 수 있습니다.
- 남한의 발전된 산업과 기술력에 북한의 풍부한 자원을 결합하여 경제적으로 성장할 수 있습니다.

2 남북통일을 위한 노력 자료2

→ 자주·평화·민족 대단결이라는 통일 원칙을 서울과 평양에서 동시에 발표했어요.

정치적 노력	• 1972년 7·4 남북 공동 성명을 발표함. • 남북한 정부의 협력과 여러 기관의 노력으로 1985년 처음으로 이산가족이 상봉하였고 이후 여러 차례 상봉이 이루어짐. • 1991년 남북 기본 합의서가 채택되었음. • 2000년, 2007년, 2018년 남북 정상 회담이 열렸음.
경제적 노력	• 남과 북이 끊어진 도로와 철도를 연결하고 시설을 개선함. • 남한의 자본과 기술력에 북한의 노동력이 결합한 개성 공단이 활발하게 운영되었던 적이 있음.
사회·문화적 노력	• 2018년 남북한 예술단이 강릉, 서울, 평양에서 합동 공연을 했음. • 2018년 남한과 북한 선수들이 평창 동계 올림픽 대회에 공동으로 입장했음.

3 통일 한국의 미래 자료3

- 주변 국가 사람들도 더욱 평화롭게 살 수 있습니다.
- 북한 지역의 풍부한 지하자원을 사용할 수 있습니다.
- 전통문화를 체계적으로 관리하고 계승할 수 있습니다.
- 동북아시아의 평화와 발전을 이끄는 국가가 될 것입니다.
- 위험 요소가 해소돼서 전쟁에 대한 두려움도 사라질 것입니다.
- 중국, 러시아를 지나 유럽의 여러 나라까지도 육로로 갈 수 있습니다.

남북한의 언어 비교

남한	북한
날씨	날거리
빙수	단얼음
해열제	열내림약
꿈나라	잠나라
팔찌	팔목거리

비무장 지대(DMZ)

비무장 지대(DMZ)는 남북한의 군사적 충돌을 막기 위해 만든 지역입니다. 비무장 지대는 그동안 남북 분단의 상징으로 인식되었으나, 이제는 서로 교류하고 함께 이용하는 평화와 공존의 장소로 주목하고 있습니다.

용어 사전

- ● **공포** 두렵고 무서움.
- ● **손실** 모자람이 생기거나 잃어버려 손해를 봄.
- ● **상봉** 서로 만남.
- ● **채택** 작품, 의견, 제도 따위를 골라서 다루거나 뽑아 씀.
- ● **계승** 조상의 전통이나 문화유산, 업적 등을 물려받아 이어 나감.

자료 1 남북 분단으로 겪는 어려움

전쟁이 일어날까 봐 무서워.

북에 계신 어머니를 만나러 갈 수가 없어서 너무 슬퍼.

국방비로 쓰이는 비용이 너무 많아.

자료 2 남북통일을 위한 노력

▲ 남북 기본 합의서 채택(1991년)

▲ 남북 정상 회담 개최(2018년)

▲ 남북한 평창 동계 올림픽 선수단 공동 입장(2018년)

▲ 남북 예술단 합동 공연(2018년)

▶ 1991년 남한과 북한의 대표단이 만나 평화를 위한 남북 화해와 교류, 협력 등의 내용이 담긴 남북 기본 합의서를 채택하였습니다.

▶ 2018년에는 남북 정상이 만나 한반도 평화를 위해 노력하기로 뜻을 모았습니다. 또한 단일팀을 구성해 올림픽에서 한반도기를 들고 함께 입장하여 세계에 통일에 대한 희망의 메시지를 전했습니다. 이때 남북한 예술단은 함께 무대를 꾸며 한반도의 평화를 기원했습니다.

자료 3 남북통일이 된다면 달라질 어린이의 생활 모습

- 백두산이나 금강산으로 여행을 갈 수 있습니다.
- 어른이 되면 평양에 있는 회사에 다닐 수도 있습니다.
- 북한에서 살던 또래 친구들과 같은 교실에서 공부할 수 있습니다.
- 북한에서 살던 사람들이 쓰는 말이 달라 조금 낯설게 느껴질지도 모릅니다.

기본 개념 문제

● 정답과 풀이 15쪽

1

우리나라는 6·25 전쟁을 겪으면서 (결합 , 분단)이 더욱 굳어졌습니다.

2

남북이 분단되어 겪는 어려움으로 (   )이/가 일어날 수 있다는 공포가 있습니다.

3

남북통일이 되면 국방비로 사용되는 비용이 늘어나 국민들의 삶의 질이 낮아질 것입니다.

(○ , ×)

4

남한의 자본과 기술력에 북한의 노동력이 결합한 개성 공단이 활발하게 운영되었던 적이 있습니다.

(○ , ×)

5

남북한이 통일 되면 중국, 러시아를 지나 유럽의 여러 나라까지도 (   )(으)로 갈 수 있습니다.

1 한반도의 미래와 통일 (3)

1 ➕ 11종 공통

다음 ㉠, ㉡에 들어갈 알맞은 말에 ○표 하시오.

> ㉠ (광복 , 4·19 혁명) 이후 우리나라의 남과 북에는 서로 다른 정부가 수립되었고 ㉡ (6·25 전쟁 , 6월 민주 항쟁)을 겪으면서 분단이 더욱 굳어졌습니다.

2 ➕ 11종 공통

남북 분단으로 겪는 어려움으로 알맞지 <u>않은</u> 것은 어느 것입니까? (   )

① 언어와 문화가 달라졌다.
② 전쟁이 일어날 수 있다는 공포가 있다.
③ 국방비의 지출이 적어 군사력이 약해졌다.
④ 자원을 효율적으로 활용하지 못하고 있다.
⑤ 한반도의 지리적 이점을 누리지 못하고 있다.

3 ➕ 11종 공통

다음과 같이 남북 분단으로 헤어져 만나지 못하는 가족을 무엇이라고 하는지 쓰시오.

북에 계신 어머니를 만나러 갈수가 없어서 너무 슬퍼.

(   )

4 ➕ 11종 공통

남북 분단으로 겪는 어려움으로 알맞은 것에 ○표, 알맞지 <u>않은</u> 것에 ×표 하시오.

(1) 남한과 북한이 같은 언어와 문화를 공유하기 어렵습니다.   (   )
(2) 남한과 북한이 서로의 장점을 살려 자원이나 기술력 등을 효율적으로 사용하고 있습니다. (   )

5 서술형 ➕ 11종 공통

다음 글의 밑줄 친 부분에 들어갈 알맞은 내용을 쓰시오.

> • 선생님: 통일의 필요성에는 무엇이 있을까요?
> • 학생: 국방비를 줄여 _____

6 ➕ 11종 공통

남북통일이 필요한 까닭으로 알맞은 것을 보기 에서 모두 골라 기호를 쓰시오

> 보기
> ㉠ 민족의 동질성을 회복할 수 있기 때문에
> ㉡ 전쟁에 필요한 군사 물품을 많이 생산하여 경제가 활발해지기 때문에
> ㉢ 우리나라의 전통문화를 모두 없애고 새로운 문화를 받아들일 수 있기 때문에
> ㉣ 남한의 기술력과 북한의 자원을 결합하여 경제적으로 성장할 수 있기 때문에

(   )

7 ➕ 11종 공통

다음 (　　) 안에 들어갈 알맞은 말은 어느 것입니까? (　　)

> 남북통일이 되면 한반도에서 (　　　) 가능성이 사라져 이웃 나라와 세계 여러 나라 사람들도 더욱 평화롭게 살 수 있습니다.

① 범죄　　　　② 수출　　　　③ 수입
④ 전쟁　　　　⑤ 자연재해

8 아이스크림, 천재교육 외

남북통일을 위한 경제적 노력의 모습으로 알맞은 것은 어느 것입니까? (　　)

①

▲ 남북 예술단 합동 공연

②

▲ 개성 공단 운영

③

▲ 남북한 평창 동계 올림픽 선수단 공동 입장

④

▲ 남북 정상 회담 개최

9 서술형　➕ 11종 공통

남북통일을 위한 정치적 노력의 모습을 한 가지만 쓰시오.

_____

_____

10 ➕ 11종 공통

통일 한국의 미래 모습에 대한 설명으로 알맞은 것에 ○표 하시오.

(1) 북한 지역의 지하자원을 사용하기 힘들 것입니다.
　　　　　　　　　　　　　　　　　(　　)

(2) 동북아시아의 평화와 발전을 이끄는 국가가 될 것입니다.　　　　　　　　　　　(　　)

(3) 유럽의 여러 나라를 육로로 여행하기는 더욱 힘들어질 것입니다.　　　　　　(　　)

11 ➕ 11종 공통

남북통일이 되면 달라질 어린이의 생활 모습으로 알맞지 않은 것은 어느 것입니까? (　　)

① 백두산이나 금강산으로 여행을 간다.
② 통일 한국에 산다는 자부심을 갖는다.
③ 북한에 있는 학교로 모두 전학을 간다.
④ 어른이 되어 평양에 있는 회사에 다닌다.
⑤ 북한에 살던 친구들과 같은 교실에서 공부한다.

12 김영사, 미래엔 외

다음 통일 한국 신문을 보고 느낀 점을 알맞게 말한 친구를 골라 이름을 쓰시오.

> 통일 한국 신문　　　　　　20△△년 △△월 △△일
>
> 　통일 한국 관광청은 지난해 같은 시기에 비해 올해 우리나라를 찾은 관광객이 20%가량 증가했다고 발표했다. 통일 이후 한반도에 전쟁의 위험이 사라지자 더 많은 사람이 한반도의 아름다움을 즐기고자 우리나라를 찾는 것으로 보인다.

• 윤경: 해외 관광객이 많아지는 게 싫어.
• 현규: 하루 빨리 통일이 되었으면 좋겠어.

(　　　　　　)

2 지구촌의 평화와 발전 (1)

1 지구촌에서 일어나는 갈등

① **지구촌 갈등의 원인:** 영토, 종교, 민족, 자원, 문화 등 다양한 원인으로 일어나는 갈등이 지구촌의 평화를 위협합니다. 자료1

② **지구촌 갈등 사례** 자료2

- 이스라엘과 팔레스타인 분쟁 자료3

원인	• 유대인이 팔레스타인에 이스라엘이라는 나라를 세우면서 분쟁이 시작됨. • 팔레스타인 사람들은 자신들의 옛 영토를 회복하고자 저항하고 있으며, 영토 분쟁에서 종교 분쟁으로 확대됨.
문제점	심각한 갈등으로 여러 차례 충돌이 일어나 많은 사람이 죽거나 다침.

- 카슈미르 지역 갈등

원인	영국의 지배를 받던 인도가 독립하면서 힌두교도가 많은 인도와 이슬람교도가 많은 파키스탄으로 분리됨. 인도와 파키스탄은 카슈미르 지역을 둘러싸고 대립함.
문제점	여러 차례 무력 시위가 일어나고, 많은 사람들이 다치거나 목숨을 잃음.

- 메콩강 유역 갈등 +

원인	• 중국이 메콩강 상류에 거대한 댐을 건설하여 물의 양을 조절하자 다른 나라가 크게 반발함. • 여러 나라에 속한 물 자원을 어느 한 국가가 많이 가지려고 하기 때문에 발생함.
문제점	메콩강 주변국들은 주로 벼농사를 짓기 때문에 물이 부족하면 식량난에 처할 수 있음.

- 시리아 내전

원인	• 독재 정치에 반대하는 시위대와 정부군의 갈등으로 내전이 일어남. • 이후 종교 갈등으로까지 번졌고 주변 나라들의 개입으로 더욱 상황이 악화됨.
문제점	도시가 황폐해지고, 난민 문제가 발생했음.

2 지구촌 갈등 해결 방법

① **지구촌 갈등이 쉽게 해결되지 않는 까닭** +
- 자기 나라의 이익을 먼저 생각하기 때문입니다.
- 갈등의 세월이 길고 원인이 복잡하여 화해가 쉽지 않기 때문입니다.

② **지구촌 갈등을 평화롭게 해결하기 위해 우리가 할 수 있는 방법**
- 지구촌 갈등 해결을 위한 캠페인에 참여합니다.
- 지구촌 갈등 해결을 위한 홍보 동영상을 만듭니다.
- 지구촌 갈등 해결을 위해 노력하는 단체에 관심을 가집니다.
- 지구촌 갈등으로 어려움을 겪는 친구들에게 생활용품을 보냅니다.

+ **메콩강의 위치**

메콩강은 중국, 미얀마, 라오스, 타이, 캄보디아, 베트남을 흐르는 강입니다.

+ **한 나라 안의 문제가 지구촌 문제가 되는 까닭**
- 세계 여러 나라가 서로 밀접하게 연결되어 있기 때문입니다.
- 문제가 심해지면 살 곳을 잃은 사람들이 다른 나라에 도움을 청하는 등 갈등 상황이 주변으로 번지기도 하기 때문입니다.

용어 사전

- ● **분쟁** 말썽을 일으켜 시끄럽고 복잡하게 다툼.
- ● **무력** 때리거나 부수는 따위의 육체를 사용한 힘.
- ● **내전** 한 나라 안에서 일어나는 전쟁.
- ● **난민** 전쟁이나 재난 등을 겪어서 머물 곳을 찾기 위해 자기 나라를 떠나 다른 나라로 가는 사람.

✔ 교과서 통합 대표 자료

자료1 지구촌 갈등의 원인

▲ 영토 갈등 　　▲ 종교 갈등 　　▲ 민족 갈등 　　▲ 자원 갈등

➤ 지구촌 갈등은 영토, 종교, 인종, 자원, 민족, 역사, 정치 등 원인이 매우 다양하며, 여러 가지 원인이 복합적으로 얽혀 나타나기도 합니다.

자료2 나이지리아 내전

▲ 나이지리아의 언어 민족 구분

➤ 나이지리아는 1960년 영국으로부터 독립했지만 식민지 이후 만들어진 국경으로 다른 문화와 종교를 가진 종족들이 하나의 나라로 묶여 있게 되었습니다. 여러 종족들이 서로 화합하지 못하고 종족, 종교 등의 원인으로 충돌하고 있습니다.

자료3 이스라엘과 팔레스타인의 갈등

○○신문　　　　　　　　　　20△△년 △△월 △△일

　　이스라엘과 팔레스타인은 지구촌의 대표적인 갈등 지역이다. 유대교를 믿는 이스라엘과 이슬람교를 믿는 팔레스타인의 다툼은 1948년 이후 지금까지 계속 되어 왔다. 계속된 갈등으로 많은 사람이 다치고 죽었으며, 살 곳을 잃고 대피소에서 불안한 마음으로 하루하루를 보내고 있다.

➤ 이스라엘과 팔레스타인은 오랜 분쟁으로 서로 사이가 나빠져 갈등 해결이 어려운 상황입니다.

기본 개념 문제

● 정답과 풀이 16쪽

1

(　　　　　) 지역에서 유대교를 믿는 이스라엘과 이슬람교를 믿는 팔레스타인이 영토와 종교 등의 문제로 갈등하고 있습니다.

2

(메콩강 , 나일강) 상류에 중국이 거대한 댐을 건설하여 물의 양을 조절하면서 갈등이 일어났습니다.

3

시리아에서는 독재 정치로 내전이 일어났고, (　　　　　) 갈등으로까지 번졌습니다.

4

다른 나라의 이익을 먼저 생각하기 때문에 지구촌 갈등이 쉽게 해결되지 않습니다.

(○ , ×)

5

지구촌 갈등을 해결하기 위해 우리는 지구촌 갈등으로 어려움을 겪는 친구들에게 생활용품을 보낼 수 있습니다.

(○ , ×)

2 지구촌의 평화와 발전 (1)

1 ✚ 11종 공통

지구촌에서 일어나는 갈등에 대한 설명으로 알맞은 것에 ○표, 알맞지 않은 것에 ×표 하시오.

(1) 지구촌 갈등은 다양한 원인으로 발생합니다.

( )

(2) 어느 한 지역에서 일어나는 갈등은 다른 지역에 영향을 주지 않습니다. ( )

[2-3] 다음 그림을 보고, 물음에 답하시오.

이스라엘   팔레스타인

2 금성출판사, 지학사 외

위 그림에 나타난 갈등의 원인을 두 가지 고르시오.

(,)

① 영토   ② 언어
③ 기후   ④ 종교
⑤ 피부색

3 금성출판사, 지학사 외

위 갈등과 관련해 ㉠, ㉡에 들어갈 알맞은 종교에 ○표 하시오.

1948년 ㉠ (유대교 , 이슬람교)를 믿는 이스라엘과 ㉡ (유대교 , 이슬람교)를 믿는 팔레스타인의 다툼이 시작되었습니다. 계속된 갈등으로 많은 사람이 다치고 죽었으며, 살 곳을 잃고 대피소에서 불안한 마음으로 하루하루를 보내고 있습니다.

[4-5] 다음은 지구촌 갈등 사례입니다. 물음에 답하시오.

( )은/는 중국, 미얀마, 라오스, 타이, 캄보디아, 베트남을 흐르는 강입니다. 그런데 2010년에 중국이 ( ) 상류에 거대한 댐을 건설하여 물의 양을 조절하자 다른 나라가 크게 반발했습니다.

4 비상교과서, 천재교과서 외

위 ( ) 안에 공통으로 들어갈 강의 이름을 쓰시오.

( )

5 비상교과서, 천재교과서 외

중국이 댐을 건설하여 윗글의 밑줄 친 나라들에 생긴 문제로 알맞은 것은 어느 것입니까? ( )

① 심각한 홍수 피해를 겪게 되었다.
② 쌀 생산량이 늘어 쌀값이 떨어졌다.
③ 언어가 달라져 불편을 겪게 되었다.
④ 전쟁이 일어나 사람들이 다치거나 죽었다.
⑤ 물이 부족해져 벼농사를 짓기 힘들어졌다.

6 서술형 동아출판, 비상교육 외

시리아에서 크고 작은 전쟁이 계속되고 있는 까닭을 쓰시오.

_____

_____

[7-8] 다음 글을 읽고, 물음에 답하시오.

> 나이지리아는 1960년 영국으로부터 독립했습니다. 하지만 언어, 민족, 종교가 서로 다른 250여 개의 종족들은 서로 협력하지 못했으며, 전쟁으로 불안정한 상태가 지속되고 있습니다.

7 비상교육, 천재교육 외

위와 같이 한 나라 안에서 일어나는 전쟁을 무엇이라고 하는지 쓰시오.

(   )

8 비상교육, 천재교육 외

나이지리아에서 위와 같이 불안정한 상태가 지속되고 있는 까닭을 알맞게 말한 친구에 ○표 하시오.

(1) 서로 문화와 종교가 다른 종족들이 하나의 나라로 묶여 있기 때문이야.

(2) 주변 국가들이 나이지리아를 차지하려고 서로 싸우기 때문이야.

(   )   (   )

9 금성출판사, 미래엔 외

종교 문제로 갈등이 일어나는 지역을 보기 에서 모두 골라 기호를 쓰시오.

> **보기**
> ㉠ 시리아 지역   ㉡ 메콩강 유역
> ㉢ 카슈미르 지역   ㉣ 팔레스타인 지역

(   )

10 서술형   ➕ 11종 공통

지구촌 갈등이 쉽게 해결되지 않는 까닭을 쓰시오.

_____

_____

11 ➕ 11종 공통

다음 (   ) 안에 들어갈 알맞은 말에 ○표 하시오.

> 세계 여러 나라가 서로 밀접하게 연결되어 있기 때문에 한 나라 안의 문제가 지구촌 (전체 , 일부분)의 문제가 되기도 합니다. 우리가 지구촌 갈등을 해결하기 위해 서로 노력한다면 평화로운 지구촌을 만들어 갈 수 있습니다.

12 비상교과서, 아이스크림 외

지구촌 갈등을 평화롭게 해결하기 위해 우리가 할 수 있는 방법에 대한 설명으로 알맞은 것을 보기 에서 모두 골라 기호를 쓰시오.

> **보기**
> ㉠ 지구촌 갈등 해결을 위한 홍보 동영상을 만든다.
> ㉡ 마음대로 다른 나라를 침략할 수 있는 국제법을 만든다.
> ㉢ 지구촌 갈등 해결을 위해 노력하는 단체에 관심을 가진다.

(   )

2 지구촌의 평화와 발전 (2)

1 지구촌 갈등을 해결하기 위한 국제기구의 노력

① 국제기구에서 하는 일
- 지구촌에서 일어나는 문제를 해결하려 노력합니다.
- 어려움을 겪는 사람들을 돕는 활동을 합니다.

② 국제 연합(UN)의 설립 배경: 전쟁을 방지하고 국제 평화를 유지하기 위해 1945년에 만들어진 국제기구입니다. ➕

③ 국제 연합(UN)의 활동: 지구촌의 평화 유지, 전쟁 방지, 국제 협력 등의 활동을 합니다. 자료1

2 지구촌 갈등을 해결하기 위한 국가의 노력

① 국제기구의 활동 참여
- 국제기구에 가입하여 지구촌 문제 해결에 협력합니다.
- 유엔 평화 유지군을 파견하여 갈등 지역의 치안 유지, 지역 재건, 의료 지원 등의 활동을 합니다.

② 다양한 외교 활동: 지구촌에서 일어나는 문제를 여러 나라와 함께 고민하고 해결하는 활동을 합니다.

③ 국제적 지원 활동: 어려움을 겪는 세계의 여러 지역을 도울 수 있는 조직을 만들어 활동을 합니다. ➕

3 지구촌 갈등을 해결하기 위한 비정부 기구의 노력 자료2

① 비정부 기구의 의미: 인권, 아동, 보건, 환경 등의 분야에서 일어나는 지구촌 문제를 해결하려고 뜻이 비슷한 사람들이 모여 활동하는 단체입니다. ➕

② 비정부 기구의 활동: 평화 유지, 환경 보전, 빈곤 퇴치, 성평등 등을 위해 여러 가지 활동을 하고 있습니다.

4 지구촌 갈등을 해결하기 위한 개인의 노력

말랄라 유사프자이	여성 교육을 위해 활동한 파키스탄의 운동가로 누리 소통망 서비스(SNS)를 이용해 탈레반 점령 지역의 생활과 여학생 교육의 문제점을 알리려고 노력했음.
이태석 신부	남수단에서 의료 봉사와 교육에 헌신해 '한국의 슈바이처'로 불렸음. 국적과 종교를 넘은 희생과 봉사로 지구촌 평화를 위해 노력했음.
조디 윌리엄스	미국의 사회 운동가로 1992년 지뢰 금지 국제 운동 단체 설립에 참여했음. 이 단체의 노력으로 단체 설립 6년 만에 123개 나라가 더는 사람에게 지뢰를 사용하지 않겠다고 약속했음.
넬슨 만델라	남아프리카 공화국의 흑인 인권 운동가로 화해와 관용의 정신을 기초로 인종 차별을 없애고자 노력했음. 1994년에 대통령이 되어 인종 차별 정책의 폐지를 선언했음.

➕ 국제 연합(UN)의 설립 계기

제1, 2차 세계 대전으로 많은 사람이 다치거나 죽고 전쟁에 참여한 나라들이 큰 피해를 입자, 세계는 평화로운 방법으로 갈등을 해결하는 것이 중요하다는 점을 깨닫고 국제 연합을 만들었습니다.

➕ 한국 국제 협력단(KOICA)

우리나라는 한국 국제 협력단(KOICA)을 운영하여 빈곤, 전쟁, 인권 문제 등을 겪는 나라에서 의료 활동, 교육 봉사 등을 합니다.

➕ 국제기구와 비정부 기구의 비교
- 국제기구는 각국 정부가 모인 단체이고, 비정부 기구는 개인이나 민간단체 중심으로 만들어진 단체라는 점이 다릅니다.
- 국제기구와 비정부 기구의 성격은 다르지만, 지구촌의 평화와 발전을 이루고자 노력한다는 점은 같습니다.

용어 사전
- 국제기구 국가들이 모여서 지구촌 문제를 함께 해결하려고 만든 조직.
- 치안 국가 사회의 안녕과 질서를 보전함.
- 재건 허물어진 건물이나 조직을 다시 일으켜 세움.
- 관용 남의 잘못 따위를 너그럽게 받아들이거나 용서함.

◆ 교과서 통합 대표 자료

자료 1 국제 연합(UN) 산하 전문 기구

유엔 아동 기금 (UNICEF)	질병 예방, 교육, 어린이 보호 등 어린이의 권리 향상을 위한 활동을 함.
국제 노동 기구 (ILO)	노동자의 노동 조건 등 전 세계의 노동 문제를 해결하고자 노력하고 있음.
유엔 난민 기구 (UNHCR)	전쟁 등으로 살 곳을 잃은 난민들을 돕고 난민 문제를 해결하는 데 힘쓰고 있음.
유네스코 (UNESCO)	교육, 과학, 문화 분야 등에서 다양한 국제 교류를 하면서 국제 평화를 추구하고 있음.
국제 원자력 기구 (IAEA)	원자력 에너지를 평화적이고 안전한 방법으로 이용할 수 있도록 노력하고 있음.

자료 2 비정부 기구의 종류와 하는 일

국경 없는 의사회	그린피스

전쟁, 질병, 자연재해 등으로 고통받는 사람들에게 의료 지원 활동을 펼침.	지구 환경과 평화를 지키고자 다양한 방법으로 핵 실험 반대, 자연 보호 운동을 하고 있음.

세이브 더 칠드런	해비타트

아동의 생존과 보호를 돕고 이를 위한 시민들의 참여를 실현하고자 활동함.	가난, 전쟁, 재해 등으로 인해 고통받는 사람들의 주거 환경을 개선하는 활동을 함.

핵무기 폐기 국제 운동	국제 앰네스티

핵무기와 관련된 모든 활동을 반대하는 운동을 하며, 유엔 핵무기 금지 조약을 이끌어 냄.	인권이 차별받지 않고 존중받는 세상을 만들기 위해 사형 폐지, 난민 보호 등의 활동을 함.

기본 개념 문제

● 정답과 풀이 17쪽

1
1945년 설립된 (국경 없는 의사회 , 국제 연합)은 지구촌의 평화 유지, 전쟁 방지, 국제 협력 등의 활동을 하는 국제기구입니다.

2
지구촌 갈등을 해결하기 위해 국가에서는 외교 활동, 국제적 지원 활동 등을 합니다.

(○ , ×)

3
(   ) 기구는 지구촌 문제를 해결하려고 뜻이 비슷한 사람들이 모여 활동하는 단체입니다.

4
(   ) 신부는 남수단에서 의료 봉사와 교육에 헌신해 '한국의 슈바이처'로 불렸습니다.

5
말랄라 유사프자이는 남성 교육을 위해 활동한 남아프리카 공화국의 운동가입니다.

(○ , ×)

2. 통일 한국의 미래와 지구촌의 평화 **71**

2 지구촌의 평화와 발전 (2)

1 ➕ 11종 공통

다음에서 설명하는 기구는 무엇인지 쓰시오.

> 1945년에 설립된 국제기구로 지구촌의 평화 유지, 전쟁 방지, 국제 협력 등의 활동을 하는 단체입니다.

(   )

2 ➕ 11종 공통

국제 연합(UN)이 만들어지는 계기가 된 사건은 무엇입니까? (   )

① 6·25 전쟁
② 나이지리아 내전
③ 메콩강 유역 갈등
④ 제1, 2차 세계 대전
⑤ 이스라엘과 팔레스타인의 갈등

3 ➕ 11종 공통

국제 연합(UN) 산하 전문 기구에서 하는 일을 선으로 알맞게 연결하시오.

(1) 유네스코 (UNESCO) •

• ㉠ 전 세계의 노동 문제를 해결하고자 노력하고 있음.

(2) 국제 노동 기구(ILO) •

• ㉡ 교육, 과학, 문화 분야 등에서 다양한 국제 교류를 하고 있음.

(3) 국제 원자력 기구 (IAEA) •

• ㉢ 원자력 에너지를 평화적이고 안전한 방법으로 이용할 수 있도록 노력함.

4 ➕ 11종 공통

우리나라가 지구촌 평화를 위해 하는 노력으로 알맞지 <u>않은</u> 것은 어느 것입니까? (   )

① 외교 활동
② 군대 금지령 시행
③ 국제기구 활동 참여
④ 유엔 평화 유지군 파견
⑤ 어려움을 겪는 지역에 대한 지원 활동

5 비상교육, 아이스크림 외

다음 (   ) 안에 들어갈 알맞은 단체를 쓰시오.

> 지구촌의 갈등을 해결하기 위해서 우리나라는 (   )(KOICA)(이)라는 조직을 만들어 빈곤, 전쟁, 인권 문제 등을 겪는 나라에서 의료 활동, 교육 봉사 등을 합니다.

(   )

6 서술형 ➕ 11종 공통

비정부 기구가 하는 활동을 쓰시오.

_____

_____

7 ➕ 11종 공통

비정부 기구가 국제기구와 다른 점을 알맞게 말한 친구에 ○표 하시오.

(1) 개인이나 민간단체를 중심으로 만들어졌어.

( )

(2) 강대국에 이익이 되는 쪽으로 활동하기 위해 만들어졌어.

( )

8 금성출판사, 천재교과서 외

다음 ( ) 안에 들어갈 알맞은 말에 ○표 하시오.

핵 실험 반대, 자연 보호 운동 등을 하며 지구 환경과 평화를 지키는 일을 하는 비정부 기구는 (그린피스 , 국제 앰네스티)입니다.

9 비상교과서, 천재교과서 외

다음에서 설명하는 비정부 기구를 보기 에서 골라 쓰시오.

보기
㉠ 해비타트
㉡ 세이브 더 칠드런
㉢ 핵무기 폐기 국제 운동

(1) 가난, 전쟁, 재해 등으로 인해 고통받는 사람들에게 집을 지어 주는 활동을 합니다.

( )

(2) 아동을 구호하는 단체로, 아동을 보호하고 의료적으로 지원하며 교육받을 수 있도록 돕습니다.

( )

10 서술형 지학사, 천재교육 외

국경 없는 의사회에서 하는 활동을 쓰시오.

_____

_____

11 미래엔, 비상교과서 외

다음 밑줄 친 '이 사람'이 누구인지 쓰시오.

<u>이 사람</u>은 파키스탄의 운동가로, 누리 소통망 서비스(SNS)를 이용해 탈레반 점령 지역의 생활과 여학생 교육의 문제점을 알리려고 노력했습니다.

( )

12 비상교육, 아이스크림 외

지구촌 갈등을 해결하기 위해 넬슨 만델라가 한 노력으로 알맞은 것은 어느 것입니까? ( )

① 남수단에서 의료 봉사를 했다.
② 지뢰 금지 국제 운동 단체 설립에 참여했다.
③ 인도 여성이 교육을 받을 수 있도록 힘썼다.
④ 남아프리카 공화국으로부터 인도를 독립시켰다.
⑤ 남아프리카 공화국의 대통령으로 인종 차별 정책의 폐지를 선언했다.

3 지속 가능한 지구촌 (1)

1 지구촌에서 나타나는 다양한 환경 문제

① **지구촌 환경 문제 발생**: 지속 가능한 미래를 위해서 우리는 환경을 지키고 보존해야 할 책임이 있지만, 지구촌 환경은 점점 황폐해져 가고 있습니다.

② **지구촌의 다양한 환경 문제** [자료1]

지구 온난화	• 극지방의 빙하가 녹고 있으며, 더위가 심한 날이 많아짐. • 태풍이 자주 발생하고, 폭설이 내리는 등 세계 곳곳에서 이상 기후 현상이 나타남.
대기 오염	• 많은 오염 물질을 배출하는 화석 연료를 사용하는 공장과 자동차로 공기가 오염되고 있음. • 크기가 아주 작은 먼지인 미세 먼지도 사람과 동식물에게 나쁜 영향을 줌.
열대 우림 파괴	• 숲을 농지나 도시로 개발하거나 목재를 얻으려고 무분별하게 나무를 베기 때문에 발생함. • 열대 우림이 파괴되어 지구 온난화가 더욱 심해지고 동식물이 살 곳을 잃고 있음.
사막화	• 오랜 가뭄이나 과도한 개발로 사막 주변의 초원 지대가 점점 사막으로 변하고 있음. • 식량 생산량이 줄어들고 황사가 심해지는 등의 문제가 나타남.
플라스틱 쓰레기	• 플라스틱은 생산 과정에서 많은 자원을 사용함. ➕ • 잘 썩지 않아 오랫동안 쓰레기로 남아 있어 환경을 파괴함.

2 지구촌 환경 문제를 해결하기 위한 노력

① **개인의 노력**

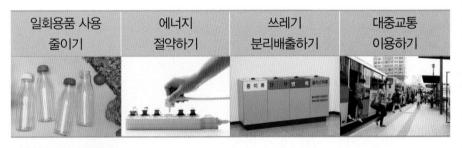

일회용품 사용 줄이기	에너지 절약하기	쓰레기 분리배출하기	대중교통 이용하기

② **기업의 노력** [자료2]

• 환경에 대한 사회적 책임을 실천하기 위해 노력합니다.

• 제품 생산 과정에서 오염 물질의 배출을 줄이고, 친환경 제품을 생산하는 기술을 개발합니다.

③ **국가의 노력**

• 태양광, 바람 등을 활용한 친환경 에너지 개발을 지원합니다.

• 에너지 절약, 쓰레기 분리배출 등과 같은 환경 정책을 시행합니다.

④ **세계의 노력** [자료3]

• 여러 나라가 모여 환경 문제를 해결하기 위해 의논하고 협력합니다. ➕

• 국제기구, 여러 나라의 정부와 기업이 만나 환경을 지키며 발전할 수 있는 방법을 고민하고 있습니다.

➕ **해양 쓰레기 문제**

▲ 바다에 버려진 쓰레기

• 플라스틱을 비롯한 엄청난 양의 쓰레기가 해양으로 쏟아져 들어가 바다 위에 거대한 섬이 생겼습니다.

• 해양에 들어온 플라스틱은 미세 플라스틱이 되어 해양 생태계와 생선이나 조개, 소금을 먹는 사람들까지 위협하고 있습니다.

➕ **파리 협정**

• 2015년 12월 12일 프랑스 파리에서 체결된 협정입니다.

• 전 세계 195개의 나라가 지구 온난화의 원인이 되는 온실가스 배출을 줄이기로 약속하는 '파리 협정'에 동의했습니다.

용어 사전

● **황폐** 거칠고 피폐함.

● **지구 온난화** 대기 중에 이산화 탄소, 메탄 등 온실가스가 늘어나 태양열 일부를 지구에 가둬서 지구의 평균 기온이 높아지는 현상.

● **이상 기후** 기온이나 강수량 등이 정상적인 상태를 벗어난 기후.

● **농지** 농사짓는 데 쓰는 땅.

자료 1 지구촌의 환경 문제 사례

○○신문   20△△년 △△월 △△일

아마존 열대 우림 파괴 증가

지구의 허파라고 불리는 아마존 열대 우림 파괴 현상이 심각하다. 브라질은 경제 개발을 위해서 아마존 지역을 개발하려고 하고 그 과정에서 아마존 열대 우림의 파괴가 급속도로 진행되고 있다.

○○신문   20△△년 △△월 △△일

사라지는 산호초

전 세계 바다 곳곳에서 산호가 죽어가고 있다. 산호가 하얗게 변하며 죽어가는 현상인 산호 백화 현상이 전 세계 바다에서 진행되고 있다. 산호 백화 현상은 바다 온도의 급격한 상승, 오염 등에 큰 영향을 받는다.

▶ 사람들의 필요에 따라 개발이 무분별하게 이루어지고 있기 때문에 지구촌에서 다양한 환경 문제가 나타나고 있습니다. 경제적 이익, 편리함 등을 위해 환경을 생각하지 않고 개발을 하기 때문입니다.

자료 2 지구촌 환경 문제를 해결하기 위한 기업의 노력

▲ 친환경 포장재로 포장한 제품

▲ 상표지를 붙이지 않은 제품

▶ 기업은 제품의 용기를 친환경 소재로 바꾸거나 포장재를 최소화한 상품을 소비자들에게 제공합니다.

자료 3 지구촌 환경 문제를 해결하기 위한 세계의 노력

국제 연합 환경 총회(UNEA)	유엔 기후 행동 정상 회의
2014년에는 국제 연합 환경 총회(UNEA)에서 '해양 플라스틱 쓰레기와 미세 플라스틱에 관한 결의안'이 채택되어, 세계 여러 나라의 전문가들이 해양 쓰레기를 줄이는 방안을 고민하였습니다.	2019년에는 국제 연합(UN) 본부에서 2019 유엔 기후 행동 정상 회의가 열렸습니다. 우리 나라도 회의에 참석하여 기후 변화에 대응하기 위해 적극적으로 참여할 것임을 발표했습니다.

기본 개념 문제

● 정답과 풀이 18쪽

1
지구 (   )은/는 지구의 평균 기온이 높아지는 현상입니다.

2
숲을 농지나 도시로 개발하거나 목재를 얻으려고 무분별하게 나무를 베기 때문에 (   )이/가 파괴되고 있습니다.

3
기업은 제품 생산 과정에서 오염 물질의 배출을 줄이고, 친환경 제품을 생산하는 기술을 개발하려고 노력합니다.

(○ , ×)

4
지구촌 환경 문제를 해결하기 위해 개인은 일회용품 사용을 (늘리고 , 줄이고) 있습니다.

5
'파리 협정'은 지구촌 환경 문제를 해결하기 위한 개인의 노력입니다.

(○ , ×)

3 지속 가능한 지구촌 (1)

1 ⊕ 11종 공통

지구촌에서 나타나는 환경 문제에 대한 설명으로 알맞은 것에 ○표, 알맞지 <u>않은</u> 것에 ×표 하시오.

(1) 플라스틱 쓰레기는 썩지 않아 오랫동안 환경을 파괴합니다. ( )

(2) 우리는 환경을 지키고 보존해야 할 의무가 없기 때문에 마음대로 개발할 수 있습니다. ( )

2 ⊕ 11종 공통

다음은 지구촌 환경 문제에 대한 신문 기사입니다. ( ) 안에 공통으로 들어갈 자연환경을 쓰시오.

○○신문　　　　　　20△△년 △△월 △△일

아마존 ( ) 파괴 증가

지구의 허파라고 불리는 아마존 ( ) 파괴 현상이 심각하다. 브라질은 경제 개발을 위해서 아마존 지역을 개발하려고 하고 그 과정에서 아마존 ( )의 파괴가 급속도로 진행되고 있다.

( )

3 ⊕ 11종 공통

다음에서 설명하는 환경 문제는 무엇인지 쓰시오.

• 많은 오염 물질을 배출하는 화석 연료를 사용하는 공장과 자동차로 공기가 오염되고 있습니다.
• 크기가 아주 작은 먼지인 미세 먼지도 사람과 동식물에게 나쁜 영향을 줍니다.

( )

4 서술형 ⊕ 11종 공통

지구촌에서 환경 문제가 발생하는 까닭을 쓰시오.

_____

_____

[5-6] 다음 글을 읽고, 물음에 답하시오.

지구의 평균 기온이 점점 높아지고 있습니다. 이로 인해 극지방의 빙하가 녹고 있으며, 더위가 심한 날이 많아집니다.

5 ⊕ 11종 공통

윗글에서 설명하는 환경 문제는 무엇인지 쓰시오.

( )

6 ⊕ 11종 공통

위 **5**번 답이 미치는 영향에 대해 알맞게 말한 친구를 모두 골라 이름을 쓰시오.

• 현우: 세계 곳곳에서 이상 기후 현상이 나타나.
• 정훈: 플라스틱과 같은 쓰레기가 바다에서 사라지고 있어.
• 연두: 전 세계 바다 곳곳에서 산호가 하얗게 변하며 죽어가고 있어.

( )

7 ➕ 11종 공통

지구촌 환경 문제를 해결하기 위한 개인의 노력으로 알맞지 <u>않은</u> 것을 보기 에서 골라 기호를 쓰시오.

> **보기**
> ㉠ 에너지 절약하기
> ㉡ 대중교통 이용하기
> ㉢ 일회용품 사용 줄이기
> ㉣ 유엔 기후 행동 정상 회의 참여하기

(   )

8 서술형 ➕ 11종 공통

다음 사진과 관련해 지구촌 환경 문제를 해결하기 위한 기업의 노력을 쓰시오.

▲ 친환경 포장재로 포장한 제품

_____

_____

9 금성출판사, 미래엔 외

다음에서 설명하는 협정은 무엇인지 쓰시오.

> 2015년 12월 12일 프랑스 파리에서 체결된 협정으로, 전 세계 195개의 나라가 지구 온난화의 원인이 되는 온실가스 배출을 줄이는 협정에 동의했습니다.

(   )

10 미래엔, 천재교육 외

다음 (   ) 안에 공통으로 들어갈 말을 쓰시오.

> 2014년에는 국제 연합 환경 총회(UNEA)에서 '(   ) 플라스틱 쓰레기와 미세 플라스틱에 관한 결의안'이 채택되어, 세계 여러 나라의 전문가들이 (   ) 쓰레기를 줄이는 방안을 고민하였습니다.

(   )

11 비상교과서, 천재교과서 외

지구촌 환경 문제를 해결하기 위한 노력에 대한 설명으로 알맞은 것에 ◯표 하시오.

(1) 기업에서는 제품 생산 과정에서 오염 물질의 배출을 늘립니다. (   )

(2) 국가에서는 태양광, 바람 등을 활용한 친환경 에너지 개발을 지원합니다. (   )

12 동아출판, 비상교육 외

환경 문제를 해결하기 위한 각 주체들의 노력을 선으로 알맞게 연결하시오.

(1) 개인 •   • ㉠ 친환경 제품 개발하기

(2) 기업 •   • ㉡ 쓰레기 분리 배출하기

(3) 국가 •   • ㉢ 에너지 절약 정책 시행하기

3 지속 가능한 지구촌 (2)

1 지속 가능한 미래를 위한 과제

① **지속 가능한 미래의 필요성**

- 지구촌에는 환경 오염, 빈곤과 기아, 갈등과 분쟁 등 해결하기 어려운 문제들이 나타나고 있습니다.
- 여러 문제들은 오늘날 사람들의 안정적인 생활을 어렵게 할 뿐만 아니라, 미래의 사람들이 발전할 수 있는 권리까지 빼앗고 있습니다.

② **지속 가능한 미래의 의미**: 지구촌 사람들이 현재와 미래 세대의 환경을 보호하고 사회적·경제적으로 책임감 있게 행동해 지구촌의 지속 가능성을 높여 가는 것을 말합니다. 자료1

③ **세계 시민의 의미**: 지속 가능한 미래를 만들기 위해 지구촌의 문제에 관심을 가지고 해결하려고 적극적으로 협력하는 사람을 말합니다.

➕ **오리를 활용한 농사짓기**

농사를 지을 때 논에 오리를 풀어 잡초를 제거하고, 오리의 배설물을 비료로 활용합니다. 오리 농법으로 친환경적으로 농사를 지을 수 있습니다.

2 친환경적 생산과 소비

① **친환경적 생산과 소비의 의미**: 환경을 생각하며 물건을 생산하고 소비하는 활동입니다. → 지구촌 사람들은 환경을 생각하면서도 사람들의 필요를 만족하도록 하는 제품을 생산하거나 소비하여 건강과 환경을 지키고자 노력해요.

② **친환경적 생산의 사례**

- 친환경적인 재료를 이용하여 물건을 만듭니다. 자료2
- 환경 오염이 적은 전기 자동차나 수소 자동차를 만듭니다.
- 농작물을 재배할 때 화학 비료나 농약 등의 사용을 줄입니다. ➕
- 쓰레기를 줄이기 위해서 상표 띠가 없는 페트병에 담긴 생수를 판매합니다.

➕ **동물 복지 인증 표시**

동물에게 쾌적한 환경을 제공한 곳에서 식품을 생산했다는 친환경 인증 표시입니다.

| 환경 오염을 줄이도록 노력해 친환경 먹거리 농산물을 생산함. | 공장에서 신·재생 에너지를 사용하여 제품을 생산함. |

③ **친환경적 소비의 사례**

- 사용하지 않는 물건을 기부합니다.
- 환경을 생각하여 만든 물건을 구입합니다. ➕
- 가까운 곳에서 생산한 식품을 구입합니다. 자료3

| 포장이 없거나 필요한 만큼만 덜어서 살 수 있는 제품을 구입함. | 환경친화적인 방식으로 생산한 공정 무역 제품을 구입함. |

용어 사전

- **비료** 경작지에 뿌리는 영양 물질.
- **공정 무역** 선진국과 개발 도상국 사이의 불공정한 무역을 개선하여 개발 도상국의 생산자에게 정당한 가격을 지급하는 무역 방식.

✔ 교과서 통합 대표 자료

자료 1 지속 가능 발전 목표

지속가능 발전 목표
1 빈곤 퇴치
2 기아 종식
3 건강과 웰빙
4 양질의 교육
5 성 평등
6 깨끗한 물과 위생
7 적정 가격의 깨끗한 에너지
8 양질의 일자리와 경제 성장
9 산업, 혁신, 사회 기반 시설
10 불평등 감소
11 지속가능한 도시와 지역 사회
12 책임 있는 소비와 생산
13 기후 행동
14 수생태계 보전
15 육상 생태계 보전
16 평화, 정의, 강력한 제도
17 목표 달성을 위한 파트너십
SUSTAINABLE DEVELOPMENT GOALS

› 국제 연합(UN)은 2015년에 모든 지구촌 사람들이 실천해 나가야 할 지속 가능 발전 목표 17개를 발표했습니다. 지속 가능한 미래를 위한 목표에 따라 모든 나라들은 환경을 보호해야 합니다.

자료 2 친환경 재료로 만든 상품

▲ 옥수수 빨대

▲ 천연 수세미

› 플라스틱 쓰레기를 줄이기 위해 친환경 재료를 이용해 상품을 만들고 있습니다. 대나무, 옥수수 전분 등 친환경 재료로 만든 상품은 자연에서 분해되거나 시간이 지나면서 썩어 없어져서 퇴비로 사용할 수 있습니다.

자료 3 로컬 푸드 운동

LOCAL FOOD 로컬푸드 직매장

로컬 푸드 운동은 가까운 곳에서 생산한 식품을 소비하자는 운동입니다. 먼 곳에서 생산된 식품은 운반하는 과정에서 자동차, 기차 등에 화석 연료가 사용되기 때문에 환경이 오염됩니다. 또한 신선도를 유지하려고 화학 물질을 사용하기 때문에 가까운 곳에서 생산한 식품을 구입하는 것은 환경을 지키는 소비 방법 중 하나입니다.

기본 개념 문제

● 정답과 풀이 19쪽

1

(지속 , 발전) 가능한 미래는 지구촌 사람들이 현재와 미래 세대의 환경을 보호하고 사회적·경제적으로 책임감 있게 행동해 지구촌의 지속 가능성을 높여 가는 것을 말합니다.

2

(   )은/는 지구촌의 문제에 관심을 가지고 이를 해결하고자 협력하는 자세를 지닌 사람을 말합니다.

3

환경을 생각하는 생산과 소비 활동은 우리의 건강과 환경과는 관계가 없습니다.

(○ , ×)

4

(   ) 생산과 소비는 환경을 생각하며 물건을 생산하고 소비하는 활동입니다.

5

친환경적 소비의 사례로는 사용하지 않는 물건 기부하기, 환경을 생각하여 만든 물건 구입하기 등이 있습니다.

(○ , ×)

2 단원

3 지속 가능한 지구촌 (2)

1 ⊕ 11종 공통

다음에서 설명하는 것은 무엇인지 쓰시오.

> 지구촌의 사람들이 오늘날의 발전뿐만 아니라 미래 세대의 환경과 발전을 위해 책임감 있게 행동해 지구촌의 지속 가능성을 높여 가는 것을 말합니다.

( )

2 ⊕ 11종 공통

지속 가능한 미래의 필요성에 대해 알맞게 설명한 친구에 ○표 하시오.

(1) 환경 오염, 빈곤과 기아, 갈등과 분쟁 등 다양한 문제들이 나타나고 있기 때문이야.

( )

(2) 여러 문제들이 발생해서 미래의 사람들이 발전할 수 있는 권리를 보장하기 때문이야.

( )

3 아이스크림, 천재교육 외

다음 ( ) 안에 들어갈 알맞은 말을 쓰시오.

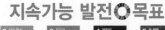
지속가능 발전 목표

( )은/는 2015년에 모든 지구촌 사람들이 실천해 나가야 할 지속 가능 발전 목표 17개를 발표했습니다. 지속 가능한 미래를 위한 목표에 따라 모든 나라들은 환경을 보호해야 합니다.

( )

4 서술형 ⊕ 11종 공통

세계 시민의 의미가 무엇인지 쓰시오.

_____

_____

5 비상교육, 아이스크림 외

친환경적 생산과 소비의 사례를 선으로 알맞게 연결하시오.

(1) 친환경적 생산 •

• ㉠ 사용하지 않는 물건을 기부함.

(2) 친환경적 소비 •

• ㉡ 환경 오염이 적은 전기 자동차나 수소 자동차를 만듦.

6 ⊕ 11종 공통

친환경적 생산에 대한 설명으로 알맞은 것에 ○표, 알맞지 <u>않은</u> 것에 ×표 하시오.

(1) 친환경 먹거리 농산물을 생산합니다. ( )

(2) 소비자의 관심을 끌기 위해 최대한 많은 포장지를 사용합니다. ( )

[7-8] 다음 사진을 보고, 물음에 답하시오.

▲ 옥수수 빨대

▲ 천연 수세미

7 비상교과서, 천재교과서 외

위 두 제품의 공통점으로 알맞은 것은 어느 것입니까?
( )

① 플라스틱보다 단단하다.
② 환경을 오염시키지 않는다.
③ 다 쓰고 나면 먹을 수 있다.
④ 만드는 비용이 들지 않는다.
⑤ 한번 쓰면 다시 사용하기 어렵다.

8 비상교과서, 천재교과서 외

위 사진에 나타난 상품이 환경을 생각한다고 할 수 있는 까닭으로 알맞은 것에 ○표 하시오.

(1) 플라스틱으로 만든 상품보다 튼튼하고 오래 사용할 수 있기 때문입니다. ( )
(2) 자연에서 분해되거나 시간이 지나면서 썩어 없어져서 퇴비로 사용할 수 있기 때문입니다. ( )

9 ➕ 11종 공통

다음 ( ) 안에 들어갈 알맞은 말을 쓰시오.

( )은/는 선진국과 개발 도상국 사이의 불공정한 무역을 개선하여 개발 도상국의 생산자에게 정당한 가격을 지급하는 무역 방식을 말합니다.

( )

10 비상교육, 비상교과서 외

다음 인증 표시에 대한 설명으로 알맞은 것을 보기에서 골라 기호를 쓰시오.

동물복지
(ANIMAL WELFARE)
농림축산식품부

보기 ●
㉠ 우리 지역에서 생산한 식품이라는 표시
㉡ 환경 오염을 적게 일으키는 제품이라는 표시
㉢ 동물에게 쾌적한 환경을 제공한 곳에서 생산한 식품이라는 표시

( )

[11-12] 다음 글을 보고, 물음에 답하시오.

이 운동은 가까운 곳에서 생산한 식품을 소비하자는 운동입니다. 먼 곳에서 생산된 식품은 운반하는 과정에서 자동차, 기차 등에 화석 연료가 사용되기 때문에 환경이 오염됩니다.

11 동아출판, 비상교육 외

윗글의 밑줄 친 '이 운동'이 가리키는 것이 무엇인지 쓰시오.

( )

12 서술형 동아출판, 비상교육 외

위 11번 답의 활동으로 우리가 얻을 수 있는 이점을 쓰시오.

_____

_____

3 지속 가능한 지구촌 (3)

1 빈곤과 기아 퇴치

① 빈곤과 기아에 시달리고 있는 모습 ➕

- 가족의 생계를 위해 학교에 가지 못하고 일을 하는 어린이도 있습니다.
- 자연재해로 물과 식량이 부족하여 빈곤 문제가 심각한 지역이 있습니다.
- 세계 어린이 인구의 21.3%는 영양을 제대로 공급받지 못해 건강하게 성장하는 데 어려움을 겪습니다. 자료 1

② 빈곤과 기아 문제를 해결하기 위한 노력 자료 2

식량이 부족한 지역에 식량을 지원하고, 어린이들에게 필요한 약과 물품을 공급함.	빈곤으로 교육받기 어려운 사람들을 위해 직접 교육하거나 빈곤 지역에 학교를 지음.	빈곤과 기아 문제에 사람들이 관심을 가질 수 있도록 다양한 홍보 활동을 벌임.

2 문화적 편견과 차별 해소

① 문화적 편견과 차별 사례

- 서로 다른 종교를 이해하지 못하기도 합니다.
- 먹지 않는 음식이 있는 사람을 존중하지 않습니다.
- 생김새나 피부색 때문에 차별을 할 때가 있습니다.

② 문화적 편견과 차별 문제를 해결하기 위한 노력 ┌ 다른 문화를 이해하고 존중하는 태도를 길러야 해요.

편견과 차별 문제를 해결하기 위해 상담을 지원하고 제도를 마련함.	서로 다른 문화를 이해하고 다양성을 존중하는 교육을 진행함.	다양한 문화를 체험하며 이해할 수 있는 행사를 개최함.

3 세계 시민으로서 우리가 할 수 있는 일 ➕

- 대기가 오염되지 않도록 가까운 거리는 걷거나 자전거를 타고 이동합니다.
- 나와 다른 문화를 가진 친구에게 편견을 가지지 않고 서로 다른 문화를 이해합니다. 자료 3
- 문화적 편견이나 차별을 해결할 수 있는 방법이 잘 드러나게 표어를 만든 후 홍보합니다.

➕ 빈곤과 기아 문제의 원인

- 전쟁이 일어났기 때문입니다.
- 계속된 가뭄으로 식량이 부족해졌기 때문입니다.
- 홍수나 태풍, 지진 등으로 집과 일터, 식량을 잃었기 때문입니다.

➕ 세계 시민으로서 우리가 학교에서 할 수 있는 일

- 학용품을 아껴 씁니다.
- 급식을 먹을 때 음식을 남기지 않습니다.
- 친구들과 지구촌에서 일어나는 문제를 알리는 활동을 합니다.
- 다른 나라에서 온 친구를 대할 때는 그 나라의 문화를 존중합니다.

용어 사전

- 빈곤 가난해 생활하는 것이 어려운 상태.
- 기아 먹을 것이 없어 굶주리는 것.
- 편견 공정하지 못하고 한쪽으로 치우친 생각.

교과서 통합 대표 자료

자료1 지도로 보는 세계 기아 인구

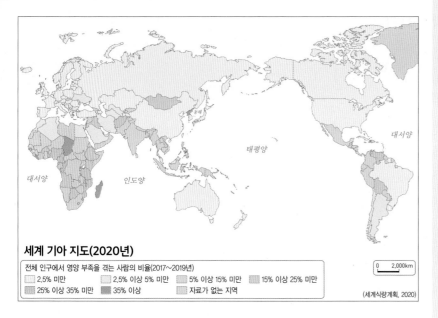

세계 기아 지도(2020년)

전체 인구에서 영양 부족을 겪는 사람의 비율(2017~2019년)

☐ 2.5% 미만 ☐ 2.5% 이상 5% 미만 ☐ 5% 이상 15% 미만 ☐ 15% 이상 25% 미만
☐ 25% 이상 35% 미만 ☐ 35% 이상 ☐ 자료가 없는 지역

0   2,000km

(세계식량계획, 2020)

▶ 아프리카 지역에서 영양 결핍 비율이 높게 나타나고 있고, 유럽이나 미국 등에서 영양 결핍 비율이 낮게 나타나고 있습니다.

자료2 적정 기술

▲ 정화 빨대

▲ 큐(Q) 드럼

▶ 적정 기술은 지역의 필요와 조건에 맞게 개발한 기술입니다.

▶ 정화 빨대는 물을 정화하여 질병의 위험을 막고 물 부족 문제를 해결하는 데 도움을 줍니다.

▶ 큐(Q) 드럼은 사람이 보다 적은 힘으로 더 많은 물을 옮길 수 있도록 도와줍니다.

자료3 세계 시민으로서 우리가 가져야 할 자세

서로의 다름을 이해하고 다양성을 존중해야 합니다.

지구촌 문제 해결에 책임감을 가지고 적극적으로 동참하는 태도를 지닙니다.

지구촌에서 발생하는 문제가 우리 모두의 문제라는 인식을 가져야 합니다.

기본 개념 문제

● 정답과 풀이 20쪽

2 단원

1
먹을 것이 없어 굶주리는 것을 (기아 , 빈곤)(이)라고 합니다.

2
가족의 생계를 위해 (   ) 에 가지 못하고 일을 하는 어린이가 지구촌 곳곳에 있습니다.

3
빈곤과 기아 퇴치를 위해 빈곤과 기아 문제에 사람들이 관심을 가질 수 있도록 다양한 (   ) 활동을 벌입니다.

4
문화적 편견과 차별 해소를 위해 서로 다른 문화를 이해하고 다양성을 존중하는 교육을 진행합니다.
(○ , ×)

5
(   )으로서 지구촌 문제가 우리의 문제임을 알고 이를 해결하고자 협력하는 자세를 지녀야 합니다.

1 ✚ 11종 공통

다음에서 설명하는 것은 무엇인지 각각 쓰시오.

(1) 먹을 것이 없어 굶주리는 것

( )

(2) 가난해 생활하는 것이 어려운 상태

( )

2 ✚ 11종 공통

빈곤과 기아 문제의 원인에 대해 알맞게 말한 친구를 골라 이름을 쓰시오.

계속된 가뭄으로 물이 부족해지고 식량 문제가 생겼기 때문이야.

▲ 근아

불량 식품을 먹는 아이들이 많아져 비만 문제가 생겼기 때문이야.

▲ 민섭

( )

3 ✚ 11종 공통

빈곤과 기아로 나타나는 문제에 대한 설명으로 알맞은 것에 ○표, 알맞지 않은 것에 ×표 하시오.

(1) 많은 어린이가 먹을 것이 없어 굶주리지만 영양 상태가 양호합니다. ( )

(2) 자연재해로 물과 식량이 부족하여 빈곤 문제가 심각한 지역이 있습니다. ( )

[4-5] 다음 지도를 보고, 물음에 답하시오.

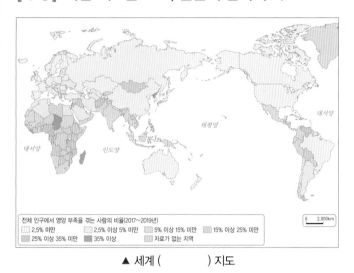

전체 인구에서 영양 부족을 겪는 사람의 비율(2017~2019년)
2.5% 미만 2.5% 이상 5% 미만 5% 이상 15% 미만 15% 이상 25% 미만
25% 이상 35% 미만 35% 이상 자료가 없는 지역

0 2,000km

▲ 세계 ( ) 지도

4 ✚ 11종 공통

위 ( ) 안에 들어갈 알맞은 말을 쓰시오.

( )

5 서술형 ✚ 11종 공통

위 지도를 보고 영양 결핍 비율이 높은 지역이 어디인지 쓰시오.

_____

_____

6 ✚ 11종 공통

빈곤과 기아 문제로 어려움을 겪는 사람들을 돕기 위한 지구촌 사람들의 노력으로 알맞지 <u>않은</u> 것은 어느 것입니까? ( )

① 모금 활동을 한다.

② 식량과 물품을 지원한다.

③ 스스로 해결하도록 놔둔다.

④ 학생들이 교육을 받을 수 있도록 힘쓴다.

⑤ 사람들이 빈곤과 기아 문제에 관심을 가질 수 있도록 홍보 활동을 한다.

7 비상교과서, 아이스크림 외

다음 사진과 같이 지역의 필요와 조건에 맞게 개발한 기술을 무엇이라고 하는지 쓰시오.

▲ 정화 빨대

▲ 큐(Q) 드럼

(   )

8 ➕ 11종 공통

문화적 편견을 겪는 모습과 관련이 <u>없는</u> 것은 어느 것입니까? (   )

① 종교적인 이유로 소고기를 먹지 않는 것을 이상하다고 생각해요.

② 우리의 낮잠 자는 문화를 보고 게으르다고 생각해요.

③ 친구들이 내가 믿는 종교가 무섭대요.

④ 수학 시험 성적이 떨어져서 노는 것이 눈치보여요.

9 ➕ 11종 공통

다음 보기 에서 문화적 편견과 차별 문제를 해결하기 위한 노력으로 알맞은 것을 골라 기호를 쓰시오.

> 보기
> ㉠ 모두 하나의 문화만을 따르도록 한다.
> ㉡ 문화가 다른 어린이들은 서로 다른 공간에서 공부하도록 시설을 마련한다.
> ㉢ 지구촌의 다양한 역사와 문화를 배우고 체험할 수 있는 다양한 행사를 연다.

(   )

[10-11] 다음 글을 읽고, 물음에 답하시오.

> (   )은/는 지구촌 문제가 우리의 문제임을 알고 이를 해결하고자 협력하는 자세를 지닌 사람을 말합니다.

10 ➕ 11종 공통

윗글의 빈칸에 들어갈 사람을 무엇이라고 하는지 쓰시오.

(   )

11 ➕ 11종 공통

위 **10**번 답으로서의 자세를 지니고 생활하는 친구는 누구입니까? (   )

① 가을: 나와 생각이 다른 사람은 무시해.

② 이서: 나와 다른 문화를 가진 외국인 친구와는 놀지 않아.

③ 유진: 세계 곳곳에서 나타나는 문제는 나와 관련이 없다고 생각해.

④ 원영: 나의 행동이 지구촌 환경 문제에 영향을 미칠 수 있다고 생각해.

⑤ 은비: 어떤 나라가 경제적으로 어려움을 겪는 것은 그 나라 스스로 해결해야 한다고 생각해.

12 서술형 ➕ 11종 공통

세계 시민으로서 우리가 할 수 있는 일을 한 가지만 쓰시오.

_____

_____

2. 통일 한국의 미래와 지구촌의 평화

★ 독도의 위치

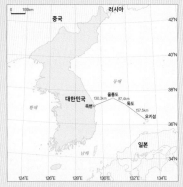

독도에서 울릉도까지의 거리가 일본 오키섬까지의 거리보다 가깝습니다.

① 한반도의 미래와 통일

1. 우리 땅 독도

① **독도의 위치**: 우리나라의 [❶   ] 끝에 있는 섬으로, 북위 37°, 동경 132° 근처에 있습니다.

② **독도의 자연환경**

모습	두 개의 큰 섬과 크고 작은 바위섬 89개로 이루어져 있음.
지형	탕건봉, 코끼리 바위, 한반도 바위, 천장굴, 독립문 바위 등이 있음.
주변 바다	차가운 바닷물과 따뜻한 바닷물이 만나 먹이가 풍부해 여러 해양 생물이 살기 좋은 환경을 갖추고 있음.

③ **독도와 관련한 역사적 자료**

옛 지도	[❷] (1531년)는 현존하는 우리나라 옛 지도 중 우산도 (지금의 독도)가 표기된 가장 오래된 지도임.
옛 기록	『세종실록』「지리지」(1454년)와 대한 제국 칙령 제41호(1900년)에 독도에 대한 기록이 있음.

★ 남북통일의 필요성

· 국방비를 줄여 다른 분야에 사용하면 사회의 여러 분야가 발전할 수 있습니다.
· 유라시아 횡단 철도가 연결되면 우리나라에서 유럽까지 기차로 갈 수 있습니다.
· 남한의 발전된 산업과 기술력에 북한의 풍부한 자원을 결합하여 경제적으로 성장할 수 있습니다.

2. 남북통일을 위한 다양한 노력

① **남북 분단으로 겪는 어려움**: [❸   ]에 대한 두려움, 이산가족의 고통, 언어와 문화의 차이, 과도한 국방비 지출 등이 있습니다.

② **남북통일을 위한 노력**

정치적 노력	· 1972년에 7·4 남북 공동 성명을 발표함. · 1991년에 남북 기본 합의서가 채택됨. · 2000년, 2007년, 2018년에 남북 정상 회담이 열렸음.
경제적 노력	· 남과 북이 도로와 철도를 연결하고 시설을 개선함. · 남한의 자본과 기술력에 북한의 노동력이 결합한 [❹] 이 활발하게 운영되었던 적이 있음.
사회·문화적 노력	· 2018년에 남북한 예술단이 합동 공연을 했음. · 2018년에 남한과 북한 선수들이 평창 동계 올림픽 대회에 공동으로 입장했음.

★ 나이지리아 내전

나이지리아는 식민지 이후 만들어진 국경으로 다른 문화와 종교를 가진 민족들이 하나의 나라로 묶여 있게 되었습니다. 그러나 여러 종족들이 서로 화합하지 못하고 종족, 종교 등의 원인으로 충돌하고 있습니다.

② 지구촌의 평화와 발전

1. 지구촌 갈등의 원인과 문제점

원인	영토, 종교, 민족, 자원, 문화 등 다양한 원인이 복합적으로 얽혀 있음.
문제점	지구촌 갈등은 세계 여러 나라가 밀접하게 연결되어 있어 짧은 시간에 해결하기 어렵고, 문제를 해결하려면 여러 사람이 함께 노력해야 함.

2. 지구촌 갈등 해결을 위한 노력

① **국제기구의 노력**: ⑤ [　　　　　] 은 지구촌의 평화 유지, 전쟁 방지, 국제 협력 등의 활동을 하는 국제기구입니다.

② **국가의 노력**: 국제기구의 활동 참여, 다양한 외교 활동, 국제적 지원 활동 등의 노력을 하고 있습니다.

③ ⑥ [　　　　] 의 노력

의미	뜻이 비슷한 사람들이 모여 지구촌 문제를 해결하고자 활동하는 단체
종류	국경 없는 의사회, 그린피스, 세이브 더 칠드런, 해비타트, 핵무기 폐기 국제 운동, 국제 앰네스티 등

❸ 지속 가능한 지구촌

1. 지구촌에서 나타나는 다양한 환경 문제

① **지구촌 환경 문제의 종류**

지구 온난화	지구의 평균 기온이 높아지는 현상
대기 오염	화석 연료를 사용하는 공장과 자동차로 공기가 오염되고 있음.
열대 우림 파괴	숲을 농지나 도시로 개발하거나 목재를 얻으려고 무분별하게 나무를 베기 때문에 발생함.
플라스틱 쓰레기	플라스틱은 생산 과정에서 많은 자원을 사용하고, 잘 썩지 않아 오랫동안 쓰레기로 남아 있어 환경을 파괴함.

② **지구촌 환경 문제를 해결하기 위한 노력**

개인	⑦ [　　　] 사용 줄이기, 에너지 절약하기, 쓰레기 분리배출하기, 대중 교통 이용하기 등을 실천함.
기업	제품 생산 과정에서 오염 물질 배출을 줄이고, 친환경 제품을 생산함.
국가	친환경 에너지 개발을 지원하고, 환경 정책을 시행함.
세계	여러 나라가 모여 환경 문제를 해결하기 위해 의논하고 협력함.

2. 지속 가능한 미래를 위한 과제

① **지속 가능한 미래의 의미**: 현재와 미래 세대의 환경을 보호하고 사회·경제적으로 책임감 있게 행동해 지구촌의 지속 가능성을 높여 가는 것을 말합니다.

② ⑧ [　　　] 의 의미: 지속 가능한 미래를 만들기 위해 지구촌의 문제에 관심을 가지고 해결하려고 적극적으로 협력하는 사람을 말합니다.

3. 빈곤과 기아, 문화적 편견과 차별 문제

① 식량 지원, 교육 지원, 농업 기술 지원 등을 통해 빈곤과 기아 문제를 해결하기 위해 노력하고 있습니다.

② 문화적 편견과 차별 문제 해결을 위해 서로 다른 문화를 이해하고 존중하는 태도가 필요합니다.

★ **개인의 노력**

말랄라 유사프자이	여성 교육을 위해 활동한 파키스탄의 운동가로 탈레반 점령 지역의 생활과 여학생 교육의 문제점을 알리려고 노력했음.
이태석 신부	남수단에서 의료 봉사와 교육에 헌신해 '한국의 슈바이처'로 불림.
조디 윌리엄스	미국의 사회 운동가로 1992년 지뢰 금지 국제 운동 단체 설립에 참여했음.
넬슨 만델라	남아프리카 공화국의 흑인 인권 운동가로 화해와 관용의 정신을 기초로 인종 차별을 없애고자 노력했음.

2 단원

★ **해양 쓰레기 문제**

▲ 바다에 버려진 쓰레기

- 플라스틱을 비롯한 엄청난 양의 쓰레기가 해양으로 쏟아져 들어가 바다 위에 거대한 섬이 생겼습니다.
- 해양에 들어온 플라스틱은 미세 플라스틱이 되어 해양 생태계와 생선이나 조개, 소금을 먹는 사람들까지 위협하고 있습니다.

1 ✛ 11종 공통

다음은 독도에 대한 설명입니다. 밑줄 친 ㉠~㉤ 중 알맞지 <u>않은</u> 것을 골라 기호를 쓰시오.

> 독도는 ㉠ 우리나라 영토의 동쪽 끝에 있는 섬으로, ㉡ 하나의 큰 섬으로 이루어져 있습니다. 행정 구역으로는 ㉢ 경상북도 울릉군에 속합니다. 독도는 ㉣ 화산 폭발로 솟은 용암이 굳어져 만들어졌으며, ㉤ 경사가 급하고 대부분 암석인 화산섬입니다.

(   )

2 ✛ 11종 공통

다음 ㉠, ㉡에 들어갈 말을 알맞게 짝지은 것은 어느 것입니까? (   )

> 독도는 (㉠)의 한가운데에 자리 잡고 있어 (㉡)뿐만 아니라 군사적으로도 중요한 위치에 있습니다.

	㉠	㉡
①	동해	선박의 항로
②	서해	선박의 항로
③	동해	기차의 철로
④	서해	자동차의 육로
⑤	동해	자동차의 육로

3 서술형   미래엔, 비상교과서 외

다음 글을 읽고, 독도에 대해 알 수 있는 사실을 쓰시오.

> 「삼국접양지도」(1785년)는 일본의 지리학자가 만든 지도로 울릉도와 독도가 조선의 영토와 같은 색으로 표현되어 있습니다.

_____

_____

4 ✛ 11종 공통

다음 ( ) 안에 들어갈 알맞은 말에 ○표 하시오.

(1) (안용복 , 홍순칠)은 일본에 가서 울릉도와 독도가 우리나라의 영토임을 일본으로부터 확인하고 돌아왔습니다.

(2) (정부 , 민간단체)는 독도의 생태계를 보호하고 독도를 지속적으로 이용하기 위해 여러 법령을 만들어 시행하고 있습니다.

5 ✛ 11종 공통

우리나라에서 다음과 같은 어려움을 겪는 까닭은 무엇입니까? (   )

① 자연재해
② 환경 오염
③ 남북 분단
④ 출산율 감소
⑤ 지구 온난화

6 ✚ 11종 공통

다음은 남북통일을 위해 어느 분야에서 노력하는 모습입니까? (   )

- 남한의 자본과 기술력에 북한의 노동력이 결합한 개성 공단이 활발하게 운영되었던 적이 있습니다.
- 남과 북은 끊어진 도로와 철도를 연결하고 시설을 개선해 교류와 협력을 확대하고자 노력하고 있습니다.

① 정치   ② 경제   ③ 사회
④ 문화   ⑤ 군사

7 ✚ 11종 공통

지구촌에서 갈등이 일어나는 까닭으로 알맞지 <u>않은</u> 것은 어느 것입니까? (   )

① 민족이 다르기 때문에
② 종교가 다르기 때문에
③ 생각과 믿음이 같기 때문에
④ 다툼이 시작되면 쉽게 끝나지 않기 때문에
⑤ 역사적 사건들이 서로 이해하기 어려운 상황을 만들기 때문에

8 미래엔, 비상교육 외

물 자원을 둘러싼 지구촌 갈등을 보기 에서 골라 기호를 쓰시오.

┌─ 보기 ●─────────────────┐
│ ㉠ 시리아 내전   │
│ ㉡ 나이지리아 내전   │
│ ㉢ 메콩강 유역 갈등   │
│ ㉣ 카슈미르 지역 갈등   │
└────────────────────────────┘

(   )

9 금성출판사, 지학사 외

이스라엘과 팔레스타인이 갈등을 겪고 있는 원인은 무엇입니까? (   )

① 언어가 달라서 소통이 되지 않기 때문에
② 두 나라 사람들의 피부색이 다르기 때문에
③ 물 자원을 서로 많이 가지려고 하기 때문에
④ 이스라엘이 팔레스타인의 식민지였기 때문에
⑤ 하나의 지역을 서로 자기 땅이라고 주장하기 때문에

10 서술형 ✚ 11종 공통

다음과 같은 비정부 기구를 하나 쓰고, 그 기구에서 하는 활동을 한 가지만 쓰시오.

▲ 핵무기 폐기 국제 운동

_____

_____

11 ➕ 11종 공통

다음에서 설명하는 국제 연합 산하 전문 기구는 무엇입니까? (   )

> 교육, 과학, 문화 분야 등에서 다양한 국제 교류를 하면서 국제 평화를 추구하고 있습니다.

① 유네스코(UNESCO)
② 국제 노동 기구(ILO)
③ 세계 보건 기구(WHO)
④ 국제 원자력 기구(IAEA)
⑤ 유엔 난민 기구(UNHCR)

12 동아출판, 비상교육 외

지구촌 환경 문제를 해결하기 위한 각 주체들의 노력을 선으로 알맞게 연결하시오.

(1) 개인 •

(2) 기업 •

(3) 국가 •

• ㉠ 친환경 제품을 생산하는 기술 개발

• ㉡ 환경 보호와 관련 있는 정책 시행

• ㉢ 일상생활에서 일회용품 사용 줄이기

13 ➕ 11종 공통

친환경적 생산의 사례로 알맞지 <u>않은</u> 것은 어느 것입니까? (   )

① 친환경 먹거리 농산물 개발
② 환경 오염이 적은 전기 자동차 개발
③ 자연에서 분해가 되는 옥수수 빨대 제작
④ 넓고 쾌적한 환경에서 기른 닭과 달걀 판매
⑤ 인기 많은 캐릭터가 그려진 플라스틱 포장재를 사용한 과자 생산

14 ➕ 11종 공통

빈곤과 기아 문제를 해결하기 위한 노력으로 알맞지 <u>않은</u> 것을 보기 에서 골라 기호를 쓰시오.

> **보기**
>
> ㉠ 물건과 식량 등을 지원한다.
> ㉡ 교육받기 어려운 사람들을 위해 학교를 짓는다.
> ㉢ 다양한 문화와 역사를 체험할 수 있는 행사를 개최한다.
> ㉣ 빈곤과 기아 문제에 사람들이 관심을 가질 수 있도록 다양한 홍보 활동을 벌인다.

(   )

15 서술형 ➕ 11종 공통

문화적 편견과 차별 문제를 해결하기 위한 노력을 한 가지만 쓰시오.

_____

_____

1 ⊕ 11종 공통

독도에 대한 설명으로 알맞지 <u>않은</u> 것은 어느 것입니까? (   )

① 북위 37°, 동경 132° 근처에 있다.
② 우리나라의 남쪽 끝에 있는 섬이다.
③ 동해의 한가운데에 자리 잡고 있다.
④ 선박의 항로뿐만 아니라 군사적으로도 중요한 위치에 있다.
⑤ 동도와 서도인 두 개의 큰 섬과 그 주위에 크고 작은 바위섬 89개로 이루어졌다.

2 ⊕ 11종 공통

다음에서 설명하는 것은 무엇인지 쓰시오.

"우산(지금의 독도)과 무릉(지금의 울릉도), 두 섬이 울진현의 정동쪽 바다에 있다. 두 섬은 거리가 멀지 않아 날씨가 맑으면 서로 바라볼 수 있다."라는 사실이 나와 있는 옛 기록입니다.

(   )

3 ⊕ 11종 공통

다음에서 설명하는 단체는 무엇인지 쓰시오.

> 1999년 설립된 사이버 외교 사절단으로, 단원들은 독도에 관한 사실을 전 세계 사람들에게 알리고 일본의 억지 주장을 바로잡는 데 힘쓰고 있습니다.

(   )

4 미래엔, 아이스크림 외

남북 분단으로 사람들이 겪는 어려움이 <u>아닌</u> 것은 어느 것입니까? (   )

① 이산가족의 슬픔
② 전쟁에 대한 공포
③ 농촌의 일손 부족
④ 남북한의 언어와 문화 차이
⑤ 과도한 국방비로 인한 경제적 손실

5 서술형 ⊕ 11종 공통

남북통일이 된다면 어린이의 생활 모습이 어떻게 달라질지 한 가지만 쓰시오.

_____

_____

6 비상교과서, 천재교과서 외

다음 글에 나타난 지구촌 갈등에 대한 설명으로 알맞은 것은 어느 것입니까? (   )

> 중국이 메콩강 상류에 거대한 댐을 건설해 흐르는 물의 양을 조절하자 메콩강 주변에 있는 나라인 미얀마, 라오스, 타이, 캄보디아, 베트남이 크게 반발했습니다.

① 자원을 둘러싼 갈등이다.
② 영토를 둘러싼 갈등이다.
③ 인종 차이로 인한 갈등이다.
④ 종교 차이로 인한 갈등이다.
⑤ 독재 정치로 인해 일어난 갈등이다.

7 ➕ 11종 공통

지구촌에서 일어나는 갈등을 조사하기 위한 주제를 잘못 말한 친구를 고르시오. (   )

① 시리아 내전에 대해 알아볼래.
② 이스라엘과 팔레스타인의 갈등에 대해 알아볼래.
③ 지구 온난화에 대해 조사할래.
④ 나이지리아 내전을 조사할래.

8 ➕ 11종 공통

다음 (   ) 안에 들어갈 알맞은 말을 쓰시오.

> (   )은/는 국가들이 모여서 지구촌 문제를 함께 해결하려고 만든 조직으로, 1945년에 지구촌의 평화 유지와 전쟁 방지를 위해 설립한 국제 연합(UN)이 있습니다.

(   )

9 ➕ 11종 공통

다음에서 설명하는 사람은 누구인지 쓰시오.

> 남수단에서 의료 봉사와 교육에 헌신해 '한국의 슈바이처'로 불렸습니다. 국적과 종교를 넘은 희생과 봉사로 지구촌 평화를 위해 노력했습니다.

(   )

10 서술형 ➕ 11종 공통

다음 제시된 단체들의 공통점을 한 가지만 쓰시오.

> • 그린피스   • 해비타트
> • 국경 없는 의사회   • 국제 앰네스티

_____

_____

11 ⊕ 11종 공통

아동의 생존과 보호를 돕고 이를 위한 시민들의 참여를 실현하고자 활동하는 비정부 기구는 무엇입니까?
( )

① 유니세프
② 세계 식량 계획
③ 유엔 난민 기구
④ 세이브 더 칠드런
⑤ 핵무기 폐기 국제 운동

12 서술형 ⊕ 11종 공통

다음과 같은 일이 지속된다면 어떤 일이 일어날지 쓰시오.

> 플라스틱 쓰레기가 바다로 떠내려가면서 미세 플라스틱을 먹이로 먹은 어패류와 플랑크톤이 나타나고 있습니다.

_____

_____

13 ⊕ 11종 공통

지구촌 환경 문제에 대한 설명으로 알맞지 <u>않은</u> 것은 어느 것입니까? ( )

① 무분별한 개발로 열대 우림이 파괴되고 있다.
② 폭설이 내리는 등 이상 기후 현상이 일어나고 있다.
③ 극지방의 빙하가 증가하여 농경지가 사라지고 있다.
④ 화석 연료의 사용으로 많은 오염 물질이 배출되고 있다.
⑤ 산호 백화 현상이 전 세계 바다 곳곳에서 진행되고 있다.

14 ⊕ 11종 공통

다음 ㉠, ㉡에 들어갈 알맞은 말을 쓰시오.

> 지구촌에는 다양한 문제들이 나타나고 있습니다. (㉠)은/는 가난해 생활하는 것이 어려운 상태를 말하고, (㉡)은/는 먹을 것이 없어 굶주리는 것을 말합니다.

㉠ ( ), ㉡ ( )

2 단원

15 ⊕ 11종 공통

세계 시민의 자세를 지닌 친구를 모두 골라 이름을 쓰시오.

> • 규현: 나와 다른 종교를 믿는 친구와는 놀고 싶지 않아.
> • 해리: 지구촌에서 일어나는 일에 많은 관심을 가지고 있어.
> • 선희: 나라의 경제적인 어려움은 그 나라 스스로 해결해야 해.
> • 민호: 나의 행동이 지구촌 환경 문제에 영향을 미칠 수 있다고 생각해.

( )

● 정답과 풀이 22쪽

평가 주제	독도의 특징 파악하기
평가 목표	독도의 위치, 자연환경, 가치에 대해 설명할 수 있다.

[1-2] 다음은 독도를 소개하는 글입니다. 물음에 답하시오.

아름다운 우리 땅, 독도

1. 독도의 위치
• 우리나라의 (㉠) 끝에 있는 섬입니다.
• 독도는 행정구역상 (㉡) 울릉군 울릉읍에 속합니다.

2. 독도의 자연환경
• 경사가 급하고 대부분 암석이지만 다양한 동식물이 서식하는 생태계의 보고입니다.
• 코끼리 바위, 한반도 바위, 탕건봉, 천장굴, 독립문 바위 등이 있습니다.

▲ 코끼리 바위　　　　　　　▲ 한반도 바위

3. 독도의 가치

㈎

1 위 ㉠, ㉡에 들어갈 알맞은 말을 쓰시오.

㉠ (　　　　　　　　), ㉡ (　　　　　　　　)

도움 독도는 동도와 서도인 두 개의 큰 섬과 그 주위에 크고 작은 바위섬 89개로 이루어졌습니다.

2 위 ㈎에 들어갈 알맞은 내용을 쓰시오.

_____

_____

도움 독도는 화산 활동으로 생긴 화산섬으로 독특한 지형과 모습을 지녔고, 여러 종류의 동식물이 서식하는 생태계의 보고입니다.

평가 주제	지구촌의 갈등 사례 파악하기
평가 목표	지구촌에서 발생하는 갈등에 대해 말할 수 있다.

[1-3] 다음은 지구촌에서 일어나는 갈등 사례입니다. 물음에 답하시오.

((가)) 지역

힌두교도가 많은 인도와 이슬람교도가 많은 파키스탄이 영국으로부터 독립 후 ((가)) 지역을 둘러싸고 대립하고 있습니다.

나이지리아 내전

영국으로부터 독립한 나이지리아는 언어, 민족, 종교가 서로 다른 부족들이 하나의 나라로 묶여 있어 협력하지 못하고 있습니다.

1 위 (가)에 공통으로 들어갈 지역은 어디인지 쓰시오.

(   )

> **도움** 이 지역은 종교를 이유로 갈등이 발생하고 있습니다.

2 위와 같이 지구촌에서 갈등이 발생하는 원인을 쓰시오.

_____

_____

> **도움** 지구촌 갈등은 다양한 원인이 서로 얽혀 있는 경우가 많습니다.

3 다음은 지구촌 갈등을 해결하기 위한 국제 연합(UN) 산하 전문 기구에 대한 설명입니다. ㉠에 들어갈 알맞은 내용을 쓰시오.

유엔 난민 기구 (UNHCR)	㉠
유네스코 (UNESCO)	교육, 과학, 문화 분야 등에서 다양한 국제 교류를 하면서 국제 평화를 추구하고 있습니다.

_____

_____

> **도움** 제1, 2차 세계 대전으로 많은 사람이 다치거나 죽고 전쟁에 참여한 나라들이 큰 피해를 입자, 세계는 평화로운 방법으로 갈등을 해결하는 것이 중요하다는 점을 깨닫고 국제 연합을 만들었습니다.

2 단원

| 평가 주제 | 지구촌에서 발생하는 환경 문제 알아보기 |
| 평가 목표 | 지구촌 환경 문제와 이에 대한 노력을 설명할 수 있다. |

[1-3] 다음은 지구촌에서 나타나는 환경 문제입니다. 물음에 답하시오.

㉠	지구의 평균 기온이 높아지는 현상으로, 극지방의 빙하가 녹고 있으며 더위가 심한 날이 많아짐.
대기 오염	많은 오염 물질을 배출하는 화석 연료를 사용하는 공장과 자동차로 공기가 오염되고 있음.
열대 우림 파괴	숲을 농지나 도시로 개발하거나 목재를 얻으려고 무분별하게 나무를 베기 때문에 발생함.
사막화	오랜 가뭄이나 과도한 개발로 사막 주변의 초원 지대가 점점 사막으로 변하고 있음.
플라스틱 쓰레기	플라스틱은 생산 과정에서 많은 자원을 사용하며, 잘 썩지 않아 오랫동안 쓰레기로 남아 있어 환경을 파괴함.

1 위 ㉠에 들어갈 알맞은 말을 쓰시오.

(   )

> **도움** 산림 파괴, 석탄과 석유의 무분별한 사용 등으로 발생하는 현상입니다.

2 위의 지구촌 환경 문제와 관련해 환경을 생각하는 생산과 소비가 필요한 까닭이 무엇인지 쓰시오.

_____

_____

> **도움** 지구촌에서 다양한 환경 문제가 발생하고 있어 이에 대한 해결 노력이 필요합니다.

3 지속 가능한 미래를 위해 세계 시민으로서 할 수 있는 노력을 두 가지 쓰시오.

_____

> **도움** 세계 시민으로서의 바른 자세가 무엇인지 생각해 봅니다.

동아출판 초등 무료 스마트러닝

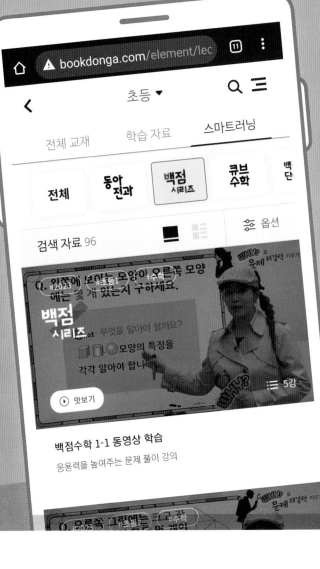

동아출판 초등 **무료 스마트러닝**으로
초등 전 과목 · 전 영역을 쉽고 재미있게!

과목별 · 영역별 특화 강의

전 과목 개념 강의

국어 독해 지문 분석 강의

구구단 송

그림으로 이해하는 비주얼씽킹 강의

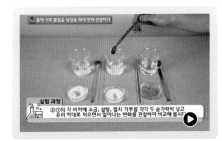

과학 실험 동영상 강의

과목별 문제 풀이 강의

서비스 제공 교재 동아전과 | 백점 시리즈 | 큐브수학 | 빠작 초등 국어 | 초능력 | 초고필 | 하이탑 초등 과학

강의가 더해진, 교과서 맞춤 학습

백점

사회 6·2

평가북

- 묻고 답하기
- 중단원 평가, 대단원 평가
- 수행 평가

동아출판

평가북 구성과 특징

1 **단원별 개념 정리**가 있습니다.
- **묻고 답하기:** 단원의 핵심 내용을 묻고 답하기로 빠르게 정리할 수 있습니다.

2 **단원별 다양한 평가**가 있습니다.
- **중단원 평가, 대단원 평가, 수행 평가:** 다양한 유형의 문제를 풀어봄으로써 수시로 실시되는 학교 시험을 완벽하게 대비할 수 있습니다.

백점

BOOK 2 평가북

사회 6·2

✏️ 빈칸에 알맞은 답을 쓰세요.

1 실제 지구의 모습을 아주 작게 줄여서 만든 모형으로, 실제 지구처럼 생김새가 둥근 것은 무엇입니까?

2 둥근 지구를 평면으로 나타낸 것으로, 땅과 바다의 모양 등이 실제와 다르게 표현되기도 하는 것은 무엇입니까?

3 세계 지도와 지구본에는 위치를 쉽게 나타내기 위해 (   )와/과 경선이 그려져 있습니다.

4 (   )은/는 지도의 확대와 축소 등 다양한 기능을 이용해 세계의 여러 나라를 살펴볼 수 있습니다.

5 대륙은 바다로 둘러싸인 큰 땅덩어리를 말하고, (   )은/는 세계의 큰 바다를 말합니다.

6 (   )은/는 다른 대륙보다 작은 편이지만 많은 나라가 있습니다.

7 우리나라가 속해 있는 대륙으로, 세계에서 가장 큰 대륙은 어디입니까?

8 대부분 얼음에 덮여 있는 북극해는 아시아, (   ), 유럽 대륙에 둘러싸여 있습니다.

9 세계에서 영토의 면적이 가장 넓은 나라는 (   )이며, 두 번째로 넓은 나라는 캐나다입니다.

10 칠레의 영토는 (   )(으)로 길게 뻗은 모양입니다.

✏️ 빈칸에 알맞은 답을 쓰세요.

1 (　　　　)은/는 한눈에 전 세계를 보기 어렵고, 부피가 커서 가지고 다니기 불편합니다.

2 세계 지도는 둥근 지구를 (　　　　)(으)로 나타낸 것입니다.

3 디지털 영상 지도는 스마트폰이나 컴퓨터가 필요하며, (　　　　)을/를 연결해야 다양한 기능을 사용할 수 있습니다.

4 바다로 둘러싸인 큰 땅덩어리를 (　　　　)(이)라고 합니다.

5 세계의 (　　　　)에는 태평양, 대서양, 인도양, 북극해, 남극해가 있습니다.

6 아시아 다음으로 큰 대륙이며 북반구와 남반구에 걸쳐 있는 대륙은 어디입니까?

7 미국, 멕시코, 캐나다 등이 속해 있는 대륙은 어디입니까?

8 (　　　　)은/는 아시아, 오세아니아, 아메리카 대륙 사이에 있는 가장 큰 바다입니다.

9 세계에서 영토의 면적이 가장 좁은 나라는 (　　　　)입니다.

10 이집트는 국경선이 (　　　　) 편입니다.

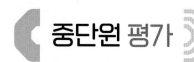
[1-3] 다음 자료를 보고, 물음에 답하시오.

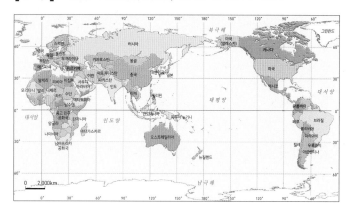

1 ➕ 11종 공통

위와 같이 둥근 지구를 평면으로 나타낸 것을 무엇이라고 하는지 쓰시오.

(   )

2 ➕ 11종 공통

위 자료에 대한 설명으로 알맞지 <u>않은</u> 것은 어느 것입니까? (   )

① 위선과 경선이 그려져 있다.
② 지구를 평평한 종이에 펼쳐 그린 것이다.
③ 세계 여러 나라의 위치를 한눈에 볼 수 있다.
④ 인터넷을 사용할 수 없는 곳에서도 사용할 수 있다.
⑤ 지구본에 비해 실제 나라와 바다의 모양이 매우 정확하다.

3 ➕ 11종 공통

위 자료와 관련해 (   ) 안에 들어갈 알맞은 말을 쓰시오.

> (   )을/를 기준으로 동쪽의 경도를 동경, 서쪽의 경도를 서경이라고 합니다.

(   )

4 서술형 ➕ 11종 공통

다음 대화를 보고 빈칸에 들어갈 알맞은 답변을 한 가지만 쓰시오.

지구의 실제 모습과 비슷한 지구본의 단점은 무엇일까?

---

5 ➕ 11종 공통

다음 지도에 대한 설명으로 알맞은 것을 보기 에서 모두 골라 기호를 쓰시오.

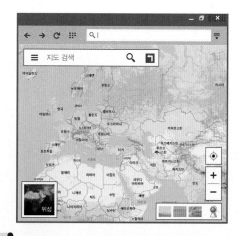

> **보기**
> ㉠ 내 위치를 검색할 수 있다.
> ㉡ 지도를 확대하거나 축소할 수 없다.
> ㉢ 지도를 위성 사진으로 바꿔 볼 수 있다.
> ㉣ 검색창에 찾고자 하는 장소를 입력하면 지도에서 위치를 찾을 수 있다.

(   )

6 ➕ 11종 공통

지구본, 세계 지도, 디지털 영상 지도의 활용 방법에 대한 설명으로 알맞은 것에 ○표, 알맞지 <u>않은</u> 것에 ×표 하시오.

(1) 지구본을 이용하면 찾고자 하는 장소의 실제 모습을 볼 수 있다. ( )

(2) 세계 지도에 가고 싶은 나라들의 위치를 표시하면 한눈에 살펴볼 수 있다. ( )

(3) 디지털 영상 지도를 활용하면 전 세계 주요 관광지에 대한 정보를 얻을 수 있다. ( )

7 ➕ 11종 공통

다음 ( ) 안에 공통으로 들어갈 말을 쓰시오.

> • ( )은/는 바다로 둘러싸인 큰 땅덩어리를 말합니다.
> • 남극 ( )은/는 남극해로 둘러싸여 있으며, 대부분 얼음으로 덮여 있습니다.

( )

8 ➕ 11종 공통

다음 보기 에서 가장 큰 대륙과 가장 작은 대륙을 골라 쓰시오.

> 보기 •
> • 유럽 • 아시아
> • 아프리카 • 오세아니아
> • 북아메리카 • 남아메리카

(1) 가장 큰 대륙: ( )
(2) 가장 작은 대륙: ( )

[9-10] 다음은 세계 여러 대륙과 대양을 나타낸 지도입니다. 물음에 답하시오.

9 ➕ 11종 공통

위 지도에 나타난 대륙 중 다음에서 설명하는 곳은 어디입니까? ( )

> • 북반구와 남반구에 걸쳐 있습니다.
> • 탄자니아, 이집트, 나이지리아 등의 나라가 속해 있습니다.

① 유럽 ② 아시아
③ 아프리카 ④ 오세아니아
⑤ 남아메리카

10 서술형 ➕ 11종 공통

위 지도를 보고 북아메리카의 특징을 한 가지만 쓰시오.

_____

_____

11 ⊕ 11종 공통

다음 ( ) 안에 들어갈 알맞은 말에 ◯표 하시오.

⑴ 우리나라와 가까이 있는 대양은 (대서양 , 태평양) 입니다.

⑵ (유럽 , 남아메리카)은/는 북쪽이 적도에 걸쳐 있으며 대부분 남반구에 속합니다.

12 ⊕ 11종 공통

각 대양에 대한 설명을 선으로 알맞게 연결하시오.

⑴ 대서양 •

⑵ 인도양 •

• ㉠ 아프리카, 유럽, 아메리카 등에 둘러싸여 있음.

• ㉡ 아시아, 아프리카, 오세아니아 등에 인접해 있음.

13 서술형 ⊕ 11종 공통

다음 자료를 보고 북극해의 특징을 쓰시오.

_____

_____

14 ⊕ 11종 공통

우리가 살고있는 지구에 대한 설명으로 알맞지 <u>않은</u> 것은 어느 것입니까? ( )

① 지구는 육지와 바다로 이루어졌다.

② 육지의 면적은 약 70%, 바다의 면적은 약 30%이다.

③ 대양에는 태평양, 대서양, 인도양, 북극해, 남극해가 있다.

④ 태평양이나 대서양처럼 '양'으로 불리는 바다는 매우 큰 바다이다.

⑤ 대륙에는 아시아, 아프리카, 유럽, 오세아니아, 북아메리카, 남아메리카, 남극 대륙이 있다.

15 ⊕ 11종 공통

대륙의 이름과 대륙에 속한 나라를 알맞게 짝지은 것은 어느 것입니까? ( )

① 남아메리카 – 캐나다, 미국

② 아프리카 – 에스파냐, 프랑스

③ 유럽 – 인도, 사우디아라비아

④ 아시아 – 알제리, 나이지리아

⑤ 오세아니아 – 오스트레일리아, 뉴질랜드

[16-17] 다음은 세계 여러 나라의 면적이 나타난 지도입니다. 물음에 답하시오.

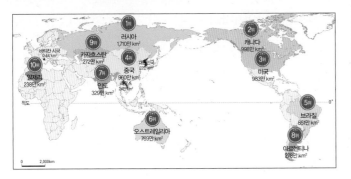

16 ➕ 11종 공통

위 지도를 보고, 영토의 면적이 가장 넓은 두 나라를 순서대로 알맞게 짝지은 것은 어느 것입니까?

( )

① 중국, 러시아
② 러시아, 미국
③ 러시아, 캐나다
④ 캐나다, 브라질
⑤ 캐나다, 오스트레일리아

17 서술형 ➕ 11종 공통

위 지도에 나타난 바티칸 시국의 면적 특징을 간단히 쓰시오.

_____

_____

18 ➕ 11종 공통

다음에서 설명하는 나라는 어디인지 쓰시오.

위치한 대륙	북아메리카
위도와 경도 범위	북위 41°~84°, 서경 52°~141°
주변에 있는 대양	북쪽에 북극해가 있음.
주변에 있는 나라	남쪽에 미국이 있음.

( )

19 미래엔, 천재교과서 외

세계 여러 나라의 영토 모양에 대해 알맞게 말한 친구를 골라 이름을 쓰시오.

- 지민: 이집트는 국경선이 복잡한 편이야.
- 영규: 이탈리아의 영토는 장화를 닮았어.
- 현솔: 노르웨이와 칠레의 영토는 둥근 모양이야.

( )

20 김영사, 동아출판 외

다음 두 나라 중 바다로 둘러싸인 나라는 어디인지 쓰시오.

▲ 스위스   ▲ 뉴질랜드

( )

✏️ 빈칸에 알맞은 답을 쓰세요.

1 한 지역에서 여러 해에 걸쳐 나타나는 평균적인 날씨를 무엇이라고 합니까?

2 태양열을 많이 받는 적도 부근은 열대 기후가 나타나고, 태양열을 적게 받는 (　　　) 부근은 한대 기후가 나타납니다.

3 적도 주변의 저위도 지역에서 나타나는 기후로, 일 년 내내 기온이 높고 계절 변화가 거의 없는 기후는 무엇입니까?

4 열대 기후가 나타나는 지역에서 땅에서 올라오는 열기와 습기를 피하고 바람이 잘 통하게 하려고 지은 집은 무엇입니까?

5 건조 기후 지역에는 강수량이 매우 적어 사막이 발달하는 곳도 있고, 약간의 비가 내려 (　　　)이/가 형성되는 곳도 있습니다.

6 몽골의 지형과 기후에 따라 유목 생활을 하는 몽골 사람들에게 적합한 주거 형태의 집을 무엇이라고 합니까?

7 온대 기후 지역 중 (　　　) 주변 지역에서는 올리브, 포도, 오렌지 등을 재배합니다.

8 우리나라는 (　　　)에 세종 과학 기지와 장보고 과학 기지를 세워 극지방을 연구하고 있습니다.

9 (　　　)와/과 인문환경에 따라 세계 여러 나라 사람들의 생활 모습은 다양하게 나타납니다.

10 튀르키예에는 유목민이 고기를 꼬챙이에 끼워 불에 구워 먹던 음식인 (　　　)이/가 있습니다.

✏️ 빈칸에 알맞은 답을 쓰세요.

1 ( ) 지방에서 극지방으로 갈수록 기온이 점차 낮아지는데, 이는 기후 형성에 큰 영향을 미칩니다.

2 세계의 기후 중에서 사계절이 비교적 뚜렷한 기후는 무엇입니까?

3 ( ) 기후는 가장 따뜻한 달의 평균 기온이 10℃ 미만으로 매우 춥습니다.

4 사막 지역에서는 주변에서 구하기 쉬운 진흙을 재료로 사용하여 ( )을/를 짓고 생활합니다.

5 초원 지역의 사람들은 전통적으로 물과 풀을 찾아 가축과 함께 이동하는 ( ) 생활을 하며 살아갑니다.

6 냉대 기후 지역은 재질이 부드러운 ( )이/가 널리 분포해 목재와 종이의 세계적인 생산지가 되기도 합니다.

7 ( ) 기후는 해발 고도가 높은 곳에서 나타나는 기후로, 일 년 내내 우리나라의 봄철과 같이 온화합니다.

8 인도 여성의 전통 복장인 ( )은/는 옷감을 자르고 바느질하는 것을 바람직하지 않다고 생각해 한 장의 천으로 만듭니다.

9 각 지역의 지형, 기후 등의 자연환경과 풍습, 종교 등의 ( )은/는 그곳에 사는 사람들의 생활 모습에 영향을 미칩니다.

10 세계 여러 나라에 나타나는 다양한 생활 모습을 이해하고 ( ) 하려는 마음가짐이 필요합니다.

1 ➕ 11종 공통

세계의 기후에 대한 설명으로 알맞지 <u>않은</u> 것은 어느 것입니까? (   )

① 기후에 따라 사람들의 생활 모습이 다양하다.
② 세계 여러 지역에서 다양한 기후가 나타난다.
③ 적도에서 극지방으로 갈수록 기온이 점차 낮아진다.
④ 태양열을 많이 받는 적도 부근은 한대 기후가 나타난다.
⑤ 한 지역에서 여러 해에 걸쳐 나타나는 평균적인 날씨를 말한다.

[2-3] 다음은 세계의 기후 분포를 나타낸 지도입니다. 물음에 답하시오.

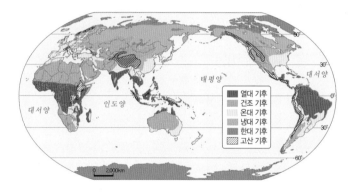

2 ➕ 11종 공통

위 지도에서 나타난 기후 중 오른쪽 사진과 같은 모습을 볼 수 있는 기후는 무엇인지 쓰시오.

(   )

3 서술형 ➕ 11종 공통

위 지도를 보고 열대 기후가 주로 나타나는 지역은 어디인지 쓰시오.

_____

_____

4 ➕ 11종 공통

열대 기후 지역에서 볼 수 있는 모습을 고르시오.

(   )

①
▲ 벼농사

②
▲ 사파리 관광

③
▲ 화전 농업

④
▲ 순록 유목

5 ➕ 11종 공통

다음 보기 에서 건조 기후에 대한 설명으로 알맞은 것을 골라 기호를 쓰시오.

보기 ●
㉠ 건기와 우기가 번갈아 나타난다.
㉡ 일 년 내내 기온이 높고 계절 변화가 거의 없다.
㉢ 가장 따뜻한 달의 평균 기온이 10℃ 미만으로 매우 춥다.
㉣ 강수량이 매우 적어 일 년 동안의 강수량을 모두 합쳐도 500mm가 채 안 된다.

(   )

6 ➕ 11종 공통

온대 기후 지역에서 발달한 농업을 선으로 알맞게 연결하시오.

(1) 유럽 •

(2) 아시아 •

(3) 지중해 주변 •

• ㉠ 벼농사

• ㉡ 목축업, 밀 농사

• ㉢ 올리브, 포도, 오렌지 재배

7 ➕ 11종 공통

냉대 기후에 대한 설명으로 알맞지 <u>않은</u> 것은 어느 것입니까? (   )

① 겨울은 여름보다 길고 몹시 춥다.

② 온대 기후보다 위도가 높은 지역에서 나타난다.

③ 북반구의 중위도와 고위도 지역에서 나타난다.

④ 일 년 내내 우리나라의 봄철과 같이 온화한 날씨가 나타난다.

⑤ 침엽수림이 널리 분포해 목재와 펄프의 세계적인 생산지가 되기도 한다.

8 ➕ 11종 공통

한대 기후의 특징을 알맞게 말한 친구를 고르시오.
(   )

① 주로 저위도 지역에서 나타나.

② 기온이 매우 낮아 얼음과 눈으로 덮인 곳이 많아.

③ 인구가 많고 여러 산업이 발달했어.

④ 얼음이 녹는 짧은 여름 동안 벼농사를 지으며 생활해.

9 금성출판사, 비상교과서 외

한대 기후 지역에서 볼 수 있는 모습을 골라 ◯표 하시오.

(1)
▲ 송유관
(   )

(2)
▲ 통나무집
(   )

10 서술형 ➕ 11종 공통

적도 부근의 고산 지대에 도시가 발달한 까닭을 기후와 관련지어 쓰시오.

_____

_____

_____

11 ➕ 11종 공통

고산 기후 지역의 생활 모습을 알맞게 말한 친구를 골라 이름을 쓰시오.

서늘한 지역에서 잘 자라는 감자와 옥수수를 재배합니다.

▲ 나리

겨울에 눈이 녹지 않고 계속 쌓여 있는 모습을 볼 수 있습니다.

▲ 형석

(   )

12 미래엔, 천재교육 외

다음 사진에 대한 설명으로 알맞은 것을 보기 에서 골라 기호를 쓰시오.

보기

㉠ 러시아의 전통 복장이다.
㉡ 낮과 밤의 큰 기온차를 견디려고 입는 옷이다.
㉢ 추운 날씨에 적응하기 위해 동물의 털과 가죽으로 만든 옷이다.
㉣ 자르지 않고 바느질하지 않은 옷을 깨끗하다고 여기는 생각이 반영된 모습이다.

(   )

13 서술형 ➕ 11종 공통

멕시코에서 다음과 같은 모자를 쓰는 까닭을 멕시코의 기후와 관련지어 쓰시오.

_____

_____

14 ➕ 11종 공통

의생활과 관련해 다음에서 설명하는 것이 무엇인지 쓰시오.

몽골에서는 추운 겨울에 말을 타고 다닐 때 손이 따뜻하도록 소매가 길고, 허리띠를 둘러서 몸도 따뜻하게 합니다.

(   )

15 ➕ 11종 공통

다음 (   ) 안에 들어갈 알맞은 말에 ◯표 하시오.

⑴ 초원에서 유목 생활을 하는 몽골 사람들은 이동식 천막집인 (게르 , 이글루)에서 삽니다.

⑵ 옥수수를 주식으로 하는 멕시코에서는 얇게 구운 옥수수빵에 고기와 채소 등을 넣어 만든 (타코 , 항이)를 즐겨 먹습니다.

16 ➕ 11종 공통

다음에서 설명하는 집을 무엇이라고 하는지 쓰시오.

열대 기후가 나타나는 파푸아 뉴기니에서는 땅에서 전달되는 열기와 습기를 피하고, 바람이 잘 통하게 하려고 기둥을 세워 바닥을 땅에서 띄워 집을 짓습니다.

( )

17 서술형 ➕ 11종 공통

다음 자료를 보고, 사람들의 주거 형태에 영향을 미친 요인은 무엇인지 쓰시오.

몽골의 게르

• 게르는 뼈대를 이루는 나무와 뼈대를 덮는 천막으로 이루어졌습니다.
• 천막은 여름의 강한 햇볕을 반사하고 겨울의 추위를 막아 주기 때문에 여름에는 시원하고 겨울에는 따뜻합니다.

18 ➕ 11종 공통

다음 ( ) 안에 들어갈 알맞은 말에 ○표 하시오.

(타이 , 그리스 , 캐나다)에서는 벽을 두껍게 하여 열을 차단하고 벽을 하얗게 칠해 햇빛을 반사합니다.

19 비상교육, 아이스크림 외

다음 ( ) 안에 공통으로 들어갈 동물이 무엇인지 쓰시오.

세계에는 자신이 믿는 종교에 따라 특정 음식을 먹지 않는 사람들이 있습니다. 힌두교를 믿는 사람들은 ( )을/를 신성한 동물로 여기기 때문에 ( )을/를 죽이거나 먹지 않습니다.

( )

20 ➕ 11종 공통

세계 여러 나라의 다양한 생활 모습을 대하는 태도로 알맞은 것은 어느 것입니까? ( )

① 생활 모습의 옳고 그름을 따진다.
② 우리의 생활 모습을 따르게 한다.
③ 우리와 다른 생활 모습을 무시한다.
④ 다른 나라의 생활 모습을 그대로 따른다.
⑤ 서로 다른 생활 모습을 이해하고 존중한다.

✏️ 빈칸에 알맞은 답을 쓰세요.

1 우리나라의 동쪽에 있으며, 네 개의 큰 섬과 수천 개의 작은 섬들로 이루어진 나라는 어디입니까?

2 우리나라의 북쪽에 있으며, 세계에서 영토가 가장 넓은 나라는 어디입니까?

3 우리나라와 중국, 일본이 (   ) 문화권에 속한 까닭은 지리적으로 가까이 있어 오래전부터 활발하게 교류했기 때문입니다.

4 우리나라, 중국, 일본에서 식사할 때 사용하는 (   )은/는 각 나라 문화의 영향을 받아 나라마다 모양이 조금씩 다릅니다.

5 우리나라와 이웃 나라가 물건이나 기술 등을 수입·수출하는 것은 경제, 문화, 정치 중 어떤 교류 사례에 해당합니까?

6 (   )은/는 우리나라의 수출액, 수입액 모두 1위 국가입니다.

7 우리나라와 문화적으로 교류가 활발하며 전 세계에 쌀을 많이 수출하는 나라는 어디입니까?

8 (   )은/는 우리나라와 처음으로 자유 무역 협정(FTA)을 맺은 나라입니다.

9 다양한 산업이 고르게 발달하고 옥수수, 밀 등의 작물을 대규모로 재배하는 나라는 어디입니까?

10 수도가 리야드인 (   )은/는 세계적인 원유 생산 국가입니다.

✏️ 빈칸에 알맞은 답을 쓰세요.

1 우리나라와 국경을 마주하고 있는 이웃 나라에는 (   ), 일본, 러시아가 있습니다.

2 세계에서 영토가 가장 넓은 (   )은/는 천연자원이 풍부해 다양한 산업이 발달했습니다.

3 일본의 온천이 있는 지역에서는 (   ) 산업이 발달하기도 합니다.

4 일본과 러시아 중 한자의 일부를 변형하거나 한자와 함께 사용하는 나라는 어디입니까?

5 중국은 음식을 한가운데 두고 먹기 편하며, 음식을 집을 때 미끄러지지 않도록 (   ), 끝이 뭉툭한 나무젓가락을 사용합니다.

6 이웃 나라로 공부하기 위해 이동하는 것은 (   ) 교류의 사례입니다.

7 한국, 중국, 일본의 환경 장관들이 모여 미세 먼지 문제를 해결하기 위해 노력하기로 약속하는 것은 (   ) 교류의 모습입니다.

8 사우디아라비아는 우리나라가 (   )을/를 수입하는 대표적인 나라입니다.

9 우리나라는 (   )와/과 1959년 남아메리카에 있는 나라로는 처음 외교를 맺었습니다.

10 우리나라와 세계 여러 나라가 활발하게 교류하면서 서로에게 미치는 영향이 더욱 (   ) 있습니다.

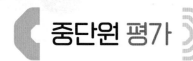
[1-2] 다음 지도를 보고, 물음에 답하시오.

1 ➕ 11종 공통

위 지도에서 우리나라와 국경을 마주하고 있는 이웃 나라인 ㉠, ㉡은 각각 어디인지 쓰시오.

㉠ (   ), ㉡ (   )

2 ➕ 11종 공통

위 지도의 ㉠, ㉡ 중 다음에서 설명하는 나라를 골라 기호를 쓰시오.

> • 유럽과 아시아 대륙에 걸쳐 있습니다.
> • 동부는 주로 고원과 산지가, 서부는 평야가 넓게 펼쳐집니다.

(   )

3 ➕ 11종 공통

일본의 자연환경에 대한 설명으로 알맞은 것은 어느 것입니까? (   )

① 냉대 기후가 나타난다.
② 비와 눈이 많이 내린다.
③ 겨울이 길고 강수량이 매우 적다.
④ 산지가 많아 대부분 고산 기후가 나타난다.
⑤ 일 년 내내 땅이 얼어 있을 만큼 기온이 낮다.

4 ➕ 11종 공통

일본에 대한 설명으로 알맞지 <u>않은</u> 것은 어느 것입니까? (   )

① 국토 대부분이 산지이다.
② 화산이 많고 지진 활동이 활발하다.
③ 서남부의 냉대 기후 지역에 인구가 많다.
④ 네 개의 큰 섬과 수천 개의 작은 섬들로 이루어졌다.
⑤ 원료 수입과 제품 수출에 유리한 태평양 연안을 따라 공업 지역이 발달했다.

5 서술형 ➕ 11종 공통

다음 중국의 지형도를 보고, 동쪽과 서쪽 지형의 특징을 비교하여 쓰시오.

_____

_____

_____

6 아이스크림, 천재교육 외

다음 ( ) 안에 들어갈 알맞은 말에 ○표 하시오.

(1) 일본은 화산 활동이 활발하여 (온천 , 제조업)이 발달했습니다.

(2) 러시아의 인구는 대부분 (동북부 , 서남부) 지역에 집중해 있습니다.

(3) 중국은 대체로 연교차가 큰 (온대 , 한대) 기후가 나타나고, 건조 기후 지역도 넓게 분포합니다.

8 ➕ 11종 공통

우리나라와 중국, 일본이 지리적으로 가까이 있어 오래전부터 활발하게 교류하며 사용했던 문자는 무엇입니까? ( )

① 가나   ② 한자   ③ 한글
④ 키릴 문자   ⑤ 그리스 문자

9 ➕ 11종 공통

이웃 나라의 식생활 모습에 대한 설명으로 알맞은 것을 보기 에서 골라 기호를 쓰시오.

보기
㉠ 일본은 젓가락 끝이 뭉툭하다.
㉡ 중국은 젓가락 끝이 뾰족하다.
㉢ 러시아는 금속 젓가락을 사용한다.
㉣ 일본은 쉽게 녹슬지 않는 나무로 젓가락을 만든다.

( )

7 서술형 ➕ 11종 공통

다음 지도와 관련해 영토 대부분이 아시아에 속한 러시아 사람들의 생활 모습이 유럽과 비슷한 까닭은 무엇인지 쓰시오.

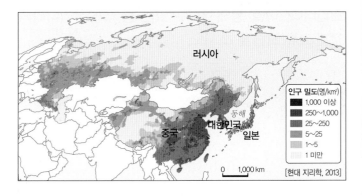

10 ➕ 11종 공통

다음에서 설명하는 식생활 문화가 있는 이웃 나라를 쓰시오.

음식을 한가운데 두고 먹기 편하며, 뜨겁고 기름진 음식을 집을 때 미끄러지지 않도록 길고 끝이 뭉툭한 젓가락을 사용합니다.

( )

11 ⊕ 11종 공통

우리나라와 이웃 나라의 생활 모습에 대한 설명으로 알맞지 <u>않은</u> 것을 골라 기호를 쓰시오.

> ㉠ 중국과 일본의 생활 모습은 우리나라와 비슷한 부분이 많습니다. ㉡ 지리적으로 멀리 떨어져 있지만 옛날부터 서로 오가면서 자연스럽게 문화를 주고받았기 때문입니다. 그러나 ㉢ <u>자연환경과 역사, 사람들의 생각 등이 다르기 때문에</u> 이웃 나라지만 서로 고유한 문화도 지니고 있습니다.

(   )

12 ⊕ 11종 공통

우리나라와 이웃 나라가 문화적으로 교류하는 사례를 알맞게 말한 친구를 골라 이름을 쓰시오.

한 · 중 · 일 합작 만화 영화가 우리나라에서 개봉되었어.

▲ 근영

한국 · 러시아 정상 회담에서 무역 교류를 위한 절차를 의논했어.

▲ 창모

(   )

13 ⊕ 11종 공통

다음 (   ) 안에 들어갈 알맞은 말을 쓰시오.

> 우리나라는 이웃 나라와 교류하며 여러 문제를 해결하려고 함께 노력합니다. 이를 위해 우리나라와 이웃 나라 사람들이 서로 이해하고 (   )하는 태도가 필요합니다.

(   )

14 ⊕ 11종 공통

우리나라와 이웃 나라의 경제 교류의 모습을 두 가지 고르시오. (,   )

① 러시아 발레단이 우리나라에서 공연을 연다.
② 러시아에서 수입한 수산물을 우리나라에서 판매한다.
③ 공부를 하기 위해 중국에서 많은 유학생들이 우리나라를 찾는다.
④ 우리나라를 대표해 중국에 가서 우리나라의 전통 악기를 연주한다.
⑤ 러시아와 고비 사막 지역에서 생산된 신재생 에너지가 우리나라에 공급된다.

15 서술형 지학사, 천재교육 외

다음은 우리나라와 이웃 나라의 무역 비중을 나타낸 표입니다. 이를 통해 알 수 있는 중국과 우리나라의 경제 교류 모습을 쓰시오.

	중국	일본	러시아
수출 비중	25.8% (1위)	4.9% (5위)	1.3% (12위)
수입 비중	23.3% (1위)	9.8% (3위)	2.3% (9위)

_____

_____

[16-17] 다음 글을 읽고, 물음에 답하시오.

> • 영토 면적은 약 983만 ㎢입니다.
> • 북아메리카에 속해 있으며, 우리나라와 무역을 많이 하는 나라입니다.
> • 인구는 약 3억 3천만 명으로, 우리나라의 약 6.4배입니다.

16 ➕ 11종 공통

윗글에서 설명하는 나라를 쓰시오.

( )

17 ➕ 11종 공통

위 **16**번 답의 나라에 대한 설명으로 알맞지 <u>않은</u> 것은 어느 것입니까? ( )

① 옥수수, 밀 생산량이 많다.
② 다양한 산업이 고르게 발달했다.
③ 석유, 석탄 등 지하자원이 부족하다.
④ 주로 온대 기후, 냉대 기후, 건조 기후가 나타난다.
⑤ 우리나라와 다양한 물자와 서비스를 주고받으며 밀접한 관계를 맺고 있다.

18 ➕ 11종 공통

지훈이는 우리나라와 관계 깊은 나라를 소개하는 신문을 만들려고 합니다. 지훈이가 조사할 내용으로 알맞지 <u>않은</u> 것은 어느 것입니까? ( )

① 우리나라와의 관계
② 조사할 나라의 기후
③ 조사할 나라의 지형
④ 조사할 나라에서 발달한 산업
⑤ 조사할 나라 사람들의 외모와 나이

19 서술형 ➕ 11종 공통

다음 사진과 관련해 베트남에서 발달한 산업의 특징은 무엇인지 쓰시오.

_____

_____

20 ➕ 11종 공통

우리나라와 다른 나라가 교류한 사례로 알맞지 <u>않은</u> 것은 어느 것입니까? ( )

① 미국 할리우드 영화가 우리나라에서 큰 인기를 얻었다.
② 우리나라와 독일은 음악 공연 등 다양한 문화 교류를 하고 있다.
③ 우리나라는 옛날부터 일본으로부터 독도를 지키려고 많은 노력을 했다.
④ 우리나라 기업이 두바이에 세계 최고층 건물인 부르즈 칼리파를 건설했다.
⑤ 우리나라와 세계 여러 나라의 공동 발전을 위한 아시아태평양경제협력체(APEC) 회의가 열렸다.

[1-2] 다음 세계 지도를 보고, 물음에 답하시오.

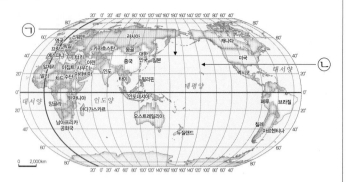

1 ⊕ 11종 공통

위 세계 지도에 위치를 쉽게 나타내기 위해 그려진
㉠(가로선), ㉡(세로선)을 각각 무엇이라고 하는지
쓰시오.

㉠ (   ), ㉡ (   )

2 ⊕ 11종 공통

위 세계 지도에 대한 설명으로 알맞은 것을 두 가지
고르시오. (,   )

① 둥근 지구를 평면으로 나타낸 것이다.
② 세계의 모습을 한눈에 살펴볼 수 있다.
③ 회전할 수 있도록 만든 입체적인 도구이다.
④ 인터넷 사용이 가능한 곳에서만 이용할 수 있다.
⑤ 세계 여러 나라의 위치와 영토 등의 지리 정보를
   지구본보다 더 정확하게 담고 있다.

3 ⊕ 11종 공통

디지털 영상 지도에서 볼 수 있는 것이 <u>아닌</u> 것은 어
느 것입니까? (   )

① 지역의 이름
② 지역의 도로
③ 지역의 건물
④ 특정 장소의 실제 모습
⑤ 지역에 사는 사람들의 얼굴

4 ⊕ 11종 공통

다음 보기 에서 디지털 영상 지도가 세계 지도나 지
구본에 비해 좋은 점을 골라 기호를 쓰시오.

보기
㉠ 세계를 한눈에 볼 수 있다.
㉡ 지역에 대한 다양한 정보를 얻을 수 있다.
㉢ 인터넷 연결이 불가능한 곳에서도 이용할 수 있다.
㉣ 입체적인 모형이기 때문에 회전하면서 살펴볼
   수 있다.

(   )

5 서술형 ⊕ 11종 공통

다음 지도를 보고 아프리카 대륙의 특징을 한 가지만
쓰시오.

_____

_____

6 ● 11종 공통

다음에서 설명하는 대륙과 대양을 쓰시오.

(1) 대부분 남반구에 속해 있고, 남쪽은 남극해와 접해 있는 대륙입니다.

(   )

(2) 가장 큰 바다로 아시아, 오세아니아, 아메리카 등의 대륙 사이에 있습니다.

(   )

7 ● 11종 공통

세계 여러 나라의 영토 면적에 대한 설명으로 알맞은 것을 두 가지 고르시오. (,   )

① 캐나다는 세계에서 영토의 면적이 가장 넓다.
② 모나코는 세계에서 영토의 면적이 가장 좁다.
③ 라오스는 우리나라와 영토의 면적이 비슷하다.
④ 세계에서 영토의 면적이 두 번째로 넓은 나라는 브라질이다.
⑤ 우리나라의 영토 면적은 약 22만 ㎢이며 캐나다보다는 좁다.

8 ● 11종 공통

남아메리카 대륙의 남서부 끝에 있으며 남북으로 길쭉한 나라는 어디입니까? (   )

① 칠레   ② 캐나다
③ 뉴질랜드   ④ 이탈리아
⑤ 아이슬란드

9 서술형 ● 11종 공통

기후의 의미가 무엇인지 쓰시오.

_____

_____

10 ● 11종 공통

기후의 특징에 대해 알맞게 말한 친구를 골라 이름을 쓰시오.

기후는 위치, 지형, 해발 고도와는 상관이 없어.
▲ 영훈

적도 지방에서 극지방으로 갈수록 기온이 점차 높아져.
▲ 서현

태양열을 많이 받는 적도 부근은 온대 기후가 나타나.
▲ 재석

기후는 해당 지역의 기온과 강수량 등을 기준으로 구분해.
▲ 지수

(   )

11 ⊕ 11종 공통

적도 주변의 저위도 지역에서 주로 나타나는 기후 특징으로 알맞은 것은 무엇입니까? (   )

① 겨울에는 기온이 낮고 강수량이 적다.
② 가장 추운 달의 평균 기온이 10℃보다 낮다.
③ 사계절이 나타나지만 추운 겨울이 매우 길다.
④ 일 년 내내 기온이 높고 계절 변화가 거의 없다.
⑤ 연 강수량이 500mm 미만으로 비가 적게 온다.

12 ⊕ 11종 공통

건조 기후 지역에서 볼 수 있는 모습을 보기 에서 모두 골라 기호를 쓰시오.

보기
ㄱ ▲ 사막 지역의 마을
ㄴ ▲ 사파리 관광 산업
ㄷ ▲ 벼농사
ㄹ ▲ 흙집

(   )

13 서술형 ⊕ 11종 공통

적도 부근의 고산 지대에 다음과 같은 도시가 발달하는 까닭을 쓰시오.

- 에콰도르의 수도 키토
- 콜롬비아의 수도 보고타
- 멕시코의 수도 멕시코시티

_____

_____

14 ⊕ 11종 공통

다음 사진에 나타난 튀르키예의 대표적인 요리는 무엇인지 쓰시오.

(   )

15 ⊕ 11종 공통

열대 기후 지역의 사람들이 고상 가옥을 짓는 까닭을 알맞게 말한 친구를 모두 골라 이름을 쓰시오.

- 형주: 강한 햇볕을 막기 위해서야.
- 유나: 바람이 잘 통하게 하기 위해서야.
- 연진: 눈이 집 안으로 들어오는 것을 막기 위해서야.
- 민찬: 땅에서 전달되는 열기와 습기를 피하기 위해서야.

(   )

16 서술형 ⊕ 11종 공통

다음 사진과 같이 옷의 형태나 소재가 나라마다 다른 까닭을 쓰시오.

_____

_____

17 ⊕ 11종 공통

다음 보기 에서 우리나라와 국경을 마주하고 있는 이웃 나라를 모두 골라 기호를 쓰시오.

보기 ●
㉠ 인도   ㉡ 중국   ㉢ 일본
㉣ 러시아   ㉤ 베트남   ㉥ 캐나다

(   )

18 ⊕ 11종 공통

우리나라, 중국, 일본의 젓가락 모양이 조금씩 다른 까닭을 두 가지 고르시오. (,   )

① 인구수가 다르기 때문에
② 하는 일이 다르기 때문에
③ 영토 면적이 다르기 때문에
④ 식사 예절이 다르기 때문에
⑤ 주로 먹는 음식이 다르기 때문에

19 ⊕ 11종 공통

우리나라와 이웃 나라가 정치적으로 교류하는 사례로 알맞은 것은 어느 것입니까? (   )

① 러시아 발레단의 한국 공연
② 한·중·일 환경 장관의 회의
③ 한·중·일 합작 만화 영화의 국내 개봉
④ 우리나라 물건을 구입하는 중국 관광객 증가
⑤ 한국, 중국, 일본, 러시아의 전력망을 서로 잇는 사업 추진

20 ⊕ 11종 공통

다음은 베트남을 소개하는 신문의 일부입니다. (   ) 안에 공통으로 들어갈 말을 쓰시오.

○○신문   20△△년 △△월 △△일

(   ) 수출 강국, 베트남

베트남은 우리나라와 활발하게 교류하는 대표적인 동남아시아의 국가입니다. …… 베트남은 벼가 많이 재배되어 세계적으로 (   )을/를 많이 수출합니다.

(   )

평가 주제	세계 주요 기후의 분포 파악하기
평가 목표	기후에 따라 다양하게 나타나는 사람들의 생활 모습을 비교할 수 있다.

[1-2] 다음은 세계 주요 기후의 분포를 나타낸 지도입니다. 물음에 답하시오.

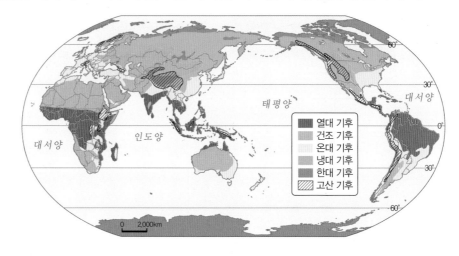

1 위 지도를 보고, ㉠~㉣의 모습을 볼 수 있는 기후를 찾아 쓰시오.

바나나, 커피, 카카오 등의 열대작물을 대규모로 재배합니다.	사계절이 비교적 뚜렷하고 온화해서 인구가 많고 여러 산업이 발달했습니다.	잎이 뾰족하고 재질이 부드러운 침엽수림이 넓게 발달했습니다.	눈으로 덮인 곳이 많고 땅이 녹는 여름에 순록을 기르며 유목 생활을 합니다.

㉠ (   )　　㉡ (   )　　㉢ (   )　　㉣ (   )

2 위 지도에서 건조 기후가 나타나는 지역의 유목민들이 거주하는 '게르'의 특징을 쓰시오.

_____

_____

평가 주제	우리나라의 지역별 기온의 특징 파악하기
평가 목표	이웃 나라들의 특징과 우리나라와의 관계를 설명할 수 있다.

[1-3] 다음 지도에 나타낸 이웃 나라의 위치를 살펴보고, 물음에 답하시오.

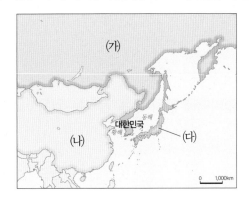

1 위 지도의 ⑺~⒟는 각각 어디인지 쓰시오.

⑺ (   ), ⑻ (   ), ⒟ (   )

2 위 지도의 ⑺~⒟ 나라의 특징을 보기 에서 각각 골라 기호를 쓰시오.

> 보기
> ㉠ 동부 평야 지역에 인구가 많다.
> ㉡ 세계에서 영토가 가장 넓은 나라이다.
> ㉢ 화산과 지진 활동이 활발한 섬나라이다.
> ㉣ 한자의 일부를 변형하거나 한자와 함께 사용한다.
> ㉤ 우리나라에서 수출과 수입을 가장 많이 하는 무역 규모가 큰 나라이다.
> ㉥ 유럽과 아시아에 걸쳐 있어 두 대륙의 문화를 바탕으로 문학, 발레 등이 발달했다.

⑺ (   ), ⑻ (   ), ⒟ (   )

3 위 지도의 ⒟ 나라의 지형과 관련해 발달한 산업이 무엇인지 쓰시오.

_____

_____

✏️ 빈칸에 알맞은 답을 쓰세요.

1 독도는 우리나라의 (   )쪽 끝에 있는 섬입니다.

---

2 독도는 화산 활동으로 생긴 (   )섬으로, 독특한 지형과 경관을 지녔습니다.

---

3 독도 주변 바다의 밑바닥에 묻혀 있는 '불타는 얼음'이라고도 불리는 물질은 무엇입니까?

---

4 우리나라는 독도를 (   ) 제336호로 지정해 보호하고 있습니다.

---

5 현존하는 우리나라의 옛 지도 중 독도가 표기된 가장 오래된 지도는 무엇입니까?

---

6 우리나라는 남북 분단으로 (   )들이 고향에 가지 못해 슬픔을 겪고 있습니다.

---

7 남북이 통일하면 남한의 발전된 산업과 기술력에 북한의 풍부한 (   )을/를 결합하여 경제적으로 성장할 수 있습니다.

---

8 1991년에 채택된 것으로, 남북 화해와 교류, 협력 등의 내용이 담긴 합의서는 무엇입니까?

---

9 남한의 자본과 기술력에 북한의 노동력을 결합하여 운영되었던 공장 단지는 무엇입니까?

---

10 남북통일이 된다면 중국, 러시아를 지나 유럽의 여러 나라까지도 (   )(으)로 갈 수 있습니다.

✏️ 빈칸에 알맞은 답을 쓰세요.

1 독도는 (   ) 개의 큰 섬과 그 주위에 크고 작은 바위섬 89개로 이루어져 있습니다.

2 독도는 행정구역상 (   ) 울릉군 울릉읍에 속합니다.

3 독도는 경사가 급하고 대부분 (   )이지만 다양한 동식물이 서식하고 있습니다.

4 1696년 일본에 가서 울릉도와 독도가 조선의 영토임을 일본으로부터 확인하고 돌아온 사람은 누구입니까?

5 1999년 설립된 사이버 외교 사절단으로, 우리나라와 관련된 잘못된 사실을 바로잡는 데 노력하고 있는 민간단체는 무엇입니까?

6 우리나라는 (   )을/를 겪으면서 분단이 더욱 굳어졌습니다.

7 남북 분단으로 남북한의 (   ), 문화, 생활 모습 등의 차이가 더욱 벌어지고 있습니다.

8 남북이 통일하면 (   )을/를 줄여 다른 분야에서 사용하면 사회의 여러 분야가 발전할 수 있습니다.

9 남북통일을 위한 (   )적 노력에는 이산가족 상봉, 남북 정상 회담 개최 등이 있습니다.

10 남북통일이 되면 (   )을/를 체계적으로 관리하고 계승할 수 있을 것입니다.

1 ➕ 11종 공통

독도에 대한 설명으로 알맞지 <u>않은</u> 것은 어느 것입니까? (　　　)

① 우리나라의 동쪽 끝에 있다.

② 북위 37°, 동경 132° 근처에 있다.

③ 동해의 한가운데에 자리 잡고 있다.

④ 선박의 항로뿐만 아니라 군사적으로도 중요한 위치에 있다.

⑤ 독도에서 울릉도까지의 거리가 일본 오키섬까지의 거리보다 멀다.

2 ➕ 11종 공통

다음 괄호 안의 내용 중 알맞은 말에 ○표 하시오.

> 독도는 오래된 화산섬으로 경사가 ㉠ (급 , 완만) 하고 대부분 ㉡ (암석 , 산호)이지만 다양한 동식물이 서식하는 생태계의 보고입니다.

3 ➕ 11종 공통

독도 주변 바다에 대한 설명으로 알맞지 <u>않은</u> 것은 어느 것입니까? (　　　)

① 자원이 많아 경제적 가치가 높다.

② 살오징어, 도화새우 등이 풍부하다.

③ 여러 해양 생물이 살기 좋은 환경이다.

④ 차가운 바닷물과 따뜻한 바닷물이 만난다.

⑤ 바다 밑바닥에 많은 양의 석유가 묻혀 있다.

[4-5] 다음 사진을 보고, 물음에 답하시오.

4 ➕ 11종 공통

위 섬에서 볼 수 있는 모습이 <u>아닌</u> 것은 어느 것입니까? (　　　)

① 탕건봉　　　　② 섬기린초

③ 돌하르방　　　④ 사철나무

⑤ 한반도 바위

5 서술형 ➕ 11종 공통

우리나라에서 위 섬을 천연기념물로 지정해 보호하는 까닭을 한 가지만 쓰시오.

_____

_____

6 ✚ 11종 공통

다음 보기 에서 독도가 나타나 있지 않은 자료를 골라 기호를 쓰시오.

> **보기**
> ㉠ 「팔도총도」
> ㉡ 「대일본전도」
> ㉢ 『세종실록』「지리지」
> ㉣ 대한 제국 칙령 제41호

( )

7 ✚ 11종 공통

다음 ( ) 안에 들어갈 알맞은 말을 쓰시오.

> 「조선전도」, 「삼국접양지도」, 연합국 최고 사령관 각서 제677호 등을 통해 우리나라와 세계 여러 나라 사람들 모두 ( )을/를 우리나라 땅이라고 인정하고 있었음을 알 수 있습니다.

( )

8 ✚ 11종 공통

다음 ( ) 안에 들어갈 알맞은 사람은 누구입니까?
( )

> 조선 숙종 때 ( )은/는 울릉도 인근에서 고기잡이를 하던 중 일본 어민을 발견하고, 이를 꾸짖었습니다. 그는 일본으로 건너가 울릉도와 독도가 우리나라 영토임을 일본으로부터 확인하고 돌아왔습니다. 이를 계기로 일본은 조선의 영토인 울릉도와 독도에서 일본 어민들이 어업을 하지 못하도록 하는 명령을 내렸습니다.

① 이순신 ② 장보고 ③ 안창호
④ 안용복 ⑤ 정약용

9 ✚ 11종 공통

독도를 지키기 위한 정부의 노력으로 알맞은 것을 보기 에서 모두 골라 기호를 쓰시오.

> **보기**
> ㉠ 어느 국가의 주권도 미치지 않는 지역으로 지정했다.
> ㉡ 독도에 등대, 선박 접안 시설, 경비 시설 등을 설치했다.
> ㉢ 독도의 생태계를 보호하는 여러 법령을 시행하고 있다.
> ㉣ 독도에 군인을 배치하여 외부 세력의 침범에 대비하고 있다.

( )

10 서술형 미래엔, 비상교육 외

다음과 같은 민간단체에서 독도를 지키기 위해 하는 노력은 무엇인지 쓰시오.

▲ 반크 누리집

11 ⊕ 11종 공통

독도를 지키기 위한 민간단체의 노력을 알맞게 말한 친구에 ○표 하시오.

(1) 독도에 거주하는 일본인을 쫓아냈어.

(2) 외국에 독도를 알릴 수 있는 홍보 활동을 하고 있어.

(   )   (   )

12 서술형 ⊕ 11종 공통

우리나라 사람들이 다음과 같은 어려움을 겪는 까닭은 무엇인지 쓰시오.

전쟁이 일어날까 봐 무서워.

_____

_____

13 ⊕ 11종 공통

남북 분단으로 겪는 어려움을 알맞게 말한 친구를 골라 이름을 쓰시오.

- 세형: 노인 인구가 늘어나 일손이 부족해.
- 윤희: 이산가족들이 고향에 가지 못해 슬픔을 겪고 있어.
- 지은: 외국 문화가 들어와 우리의 전통문화가 사라지고 있어서 아쉬워.

(   )

14 ⊕ 11종 공통

다음에 나타난 남북 분단으로 겪는 어려움은 무엇입니까? (   )

한복 입었구나?

조선옷 입었구나? 그런데 왜 서로 말이 다르지?

① 이산가족의 고통
② 전쟁에 대한 두려움
③ 효율적이지 못한 국토 활용
④ 남북 간의 언어와 문화 차이
⑤ 높은 국방비로 인한 경제적 손실

15 ⊕ 11종 공통

남북통일이 필요한 까닭으로 알맞지 <u>않은</u> 것은 어느 것입니까? (   )

① 국토를 효율적으로 이용하려고
② 이산가족의 아픔을 치유하려고
③ 전통문화를 체계적으로 관리하고 계승하려고
④ 국방비를 줄여 삶의 질을 높이는 곳에 사용하려고
⑤ 우리나라에서 유럽까지 비행기를 타고 이동하려고

16 ➕ 11종 공통

다음 ㉠, ㉡에 들어갈 알맞은 말에 ○표 하시오.

남북통일이 되면 ㉠ (남한 , 북한)의 발전된 산업과 기술력에 ㉡ (남한 , 북한)의 풍부한 자원을 결합하여 경제적으로 성장할 수 있습니다.

[17-18] 다음 보기 를 보고, 물음에 답하시오.

보기

㉠ ▲ 남북 정상 회담 개최
㉡ ▲ 남북 기본 합의서 채택
㉢ ▲ 남북 예술단 합동 공연
㉣ ▲ (   ) 가동

17 ➕ 11종 공통

위 ㉣의 (   ) 안에 들어갈 말로, 남한의 자본과 기술력에 북한의 노동력을 결합해 북쪽에 세웠던 공단은 무엇인지 쓰시오.

(   )

18 ➕ 11종 공통

통일을 위한 정치적 노력을 보기 에서 모두 골라 기호를 쓰시오.

(   )

19 서술형 ➕ 11종 공통

다음 사진과 관련해 남북통일을 위한 사회·문화적 노력은 무엇인지 쓰시오.

_____

_____

20 ➕ 11종 공통

통일 한국에서 볼 수 있는 신문 기사의 제목으로 알맞은 것은 어느 것입니까? (   )

① 남북한 언어 점점 달라져
② 지하자원 수입량 매년 급증
③ 금강산, 최고의 여행지로 선정
④ 휴전선 근처에서 총격 소리 들려
⑤ 과도한 국방비에 따른 경제적 손실 증가

✏️ 빈칸에 알맞은 답을 쓰세요.

1 지구촌 (   )은 영토, 자원, 종교, 인종, 민족, 역사, 정치 등의 다양한 원인이 복합적으로 얽혀 있습니다.

2 중국이 중국, 미얀마, 라오스, 타이, 캄보디아, 베트남을 흐르는 (   ) 상류에 댐을 건설해 다른 나라들이 크게 반발했습니다.

3 이스라엘과 (   )은/는 하나의 지역을 서로 자기 땅이라고 주장하여 갈등을 겪고 있습니다.

4 1945년에 설립되어 지구촌의 평화 유지, 전쟁 방지, 국제 협력 활동을 하는 국제기구는 무엇입니까?

5 (   )은/는 국제 연합(UN) 산하 전문 기구로, 전 세계의 노동 문제를 해결하고자 노력하는 곳입니다.

6 국제 앰네스티는 (   )이/가 차별받지 않고 존중받는 세상을 만들기 위해 사형 폐지, 난민 보호 등의 활동을 합니다.

7 국경 없는 의사회는 (   ) 지원을 받지 못하거나 전쟁, 질병, 자연재해 등으로 고통받는 사람들을 돕는 비정부 기구입니다.

8 (   )은/는 가난, 전쟁, 자연재해 등으로 고통받는 사람들의 주거 환경을 개선하는 활동을 합니다.

9 남수단에서 의료 봉사와 교육에 헌신해 '한국의 슈바이처'로 불린 사람은 누구입니까?

10 (   )은/는 누리 소통망 서비스(SNS)를 이용해 탈레반 점령 지역의 생활과 여학생 교육의 문제점을 알리려고 노력했습니다.

✏️ 빈칸에 알맞은 답을 쓰세요.

1 시리아에서는 독재 정치와 ( ) 갈등으로 크고 작은 전쟁이 계속되고 있습니다.

2 메콩강 상류에 ( )이/가 거대한 댐을 건설하여 물의 양을 조절하자 다른 나라들이 크게 반발했습니다.

3 지구촌 갈등이 쉽게 해결되지 않는 까닭은 자기 나라의 ( )을/를 먼저 생각하기 때문입니다.

4 ( )은/는 교육, 과학, 문화 분야 등에서 다양한 국제 교류를 하면서 국제 평화를 추구하는 국제 연합(UN) 산하 전문 기구입니다.

5 유엔 ( ) 기구는 국제 연합(UN) 산하 전문 기구로, 전쟁 등으로 살 곳을 잃은 사람들을 돕습니다.

6 우리나라는 지구촌 갈등을 해결하기 위해 여러 나라와 함께 고민하고 해결하는 다양한 ( ) 활동을 합니다.

7 뜻이 같은 사람들이 모여 지구촌의 여러 문제를 해결하고자 활동하는 단체를 무엇이라고 합니까?

8 ( )은/는 아동의 생존과 보호를 돕고 이를 위한 시민들의 참여를 실현하고자 활동합니다.

9 지구 환경과 평화를 지키고자 핵 실험 반대, 자연 보호 운동을 하는 비정부 기구는 무엇입니까?

10 ( )은/는 미국의 사회 운동가로 1992년 지뢰 금지 국제 운동 단체 설립에 참여했습니다.

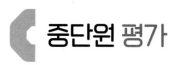
[1-2] 다음 자료를 보고, 물음에 답하시오.

○○신문   20△△년 △△월 △△일

'세계의 화약고', 다시 한번 충돌!

이스라엘과 (   )은/는 지구촌의 대표적인 갈등 지역이다. 유대교를 믿는 이스라엘과 이슬람교를 믿는 (   )의 다툼은 1948년 이후 지금까지 계속 되고 있다. 계속된 갈등으로 많은 사람이 다치고 죽었으며, 대피소에서 불안한 마음으로 하루하루를 보내고 있다.

---

1 금성출판사, 지학사 외

위 (   ) 안에 공통으로 들어갈 지역을 쓰시오.

(   )

2 금성출판사, 지학사 외

위 갈등 사례의 원인을 두 가지 고르시오.

(,   )

① 물 자원을 독차지하려고 하기 때문에
② 언어가 달라서 말이 통하지 않기 때문에
③ 서로 종교가 달라 받아들이기 힘들기 때문에
④ 두 나라를 통일하려는 움직임이 있기 때문에
⑤ 하나의 지역을 서로 자기 땅이라고 주장하기 때문에

3 서술형   비상교육, 천재교육 외

다음을 읽고, 나이지리아가 갈등을 겪는 까닭은 무엇인지 쓰시오.

나이지리아는 1960년 영국으로부터 독립했지만 언어, 민족, 종교가 서로 다른 250여 개의 종족들은 서로 협력하지 못했습니다. 독립 이후 전쟁이 여러번 발생하는 등 불안정한 상태가 지속되고 있습니다.

---

4 ⊕ 11종 공통

지구촌 갈등이 쉽게 해결되지 않는 까닭을 알맞게 말한 친구에 ○표 하시오.

(1) 국가들이 지켜야 하는 강력한 법이 있기 때문이야.

(   )

(2) 자기 나라의 이익을 먼저 생각하기 때문이야.

(   )

5 서술형   ⊕ 11종 공통

한 나라 안의 문제가 지구촌 문제가 되는 까닭을 쓰시오.

_____

_____

6 ⊕ 11종 공통

지구촌 평화를 지키기 위해 우리가 할 수 있는 일로 알맞은 것을 보기 에서 골라 기호를 쓰시오.

보기

㉠ 지구촌 갈등을 막는 국제 위기 감시 기구를 설립한다.
㉡ 지구촌 갈등으로 어려움을 겪는 친구들에게 생활용품을 보낸다.
㉢ 다른 나라의 갈등에는 관심을 갖지 말자는 내용의 홍보 동영상을 만든다.

(   )

[7-8] 다음은 국제기구에 대해 조사한 내용입니다. 물음에 답하시오.

- 이름: (㉠)
- 설립 배경: 전쟁을 방지하고 국제 평화를 지키기 위해 1945년에 만들어졌습니다.
- (㉠) 산하 전문 기구

유엔 난민 기구	전쟁 등으로 살 곳을 잃은 난민들을 도움.
(㉡)	교육, 과학, 문화 분야 등에서 다양한 국제 교류를 함.

7 ➕ 11종 공통

위 ㉠에 공통으로 들어갈 말을 쓰시오.

( )

8 ➕ 11종 공통

위 ㉡에 들어갈 전문 기구는 무엇입니까? ( )

① 유네스코
② 국제 앰네스티
③ 세계 보건 기구
④ 국제 노동 기구
⑤ 국제 원자력 기구

9 서술형 ➕ 11종 공통

다음 빈칸에 들어갈 알맞은 말을 쓰시오.

- 선생님: 지구촌 갈등을 해결하기 위해 국가는 어떤 노력을 하고 있을까요?
- 진우: _____

_____

_____

10 ➕ 11종 공통

다음 ( ) 안에 들어갈 알맞은 말에 ○표 하시오.

⑴ 그린피스는 지구 평화와 (환경 , 문화재)을/를 지키고자 자연 보호 운동, 핵 실험 반대 운동 등을 합니다.

⑵ 국경 없는 의사회는 (군사 , 의료) 지원을 받지 못하거나 전쟁, 질병, 자연재해 등으로 고통받는 사람들을 돕고 있습니다.

11 ➕ 11종 공통

해비타트에서 하는 일로 알맞은 것을 보기 에서 골라 기호를 쓰시오.

보기
㉠ 핵무기와 관련된 모든 활동을 한다.
㉡ 아동의 생존과 보호를 돕고 이를 위한 시민들의 참여를 실현하고자 활동한다.
㉢ 가난, 전쟁, 재해 등으로 고통받는 사람들의 주거 환경을 개선하는 활동을 한다.
㉣ 인권이 차별받지 않고 존중받는 세상을 만들기 위해 사형 폐지, 난민 보호 등의 활동을 한다.

( )

12 ➕ 11종 공통

지구촌 갈등을 해결하고자 다음과 같은 노력을 한 사람은 누구입니까? ( )

- 남수단에서 의료 봉사와 교육에 헌신해 '한국의 슈바이처'로 불렸습니다.
- 국적과 종교를 넘은 희생과 봉사로 지구촌 평화를 위해 노력했습니다.

① 김옥균
② 김만덕
③ 이태석
④ 이회영
⑤ 정약용

✏️ 빈칸에 알맞은 답을 쓰세요.

1 지구의 허파라고 불리는 아마존 (   ) 우림의 파괴 현상이 심각합니다.

2 (   )은/는 지구의 평균 기온이 올라가는 현상입니다.

3 크기가 아주 작은 먼지인 (   )은/는 사람과 동식물에게 나쁜 영향을 줍니다.

4 지구촌 환경 문제를 해결하기 위해 개인은 (   ) 사용 줄이기, 에너지 절약하기, 대중교통 이용하기 등의 노력을 하고 있습니다.

5 지구촌의 문제에 관심을 가지고 해결하려고 적극적으로 협력하는 사람을 무엇이라고 합니까?

6 (   ) 생산과 소비는 환경을 생각하며 물건을 생산하고 소비하는 활동입니다.

7 가난해 생활하는 것이 어려운 상태를 무엇이라고 합니까?

8 빈곤과 기아 문제를 해결하기 위해 교육받기 어려운 사람들을 위해 직접 교육하거나 빈곤 지역에 (   )을/를 짓습니다.

9 다른 나라의 음식 문화를 존중하지 않는 것은 문화적 (   )와/과 차별 모습입니다.

10 문화적 편견과 차별 문제를 극복하기 위해 서로 다른 문화를 이해하고 다양성을 존중하는 (   )을/를 진행합니다.

묻고 답하기 2회 ❸ 지속 가능한 지구촌

정답과 풀이 30쪽

빈칸에 알맞은 답을 쓰세요.

1 지구촌에서 나타나는 다양한 (   ) 문제에는 지구 온난화, 열대 우림 파괴, 대기 오염 등이 있습니다.

2 (   ) 쓰레기는 잘 썩지 않아 오랫동안 쓰레기로 남아 있어 환경을 파괴합니다.

3 지구촌 환경 문제를 해결하기 위해 국가는 태양광, 바람 등을 활용한 (   ) 에너지 개발을 지원합니다.

4 (   )에서 전 세계 195개의 나라가 지구 온난화의 원인이 되는 온실가스 배출을 줄이기로 약속하는 협정에 동의했습니다.

5 지구촌 사람들은 현재와 미래 세대의 환경을 보호하고 사회·경제적으로 책임감 있게 행동해 (   ) 가능성을 높이려고 노력합니다.

6 친환경적인 재료를 이용해 물건 만들기, 환경 오염이 적은 전기 자동차 만들기 등은 친환경적 (   )의 사례에 해당합니다.

7 지구촌 사람들은 빈곤과 (   ) 문제를 해결하려고 식량 지원, 홍보 활동, 교육 지원 등 다양한 노력을 합니다.

8 (   )은/는 지역의 필요와 조건에 맞게 개발한 기술입니다.

9 문화적 편견과 차별 문제를 해결하기 위해 다양한 문화를 체험하며 이해할 수 있는 (   )을/를 개최합니다.

10 세계 시민으로서 우리는 서로의 다름과 다양성을 (   )하고, 지구촌 문제 해결에 책임감을 가지고 적극적으로 동참해야 합니다.

2 단원

중단원 평가

1 ➕ 11종 공통

다음과 관련 있는 지구촌 환경 문제는 무엇입니까?
( )

> 우리가 사용하고 버리는 플라스틱 쓰레기가 바다로 떠내려가 바다에 사는 동물들이 이것을 먹이로 착각해 먹고 있습니다. 이는 생선이나 조개, 소금을 먹는 사람들까지 위협하고 있습니다.

① 대기 오염
② 미세 먼지 심화
③ 빈곤 지역의 증가
④ 플라스틱 쓰레기로 인한 해양 오염
⑤ 지구 온난화로 인한 이상 기후 현상 발생

2 ➕ 11종 공통

지구촌에서 나타나는 환경 문제로 알맞지 <u>않은</u> 것은 어느 것입니까? ( )

① 지구 온난화
② 미세 먼지 문제
③ 기아 인구 증가
④ 열대 우림 파괴
⑤ 플라스틱 쓰레기 증가

3 ➕ 11종 공통

다음과 같은 환경 문제가 일어나는 까닭은 무엇입니까? ( )

▲ 열대 우림 파괴

① 경제 개발을 하지 않기 때문에
② 일회용품을 적게 사용하기 때문에
③ 지구의 기온이 점점 높아지기 때문에
④ 플라스틱 쓰레기가 바다로 흘러들어 가기 때문에
⑤ 경제적 이익만을 생각하며 무분별하게 개발하기 때문에

4 ➕ 11종 공통

지구촌 환경 문제의 심각성을 알리는 홍보 자료를 만들 때 필요한 사진으로 알맞은 것은 어느 것입니까?
( )

①

▲ 이스라엘과 팔레스타인 분쟁

②

▲ 아름다운 독도의 자연환경

③

▲ 개성 공단 가동

④

▲ 바다에 버려진 쓰레기

5 서술형 　동아출판, 비상교육 외

지구촌 환경 문제를 해결하기 위한 기업의 노력을 한 가지만 쓰시오.

_____

_____

6 ➕ 11종 공통

지구촌 환경 문제를 해결하기 위한 개인의 노력으로 알맞지 <u>않은</u> 것을 보기 에서 골라 기호를 쓰시오.

보기 ●
> ㉠ 환경 정책 시행하기
> ㉡ 쓰레기 분리배출하기
> ㉢ 일회용품 사용 줄이기
> ㉣ 친환경 제품 사용하기

(   )

7 ➕ 11종 공통

지구촌 환경을 보호하기 위해 노력하고 있는 친구를 골라 이름을 쓰시오.

대중교통을 이용하자는 글을 누리 소통망 서비스에 올렸어.

음료수를 마실 때 항상 플라스틱 빨대를 사용해.

▲ 현규   ▲ 유이

(   )

8 비상교과서, 천재교과서 외

지구촌 환경 문제를 해결하기 위한 국가의 노력에 ○표 하시오.

(1)

▲ 일회용품 사용 줄이기
(   )

(2)

▲ 친환경 에너지 개발 지원
(   )

9 ➕ 11종 공통

다음 (   ) 안에 들어갈 알맞은 말을 쓰시오.

> (   ) 미래란 지구촌 사람들이 현재와 미래 세대의 환경을 보호하고 사회적·경제적으로 책임감 있게 행동해 지구촌의 지속 가능성을 높여 가는 것을 말합니다.

(   )

10 서술형 ➕ 11종 공통

다음 밑줄 친 '세계 시민'의 의미를 쓰시오.

세계 시민으로서 우리가 할 수 있는 일

• 학용품을 아껴 씁니다.
• 급식을 먹을 때 음식을 남기지 않습니다.
• 친구들과 지구촌에서 일어나는 문제를 알리는 활동을 합니다.
• 다른 나라에서 온 친구를 대할 때는 그 나라의 문화를 존중합니다.

_____

_____

11 ➕ 11종 공통

환경을 생각하는 생산과 소비의 좋은 점으로 알맞은 것에 ◯표 하시오.

(1) 쓰레기를 아무 데나 버릴 수 있습니다. (　　　)

(2) 우리의 건강과 환경을 지킬 수 있습니다.
(　　　)

(3) 제품의 생산 비용을 최대한 줄일 수 있습니다.
(　　　)

12 서술형 　비상교육, 아이스크림 외

다음과 같은 친환경적 소비의 사례를 두 가지 쓰시오.

▲ 필요한 만큼만 덜어서 살 수 있는 제품을 구입함.

_____

_____

13 ➕ 11종 공통

다음 ㉠, ㉡에 들어갈 알맞은 말을 쓰시오.

　지구촌 문제 중 하나인 (㉠)은/는 가난해 생활하는 것이 어려운 상태를 말하고, (㉡)은/는 먹을 것이 없어 굶주리는 것을 말합니다.

㉠ (　　　　　　　　), ㉡ (　　　　　　　　)

[14-15] 다음 지도를 보고, 물음에 답하시오.

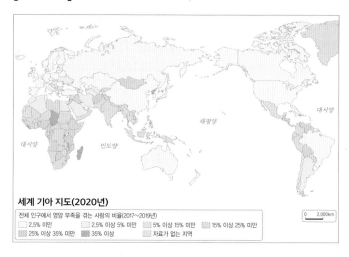

세계 기아 지도(2020년)
전체 인구에서 영양 부족을 겪는 사람의 비율(2017~2019년)
　2.5% 미만　　2.5% 이상 5% 미만　　5% 이상 15% 미만　　15% 이상 25% 미만
　25% 이상 35% 미만　　35% 이상　　자료가 없는 지역
0　　2,000km

14 ➕ 11종 공통

위 지도를 보고 ㉠, ㉡에 들어갈 알맞은 말에 ◯표 하시오.

　㉠ (유럽 , 아프리카) 지역에서 영양 결핍 비율이 높게 나타나고 있고, 미국이나 ㉡ (유럽 , 아프리카) 등에서는 영양 결핍 비율이 낮게 나타나고 있습니다.

15 ➕ 11종 공통

위 지도에 나타난 빈곤과 기아 문제를 해결하기 위한 노력으로 알맞지 **않은** 것은 어느 것입니까? (　　　)

① 어린이들에게 물품 공급
② 식량이 부족한 지역에 식량 지원
③ 다양한 문화를 체험하는 행사 개최
④ 교육받기 어려운 사람들에게 교육 지원
⑤ 빈곤과 기아 문제를 알리는 홍보 활동 진행

16 ➕ 11종 공통

다음과 같은 노력을 통해 해결하려고 하는 지구촌 문제는 무엇입니까? (   )

> • 지구촌의 다양한 문화를 체험하며 이해할 수 있는 행사를 엽니다.
> • 서로의 문화를 이해하고 다양성을 존중하는 교육을 진행합니다.

① 해양 오염　　　　② 미세 먼지
③ 빈곤과 기아　　　④ 지구 온난화
⑤ 문화적 편견과 차별

17 ➕ 11종 공통

문화적 편견과 차별의 사례를 보기 에서 모두 골라 기호를 쓰시오.

> 보기
> ㉠ 낮잠 자는 문화를 게으르다고 생각한다.
> ㉡ 이슬람교를 믿는 사람들을 무섭게 생각한다.
> ㉢ 다른 나라의 음식을 먹어 보는 것을 좋아한다.
> ㉣ 맨손으로 밥을 먹는 인도의 식사 문화를 체험해 본다.

(　　　　　　　　)

18 ➕ 11종 공통

'문화 존중의 날'에 할 수 있는 활동 주제로 알맞지 않은 것은 어느 것입니까? (   )

① 문화 이해 퀴즈 풀기
② 다양한 문화 체험하기
③ 문화적 편견의 자세 배우기
④ 문화 존중 캠페인 활동하기
⑤ 다른 나라의 문화를 소개하는 교육에 참여하기

19 서술형　➕ 11종 공통

다음 밑줄 친 부분에 들어갈 알맞은 말을 쓰시오.

> • 선생님: 세계 시민으로서 우리가 할 수 있는 일에는 무엇이 있을까요?
> • 학생: ＿＿＿＿＿＿＿＿＿＿＿＿＿＿＿

＿＿＿＿＿＿＿＿＿＿＿＿＿＿＿＿＿＿＿

＿＿＿＿＿＿＿＿＿＿＿＿＿＿＿＿＿＿＿

20 ➕ 11종 공통

세계 시민으로서 가져야 할 자세를 알맞게 말한 친구를 골라 ○표 하시오.

(1)

나의 행동이 지구촌 환경 문제에 전혀 영향을 미치지 않는다고 생각해.

(　　　　)

(2)

지구촌 문제 해결에 책임감을 가지고 적극적으로 동참해.

(　　　　)

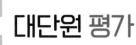

1 ➕ 11종 공통

독도에 대한 설명으로 알맞은 것을 보기 에서 모두 골라 기호를 쓰시오.

보기

㉠ 동해의 한가운데에 있다.

㉡ 우리나라의 남쪽 끝에 있는 섬이다.

㉢ 독도가 우리나라의 영토라는 옛 자료는 남아 있는 것이 없다.

㉣ 동도와 서도인 두 개의 큰 섬과 그 주위에 크고 작은 바위섬 89개로 이루어졌다.

(   )

2 ➕ 11종 공통

독도의 자연환경에 대한 설명으로 알맞지 <u>않은</u> 것은 어느 것입니까? (   )

① 오래된 화산섬이다.

② 평평한 땅이 넓게 펼쳐져 있다.

③ 경사가 급하고 대부분 암석이다.

④ 독특한 지형과 경관을 지니고 있다.

⑤ 주변 바다의 밑바닥에 가스 하이드레이트가 묻혀 있다.

3 미래엔, 비상교육 외

독도를 지키려는 노력에 대한 설명으로 알맞은 것에 ○표 하시오.

(1) 안용복은 일본으로부터 독도가 우리나라 땅임을 확인받았습니다.   (   )

(2) 정부는 독도의 자연을 보호하려는 시설을 전혀 설치하지 않고 있습니다.   (   )

(3) 반크는 독도에 관한 사실을 전 세계에 알리고 일본의 역사 왜곡을 바로잡는 활동을 합니다.

(   )

4 서술형 동아출판, 아이스크림 외

우리나라가 다음과 같은 어려움을 겪는 까닭을 쓰시오.

• 이산가족들이 고향에 가지 못해 슬픔을 겪고 있습니다.

• 남북한의 언어, 문화와 생활 모습이 서로 달라지고 있습니다.

• 남한과 북한의 국방비 지출이 많아 경제적으로 손실을 보고 있습니다.

_____

_____

5 ➕ 11종 공통

남북통일이 필요한 까닭을 잘못 말한 친구는 누구입니까? (   )

① 유라시아 횡단 철도가 연결되면 우리나라에서 유럽까지 기차로 갈 수 있기 때문이야.

② 남한의 발전된 산업과 기술력에 북한의 풍부한 자원을 결합하여 경제적으로 성장할 수 있기 때문이야.

③ 국방비를 줄여 다른 분야에 사용하면 사회의 여러 분야가 발전할 수 있기 때문이야.

④ 비무장 지대를 군사적으로 활용할 수 있기 때문이야.

6 ⊕ 11종 공통

통일을 위한 우리나라의 노력에 대한 설명으로 알맞지 <u>않은</u> 것은 어느 것입니까? (   )

남과 북은 ① 1991년에는 남북 화해, 교류, 협력 등의 내용이 담긴 남북 기본 합의서를 채택하였고, ② 2000년, 2007년, 2018년에는 남북 정상 회담을 개최했습니다. ③ 남한의 노동력에 북한의 자본과 기술력이 결합한 개성 공단이 활발하게 운영되었던 적도 있습니다. ④ 남과 북이 스포츠에서 단일팀을 구성하거나 ⑤ 올림픽에서 한반도기를 들고 공동 입장을 하기도 했습니다.

7 ⊕ 11종 공통

통일 한국의 미래 모습으로 알맞지 <u>않은</u> 것은 어느 것입니까? (   )

① 전통문화를 체계적으로 관리할 수 있다.
② 주변 국가 사람들도 더욱 평화롭게 살 수 있다.
③ 백두산이나 금강산으로 자유롭게 여행을 갈 수 있다.
④ 동북아시아의 평화와 발전을 이끄는 국가가 될 수 있다.
⑤ 전쟁에 대한 두려움과 전쟁 가능성이 더욱 커질 수 있다.

8 비상교과서, 천재교과서 외

다음 밑줄 친 '이 강'의 이름을 쓰시오.

<u>이 강</u>은 중국, 미얀마, 라오스, 타이, 캄보디아, 베트남을 흐르는 강입니다. 그런데 2010년 중국이 강 상류에 거대한 댐을 건설해 흐르는 물의 양을 조절하자 다른 나라들은 크게 반발했습니다.

(   )

9 서술형 ⊕ 11종 공통

다음 빈칸에 들어갈 알맞은 내용을 쓰시오.

• 강토: 한 나라 안에서 일어난 문제가 지구촌의 문제가 되는 까닭은 무엇일까?
• 진아: _____

_____

_____

2 단원

10 ⊕ 11종 공통

지구촌 갈등의 해결에 대해 알맞게 말한 친구에 ○표 하시오.

(1) 지구촌 갈등의 문제는 짧은 시간에 해결하기 어려워.

(2) 지구촌 갈등이 일어난 지역의 사람들만 해결하기 위해 노력하면 돼.

(   )   (   )

[11-12] 다음 보기 를 보고, 물음에 답하시오.

보기

ㄱ 유네스코   ㄴ 국제 노동 기구

ㄷ 유엔 난민 기구   ㄹ 국제 원자력 기구

11 ⊕ 11종 공통

위와 같은 전문 기구가 속해 있는 국제기구는 무엇인지 쓰시오.

(   )

12 ⊕ 11종 공통

위 보기 에서 다음과 같은 일을 하는 곳을 골라 기호를 쓰시오.

교육, 과학, 문화 분야 등에서 다양한 국제 교류를 하면서 국제 평화를 추구하는 곳입니다.

(   )

13 ⊕ 11종 공통

우리나라가 지구촌 평화를 위해 하는 노력으로 알맞지 않은 것은 어느 것입니까? (   )

① 유엔 평화 유지군을 파견한다.
② 여러 국제기구 활동에 참여한다.
③ 우리나라 군대를 폐지하려고 노력한다.
④ 지구촌에서 일어나는 문제를 고민하고 해결하는 활동을 한다.
⑤ 갈등 지역의 치안 유지, 지역 재건, 의료 지원 등의 활동을 한다.

14 ⊕ 11종 공통

비정부 기구와 하는 일에 대한 설명으로 알맞지 않은 것은 어느 것입니까? (   )

① 그린피스 – 지구촌 환경과 평화를 지키고자 자연 보호 운동을 한다.
② 해비타트 – 노동자의 노동 조건 등 노동 문제를 해결하려고 노력한다.
③ 국경 없는 의사회 – 전쟁, 질병 등으로 고통받는 사람들을 돕는 활동을 한다.
④ 핵무기 폐기 국제 운동 – 핵무기와 관련된 모든 활동을 반대하는 운동을 한다.
⑤ 세이브 더 칠드런 – 아동의 생존과 보호를 돕고 이를 위한 시민들의 참여를 실현하고자 활동한다.

15 서술형 ⊕ 11종 공통

다음 사람들의 공통점은 무엇인지 쓰시오.

• 넬슨 만델라   • 이태석 신부   • 조디 윌리엄스

_____

_____

16 ✚ 11종 공통

지구촌에서 나타나는 환경 문제에 해당하지 <u>않는</u> 것은 어느 것입니까? (   )

① 지구 온난화
② 열대 우림 파괴
③ 초미세 먼지 증가
④ 전쟁으로 인한 난민 발생
⑤ 플라스틱 쓰레기로 인한 해양 오염

17 동아출판, 비상교육 외

지구촌 환경 문제를 해결하려는 국가의 노력으로 알맞은 것은 무엇입니까? (   )

① 쓰레기를 분리배출한다.
② 제품 생산 과정에서 오염 물질의 배출을 줄인다.
③ 재사용이 가능한 원료를 이용하여 제품을 만든다.
④ 일회용 플라스틱 제품 대신 친환경 제품을 생산한다.
⑤ 에너지 절약, 쓰레기 분리배출 등과 같은 환경 정책을 시행한다.

18 ✚ 11종 공통

다음과 같은 노력을 통해 해결하려고 하는 지구촌 문제는 무엇입니까? (   )

• 식량이 부족한 지역에 식량 지원하기
• 교육을 받지 못하는 사람들을 위해 직접 교육하기
• 지구촌 사람들이 관심을 가질 수 있도록 홍보 활동하기

① 환경 문제
② 인종 차별
③ 빈곤과 기아
④ 문화적 편견
⑤ 지구촌 인구 증가

19 ✚ 11종 공통

문화적 편견과 차별 문제가 계속되는 까닭을 보기 에서 모두 골라 기호를 쓰시오.

보기
㉠ 서로 다른 문화를 존중하지 않기 때문에
㉡ 좋은 문화와 좋지 않은 문화가 있기 때문에
㉢ 자기 문화를 기준으로 함부로 판단하기 때문에
㉣ 사람들이 세계 시민으로서의 자세를 가지고 있기 때문에

(   )

20 서술형 ✚ 11종 공통

다음을 보고, 세계 시민이란 어떤 사람인지 쓰시오.

세계 시민으로 생활하기

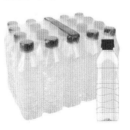

▲ 일회용품 사용 줄이기   ▲ 포장재를 최소화하기

_____

_____

평가 주제	독도의 위치와 독도와 관련된 자료 파악하기
평가 목표	독도의 위치와 독도가 우리 영토임을 설명할 수 있다.

[1-3] 다음 지도를 보고, 물음에 답하시오.

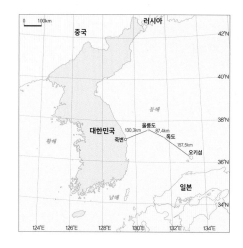

1 독도에서 우리나라의 울릉도까지의 거리와 일본의 오키섬까지의 거리를 비교해 보고, 알 수 있는 사실을 쓰시오.

_____

_____

2 위 독도가 우리나라의 영토임을 보여주는 옛 자료에는 무엇이 있는지 두 가지 쓰시오.

(   )

3 위 독도를 지키기 위한 민간단체의 노력을 한 가지만 쓰시오.

_____

_____

평가 주제	지구촌 문제를 해결하기 위한 노력 알아보기
평가 목표	비정부 기구의 종류와 하는 일을 설명할 수 있다.

[1-3] 다음 자료를 보고, 물음에 답하시오.

㉠	
	의료 지원을 받지 못하거나 전쟁, 질병, 자연재해 등으로 고통받는 사람들을 돕고 있음.

그린피스	
	지구 환경과 평화를 지키고자 다양한 방법으로 핵 실험 반대, 자연 보호 운동을 하고 있음.

세이브 더 칠드런	
	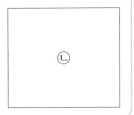㉡

국제 엠네스티	
	인권이 차별받지 않고 존중받는 세상을 만들기 위해 사형 폐지, 난민 보호 등의 활동을 함.

1 위와 같이 뜻이 같은 사람들이 모여 지구촌의 여러 문제를 해결하고자 활동하는 단체를 무엇이라고 하는지 쓰시오.

(   )

2 위 ㉠에 들어갈 기구의 이름은 무엇인지 쓰시오.

(   )

3 위 ㉡에 들어갈 세이브 더 칠드런에서 하는 일은 무엇인지 쓰시오.

_____

_____

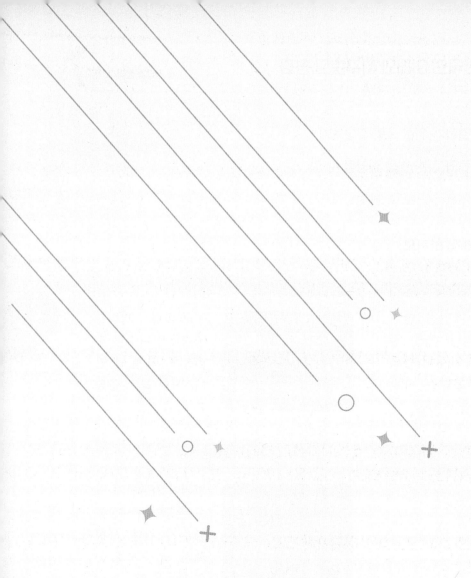

여기까지 온 너,
이미 넌 백점이야

사회는 언제나
너 하나면 돼!

올바른 사회 개념은 올쏘
핵심 문제서 올쏘

올쏘
All about Society

중학 사회 ❶

2015 개정 교육과정

◆ **개념 학습 정리책**
자세한 내용 정리와 자료 분석
단계별 문제로 대단원 마무리

◆ **실력 확인 문제책**
문제로 복습하는 실력 확인
고난도 문제로 실력 올리기

◆ **정답과 해설**
자세하고 친절한 해설

과정 노트
빠른 정답 확인
복원 테스트,
무료 동영상 강의

동아출판

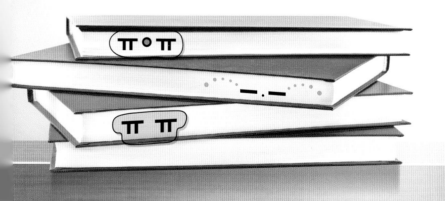

중학교 올쏘 사회 ①, ② | 역사 ①, ②

- **내신 완벽 대비** 모든 교과서를 완벽 분석한 내용 정리와 핵심 자료!
- **한 권으로 끝내는 문제서** 개념 학습부터 시험 대비까지 한 권으로 끝!
- **무료 온라인 학습 서비스** 동영상 강의, 요점 노트, 확인 테스트, 빠른 정답 제공!

동아출판

평가북

초등학교　　　학년　　　반　　　번　　　이름

백점

사회 6·2

친절한 해설북

- 한눈에 보이는 **정확한 답**
- 한번에 이해되는 **자세한 풀이**

동아출판

친절한 해설북 구성과 특징

1 자료 다시 보기
- 문제와 관련된 자료를 다시 한번 확인하면서 학습 내용에 대해 깊이 있게 이해할 수 있습니다.

2 서술형 채점 TIP
- 서술형 문제 풀이에는 채점 기준과 채점 TIP을 구체적으로 제시하고 있습니다. 또한 '이런 답도 가능해!'를 통해 다양한 예시 답안을 확인할 수 있습니다.

차례

백점 사회 **빠른 정답**

QR코드를 찍으면 **정답과 해설**을 쉽고 빠르게 확인할 수 있습니다.

모바일
빠른 정답

1. 세계의 여러 나라들

① 지구, 대륙 그리고 국가들 (1)

7쪽 기본 개념 문제

1 지구본   2 경도   3 세계 지도   4 ○   5 디지털 영상 지도

8쪽~9쪽 문제 학습

1 지구본   2 ㉎ 지구의 실제 모습과 비슷하여 세계 여러 나라의 위치, 거리, 모양 등을 비교적 정확하게 나타낼 수 있습니다.   3 평면으로   4 (1) ○ (2) ✕   5 (1) ㉠ (2) ㉡   6 (1) ㉠, ㉡ (2) ㉢, ㉣   7 디지털 영상 지도   8 (2) ○   9 ④   10 인터넷   11 ㉎ 가고 싶은 나라를 지구본에서 찾아봅니다. 나라 간의 크기를 비교하거나 도시 간의 거리 등을 알고 싶을 때 이용합니다.   12 디지털 영상 지도

1 지구본은 지구의 실제 모습을 본떠 작게 줄인 모형으로, 생김새가 지구처럼 둥급니다.

2 이 외에도 지구본은 둥근 모양이기 때문에 한눈에 전 세계를 보기 어렵고, 부피가 커서 가지고 다니기 불편합니다.

   채점 tip 지구의 실제 모습과 비슷하거나 둥글다는 내용을 썼으면 정답으로 합니다.

3 세계 지도는 둥근 지구를 평면으로 나타내어 세계 여러 나라의 위치와 영역을 한눈에 살펴볼 수 있습니다.

4 (2) 세계 지도는 둥근 지구를 평면으로 나타낸 것이기 때문에 실제 모습과 다른 점이 있습니다.

5 세계 지도와 지구본에는 위치를 쉽게 나타내기 위해 위선(가로선)과 경선(세로선)이 그려져 있습니다. 위선과 경선에는 숫자가 쓰여 있는데 이를 위도와 경도라고 합니다.

6 지구본은 지구의 실제 모습과 비슷하지만 전 세계의 모습을 한눈에 보기 어렵고 가지고 다니기 불편합니다. 세계 지도는 세계 여러 나라의 위치를 한눈에 볼 수 있지만 나라와 바다의 모양, 두 지점 사이의 거리가 실제와 다르게 표현되는 곳도 있습니다.

7 디지털 영상 지도는 종이 지도와 달리 확대와 축소가 자유롭고, 다양한 정보가 연결되어 있습니다.

8 디지털 영상 지도는 종이 지도와 달리 확대와 축소가 자유롭습니다. (1)은 세계 지도에 대한 설명입니다.

9 디지털 영상 지도를 활용하면 찾고자 하는 장소의 위치와 그곳까지 갈 수 있는 경로도 찾아볼 수 있습니다. ④ 도보, 자동차, 자전거, 대중교통의 경로를 찾을 수 있습니다.

자료 다시보기

디지털 영상 지도의 기능

검색창에 찾고자 하는 장소를 입력하면 지도에서 위치를 찾을 수 있음.

자동차, 대중교통, 도보, 자전거의 경로를 찾을 수 있음.

지도를 위성 사진으로 바꿔 볼 수 있음.

내 현재 위치를 검색할 수 있음.

지도를 확대하거나 축소할 수 있음.

어떤 장소의 실제 모습을 여러 각도로 살펴볼수있음.

10 디지털 영상 지도는 스마트폰이나 컴퓨터가 필요하며, 인터넷을 연결해야 다양한 기능을 사용할 수 있습니다.

11 언제, 어떤 자료를 활용하는 것이 효과적인지 생각해 보고 상황에 알맞은 자료를 활용해야 합니다.

   채점 tip 나라의 위치나 거리를 계산하는 등 지구본을 활용하기 알맞을 상황을 썼으면 정답으로 합니다.

12 지구본, 세계 지도, 디지털 영상 지도 모두 세계 여러 나라의 정보를 담고 있지만 각각의 특성이 다릅니다.

자료 다시보기

지구본, 세계 지도, 디지털 영상 지도 활용하기

지구본	• 가고 싶은 나라를 지구본에서 찾아봄. • 나라 간의 크기를 비교하거나 도시 간의 거리 등을 알고 싶을 때 이용함.
세계 지도	• 가고 싶은 나라의 위치를 세계 지도에 표시하여 살펴봄. • 찾고 싶은 나라의 위치, 이동 경로 등을 확인할 때 이용함.
디지털 영상 지도	• 주요 관광지에 대한 정보를 살펴봄. • 찾고 싶은 장소에 대한 다양한 지리 정보를 살펴볼 때 이용함.

1 지구, 대륙 그리고 국가들 (2)

11쪽 기본 개념 문제

1 대륙 **2** 아시아 **3** ○ **4** 태평양 **5** 아프리카

12쪽~13쪽 문제 학습

1 아시아 **2** (1) ㉡ (2) ㉠ **3** (1) ○ (2) × **4** 남아메리카 **5** ④, ⑤ **6** 예 세계에서 가장 큰 바다로, 아시아, 오세아니아, 아메리카 대륙 사이에 있습니다. **7** ④ **8** ㉠ 태평양 ㉡ 대서양 **9** (1) 아프리카 (2) 오세아니아 **10** ② **11** ㉢ **12** 예 영국, 이탈리아, 에스파냐, 프랑스, 포르투갈 등의 나라가 있습니다.

1 아시아는 세계 육지 면적의 약 30%를 차지합니다.

2 북아메리카는 북반구에 속해 있으며 태평양, 대서양, 북극해와 접해 있습니다. 오세아니아는 대륙 중 가장 작으며 남반구에 있습니다.

자료 다시보기

세계의 여러 대륙

아시아	대륙 중에 가장 크며 대부분 북반구에 있음.
아프리카	아시아 다음으로 큰 대륙으로, 북반구와 남반구에 걸쳐 있음.
유럽	다른 대륙보다 작은 편이지만 많은 나라가 있음.
오세아니아	대륙 중에 가장 작으며, 남반구에 있음.
북아메리카	태평양, 대서양, 북극해와 접해 있으며, 북반구에 있음.
남아메리카	태평양, 대서양, 남극해와 접해 있으며, 대부분 남반구에 있음.
남극 대륙	남극해로 둘러싸여 있으며, 대부분이 얼음으로 덮여 있음.

3 (2) 대륙 중에서 가장 큰 대륙은 아시아이고, 아프리카는 아시아 다음으로 큰 대륙입니다.

4 남아메리카는 대부분 남반구에 속해 있고, 남쪽은 남극해와 접해 있습니다.

5 북극해는 북극 주변에 있는 바다로 대부분 얼음에 덮여 있습니다. 또한 아시아, 유럽, 북아메리카에 둘러싸여 있습니다.

6 태평양은 세계에서 가장 큰 바다로 우리나라와 인접해 있습니다.

> **채점 tip** 태평양의 위치나 규모 등의 특징 한 가지를 알맞게 썼으면 정답으로 합니다.

7 인도양은 세 번째로 넓은 바다로, 북반구과 남반구에 걸쳐 있습니다.

자료 다시보기

바다 이름에 붙는 '양'과 '해'의 의미

양	태평양이나 대서양처럼 '양'으로 불리는 바다는 매우 큰 바다를 일컬음.
해	육지와 섬이 가로막아 큰 바다와 떨어진 작은 바다로, 대부분이 육지에 둘러싸였음.

8 태평양과 대서양은 북반구와 남반구에 걸쳐 있습니다.

9 아프리카는 두 번째로 큰 대륙으로 북반구와 남반구에 걸쳐 있습니다. 오세아니아는 대륙 중 가장 작으며 남반구에 있습니다.

자료 다시보기

대륙별 주요 나라

유럽	아시아	북아메리카
• 영국 • 이탈리아 • 에스파냐 • 프랑스	• 대한민국 • 중국 • 인도 • 일본	• 캐나다 • 미국 • 멕시코 • 쿠바
아프리카	**오세아니아**	**남아메리카**
• 이집트 • 알제리 • 나이지리아 • 탄자니아	• 뉴질랜드 • 오스트레일리아 • 피지 • 팔라우	• 브라질 • 아르헨티나 • 칠레 • 페루

10 북아메리카 대륙에는 캐나다, 멕시코, 미국, 쿠바 등의 나라가 있습니다. ①은 남아메리카, ③은 유럽, ④는 아프리카, ⑤는 오세아니아 대륙에 속한 나라입니다.

11 ㉢ 프랑스의 서쪽에는 대서양이 있습니다.

12 유럽에는 영국, 이탈리아, 에스파냐, 프랑스, 포르투갈, 크로아티아, 폴란드, 벨기에, 스위스, 라트비아, 세르비아 등의 나라가 있습니다.

채점 기준	상	유럽 대륙에 속한 나라를 두 곳 모두 쓴 경우
	중	유럽 대륙에 속한 나라를 한 곳만 쓴 경우

1 지구, 대륙 그리고 국가들 (3)

15쪽 기본 개념 문제

1 러시아 **2** 바티칸 시국 **3** ○ **4** 이탈리아 **5** ×

16쪽~17쪽 문제 학습

1 러시아 **2** 캐나다 **3** (2) ○ **4** 바티칸 시국
5 ㉢ **6** ㉖ 우리나라와 영토 면적이 비슷한 나라로는 영국, 루마니아, 라오스 등이 있습니다.
7 아프리카 **8** 희수 **9** ④ **10** (1) 노르웨이 (2) 닭
11 ㉖ 미국은 여러 개의 영토로 분리되어 있습니다.
12 ㉠ 스위스 ㉡ 뉴질랜드

1 세계에서 영토의 면적이 가장 넓은 나라는 러시아입니다.

2 캐나다는 세계에서 영토 면적이 두 번째로 넓은 나라입니다.

자료 다시보기

캐나다의 영토 면적

캐나다는 북아메리카 대륙의 북쪽에 있습니다. 러시아에 이어 세계에서 두 번째로 큰 나라로, 남쪽에 있는 미국과 함께 북아메리카의 대부분을 차지합니다.

3 (1) 오스트레일리아는 미국보다 영토 면적이 좁습니다. 영토 면적은 미국은 3위, 오스트레일리아는 6위입니다.

4 바티칸 시국은 세계에서 영토의 면적이 가장 좁은 나라로, 이탈리아 수도인 로마 시내에 위치해 있습니다.

자료 다시보기

세계에서 가장 작은 나라, 바티칸 시국

바티칸 시국은 이탈리아 수도 로마의 시내에 있습니다. 면적은 우리나라의 경복궁보다 약간 크고, 인구는 약 800명으로 알려져 있습니다. 바티칸 시국은 카톨릭교의 중심지로, 카톨릭교의 교황이 바티칸에 있으며 세계에서 가장 큰 성당인 성 베드로 대성당이 이곳에 있습니다.

5 남북한을 합친 우리나라 영토의 면적은 약 22만 ㎢이며 세계에서 85번째로 넓습니다.

6 우리나라의 영토 면적은 세계에서 85번째로 넓으며, 아시아의 라오스, 유럽의 영국, 루마니아 등과 영토 면적이 비슷합니다.

채점 기준	상	영국, 루마니아, 라오스 중 두 나라를 쓴 경우
	중	영국, 루마니아, 라오스 중 한 나라만 쓴 경우

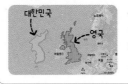

자료 다시보기

우리나라와 영국의 영토 비교

세계 지도에서 영국과 우리나라를 비교해 보면 영국이 더 커 보이지만 실제 한반도의 면적은 영국과 비슷합니다.

7 과거 식민 지배의 영향으로 아프리카의 국경선은 직선인 경우가 많습니다.

8 이탈리아의 영토 모양은 장화를 닮았습니다.

9 세계 여러 나라 영토의 모양은 매우 다양합니다.

10 (1) 노르웨이는 해안선이 복잡한 편입니다. 몽골은 바다와 접하지 않습니다. (2) 중국의 영토 모양은 닭을 닮았습니다.

11 미국은 여러 개의 영토로 분리되어 있어 국가의 통합과 방어에 불리하기도 합니다.

채점 tip 영토가 분리되어 있다는 점을 썼으면 정답으로 합니다.

12 스위스는 바다와 떨어져 있어 주변 나라와의 관계가 중요합니다. 뉴질랜드는 바다로 둘러싸여 해양 진출에 유리하지만 대륙 진출에 어려움이 있습니다.

자료 다시보기

위치에 따른 여러 나라의 특징

바다와 육지에 맞닿은 나라	영토가 분리된 나라
바다와 접하지 않은 나라	바다로 둘러싸인 나라

2 세계의 다양한 삶의 모습 (1)

19쪽 기본 개념 문제

1 기후 2 한대 3 고산 4 ○ 5 크고

20쪽~21쪽 문제 학습

1 기후 2 낮아 3 ② 4 ①, ③ 5 ⓓ 적도 부근은 태양열을 다른 지역보다 많이 받기 때문입니다. 6 (1) ○ (2) ㉠ 7 (1) ㉠ (2) ㉢ 8 ㉠ 밀림 ○ 초원 9 (1) × (2) ○ 10 고상 가옥 11 도영 12 ⓓ 사막에서는 진흙으로 만든 집을 볼 수 있습니다. 초원에서는 이동식 가옥인 게르를 볼 수 있습니다.

1 세계의 기후는 열대 기후, 건조 기후, 온대 기후, 냉대 기후, 한대 기후, 고산 기후 등 다양합니다.

2 세계의 기후는 적도를 기준으로 남과 북으로 위도가 높아질수록 기온이 점차 낮아집니다.

3 적도 주변에는 일 년 내내 기온이 높고 강수량이 많은 열대 기후가 나타나며, 극지방에는 일 년 내내 평균 기온이 매우 낮은 한대 기후가 나타납니다.

> **자료 다시보기**
>
> **세계의 기후 분포**
>
> | 열대 기후 | 일 년 내내 더운 날씨가 계속되고, 가장 추운 달의 평균 기온이 18℃ 이상임. |
> |---|---|
> | 건조 기후 | 강수량이 매우 적어 일 년 동안의 강수량 합이 500mm 미만이고 강수량보다 증발량이 많음. |
> | 온대 기후 | 가장 추운 달의 평균 기온이 –3℃ 이상 18℃ 미만이며, 사계절이 비교적 뚜렷함. |
> | 냉대 기후 | 가장 추운 달의 평균 기온이 –3℃ 미만이고, 가장 따뜻한 달의 평균 기온이 10℃ 이상임. |
> | 한대 기후 | 가장 따뜻한 달의 평균 기온이 10℃ 미만으로 매우 추움. |
> | 고산 기후 | 해발 고도가 높은 지역에서 나타나며, 적도 부근의 고산 기후 지역은 일 년 내내 날씨가 온화함. |

4 세계의 기후를 구분할 때는 해당 지역의 기온과 강수량 등을 기준으로 구분합니다.

5 지구는 둥글어서 위치에 따라 햇볕을 받는 양이 달라지기 때문에 적도 주변은 덥고 극지방으로 갈수록 추워집니다.

채점 tip 적도 지역이 태양열을 많이 받기 때문이라고 썼으면 정답으로 합니다.

6 건조 기후는 주로 중위도 지역의 내륙에 나타나고, 온대 기후는 중위도 지방에서 주로 나타납니다.

7 세계의 기후는 열대 기후, 건조 기후, 온대 기후, 냉대 기후, 한대 기후 등으로 나눌 수 있습니다. (1)은 열대 기후, (2)는 냉대 기후의 특징입니다.

8 열대 기후는 적도 주변의 저위도 지역에 나타나며, 일 년 내내 기온이 높고 계절 변화가 거의 없습니다.

9 열대 기후에서는 카사바, 얌 등을 재배하거나 커피, 바나나, 카카오 등의 열대작물을 대규모로 재배합니다. (1) 건조 기후에 대한 설명입니다.

> **자료 다시보기**
>
> **열대 기후 지역의 모습**
>
>
>
> ▲ 사파리 관광 산업
>
> 열대 기후 지역에서는 독특한 자연 경관과 야생 동물을 볼 수 있어서 생태 관광 산업이 발달하기도 합니다.

10 열대 기후 지역에서는 바람이 잘 통하도록 창문을 크게 내거나 땅의 열기와 습기를 피하려고 고상 가옥을 짓습니다.

11 건조 기후 지역에서는 강한 햇볕과 모래바람을 막기 위해 온몸을 감싸는 옷을 입습니다.

> **자료 다시보기**
>
> **건조 기후 지역의 생활 모습**
>
>
>
> ▲ 사막 지역의 마을
>
> 사막 지역의 사람들은 오아시스나 강 주변에서 농사를 지으며 살아갑니다.

12 사막 지역에서는 주변에서 구하기 쉬운 진흙을 재료로 사용하여 흙집을 짓고 생활합니다. 초원에서는 사람들이 유목 생활을 하며 이동식 가옥인 게르를 짓고 생활합니다.

채점 기준	상	사막과 초원 지역의 가옥 모습을 모두 알맞게 쓴 경우
	중	사막과 초원 지역의 가옥 모습 중 한 가지만 알맞게 쓴 경우

② 세계의 다양한 삶의 모습 (2)

23쪽   기본 개념 문제

1 온대   **2** ○   **3** 한대   **4** 순록   **5** ✕

24쪽~25쪽   문제 학습

1 (1) ㉠ (2) ㉡   **2** ㉠, ㉢   **3** ㉠ 벼농사 ㉡ 밀
4 상수   **5** ②   **6** 예 냉대 기후는 북반구의 중위
도와 고위도 지역에서 나타납니다.   **7** 한대 기후
8 (2) ○   **9** ㉠   **10** 고산   **11** ⑤   **12** 예 낮과 밤의
큰 기온 차를 견디려고 망토와 같은 옷을 입습니다.
라마와 알파카 같은 가축을 길러 고기와 털을 얻습
니다.

1 온대 기후 지역 중에는 서부 유럽처럼 일 년 내내
비가 고르게 내리는 곳도 있고, 지중해 주변처럼 여
름보다 겨울에 강수량이 많은 곳도 있습니다.

2 ㉡ 냉대 기후 지역, ㉣ 고산 기후 지역에 대한 설명
입니다.

3 온대 기후 지역에서는 일찍부터 다양한 농업이 발
달했습니다. 유럽에서는 주로 밀을 재배하며, 아시
아에서는 벼농사를 짓고, 지중해 주변 지역에서는
올리브나 포도를 많이 재배합니다.

> **자료 다시보기**
>
> **온대 기후 지역의 농업**
>
>
> ▲ 벼농사   ▲ 올리브 재배   ▲ 화훼 농업
>
> 여름철 기온이 높고 강수량이 많은 아시아 지역에서는 벼농
> 사가 발달했습니다. 지중해 주변 지역에서는 올리브, 포도, 오
> 렌지 등을 재배합니다. 유럽에서는 밀을 주로 재배하며, 일부
> 지역에서는 목축업과 화훼 농업이 이루어지기도 합니다.

4 냉대 기후 지역에서는 여름에 밀, 감자, 옥수수 등을
재배하지만, 겨울에는 농사가 어렵습니다. 얼음과 눈
으로 덮인 곳이 많은 지역은 한대 기후 지역입니다.

5 냉대 기후 지역은 잎이 뾰족하고 재질이 부드러운
침엽수림이 널리 분포해 목재 생산이 많고, 종이를
만드는 공업이 발달했습니다.

> **자료 다시보기**
>
> **냉대 기후 지역의 생활 모습**
>
>
> ▲ 침엽수림   ▲ 펄프용 목재 생산   ▲ 통나무집

6 냉대 기후는 러시아의 시베리아, 캐나다와 같이 북
반구의 중위도와 고위도 지역에 널리 분포합니다.

   채점 tip 북반구의 중위도와 고위도 지역에 분포한다고 썼으면 정
답으로 합니다.

7 한대 기후는 남극과 북극 주변의 고위도 지역에 주
로 나타납니다. 이곳은 평균 기온이 낮아 땅속이 계
속 얼어있습니다.

8 최근에는 한대 기후 지역의 자연환경을 연구하려고
여러 나라가 이곳에 연구소나 기지를 세우고 있습
니다. (1) 온대 기후에 대한 설명입니다.

9 한대 기후 지역에서는 짧은 여름에 땅이 녹아 이끼
와 같은 작은 풀이 자라는 곳에서는 순록을 기르며
유목 생활을 하기도 합니다. ㉡은 온대 기후 지역인
지중해 주변 지역, ㉢과 ㉣은 열대 기후 지역에서
주로 이루어지는 활동입니다.

> **자료 다시보기**
>
> **한대 기후 지역의 생활 모습**
>
>
> ▲ 순록 유목   ▲ 장보고 과학 기지   ▲ 송유관

10 적도 부근은 기온이 매우 높지만 해발 고도가 높은
산지는 일 년 내내 우리나라의 봄철처럼 날씨가 온
화합니다.

11 고산 기후는 위도의 차이에 의해 생겨나는 기후가
아닌 고도가 높은 곳에서 나타나는 기후입니다.

12 고산 지역의 사람들은 라마와 알파카를 기르고, 서
늘한 지역에서 잘 자라는 감자와 옥수수를 재배합
니다.

채점 기준	상	의식주 등과 관련해 고산 기후 지역의 생활 모습 두 가 지를 알맞게 쓴 경우
	중	고산 기후 지역의 생활 모습 중 한 가지만 쓴 경우

BOOK ❶ 개념북

1 단원

2 세계의 다양한 삶의 모습 (3)

27쪽 기본 개념 문제

1 ○ 2 사리 3 옥수수 4 × 5 그리스

28쪽~29쪽 문제 학습

1 (2) ○ 2 백야 3 ① 4 멕시코 5 (1) ⓒ (2) ⓙ
6 **예** 자르지 않고 바느질하지 않은 옷을 깨끗하다고 생각하기 때문입니다. 7 항이 8 **예** 유목민이 옮겨 다니면서 간편하게 먹기 위해 고기를 꼬챙이에 끼워 불에 구워 먹는 음식입니다. 9 ② 10 ③
11 (2) ○ 12 ⓙ 유목 ⓒ 쉬운

1 (1) 세계 여러 나라 사람들의 생활 모습은 각 지역의 자연환경과 인문환경의 영향을 받아 형성되어서 지역마다 서로 다른 생활 모습이 나타납니다.

2 백야 축제는 일 년 중 낮이 가장 긴 날에 열리던 전통 축제에서 기원한 것으로, 도시 곳곳에서 다양한 공연이 펼쳐져 사람들이 음악과 춤을 즐깁니다.

3 세계 여러 나라의 생활 모습을 조사할 때는 가장 먼저 주제를 정하는데, 세계 여러 나라나 지역의 생활 모습 중에서 관심 있는 것을 주제로 정합니다.

4 판초는 망토 모양의 옷으로 쉽게 입고 벗을 수 있습니다. 솜브레로는 에스파냐, 멕시코, 미국 남부 등지에서 쓰는 중앙이 높고 챙이 넓은 모자입니다.

5 사람들의 옷차림은 기후, 지형 등 자연환경과 종교, 전통 등 인문환경의 영향을 받습니다.

> **자료 다시보기**
>
> **노르웨이와 몽골의 옷차림**
> • 노르웨이에서는 추운 날씨에 적응하기 위해 동물의 털과 가죽으로 만든 옷을 입고 모자와 털 부츠를 착용합니다.
> • 몽골에서는 추운 겨울에 말을 타고 다닐 때 손이 따뜻하도록 소매가 길고, 허리띠를 둘러서 몸도 따뜻하게 합니다.

6 힌두교를 믿는 인도에서는 옷감을 자르고 바느질하는 것을 바람직하지 않게 여기기 때문에 한 장의 천으로 옷을 만듭니다.

> **채점 tip** 자르거나 바느질하는 것이 바람직하지 않다고 생각하기 때문이라고 쓰거나 종교적인 영향 때문이라고 썼으면 정답으로 합니다.

7 뉴질랜드에 사는 마오리족 사람들은 화산이나 지진 활동으로 뜨거운 땅의 열기를 이용해 고기와 채소 등을 쪄서 만든 항이를 주로 먹습니다.

8 케밥은 얇게 썬 고기를 긴 꼬치에 꿰어서 숯불에 구워 낸 요리로, 튀르키예(터키)의 대표적인 음식입니다.

> **채점 tip** 유목민이 먹던 음식이라는 내용과 관련해 썼으면 정답으로 합니다.

9 세계에는 자신이 믿는 종교에 따라 특정 음식을 먹지 않는 사람들이 있습니다.

> **자료 다시보기**
>
> **종교에 따라 다른 음식 문화**
>
> 힌두교를 믿는 사람들은 소를 신성한 동물로 여겨 소고기를 먹지 않습니다. 소는 우유를 제공해 주고 농사를 짓는 데 노동력으로 쓰여서 유용하기 때문입니다.
>
> 이슬람교를 믿는 사람들은 경전인 쿠란에 돼지고기를 먹지 말라는 구절이 있어서 먹지 않습니다. 이는 이슬람교를 주로 믿는 건조 기후 지역에서 돼지를 키우기 어려운 영향도 있습니다.

10 지중해 연안에 있는 그리스는 온대 기후 지역에 속하며 여름이 덥고 건조합니다. 따라서 집을 지을 때 벽을 두껍게 하여 열을 차단하고 벽을 하얗게 칠해 햇빛을 반사합니다.

11 인도네시아에서는 땅의 열기와 습기, 해충을 피하려고 집의 바닥을 땅에서 띄워 짓습니다. (1)은 추운 그린란드에서 볼 수 있는 고상 가옥입니다.

12 사람들은 주위에서 구하기 쉬운 재료로 집을 짓고, 집의 모양은 지형과 기후 등의 영향을 받습니다.

> **자료 다시보기**
>
> **다양한 형태의 고상 가옥**
>
>
> ▲ 그린란드의 고상 가옥   ▲ 인도네시아의 고상 가옥
>
> 추운 그린란드에서는 여름철에 땅이 녹아 가옥이 붕괴하는 것을 막으려고 땅속 깊이 지지대를 박아 집을 짓습니다. 일 년 내내 덥고 비가 많이 내리는 인도네시아에서는 땅의 열기와 습기, 해충을 피하려고 집의 바닥을 땅에서 띄워 짓습니다.

③ 우리나라와 가까운 나라들 (1)

31쪽 기본 개념 문제

1 일본 **2** ○ **3** 중국 **4** 지진 **5** 러시아

32쪽~33쪽 문제 학습

1 ㉠ 러시아 ㉡ 일본 **2** 동쪽, 서쪽 **3** ②
4 ⑴ × ⑵ ○ **5** 태평양 **6** ⑩ 일본 국토의 대부분은 산지로 이루어져 있고 화산이 많으며 지진 활동이 활발하기 때문입니다. **7** 온대 **8** 우랄산맥
9 ⑴ ㉡ ⑵ ㉠ **10** ⑴ ○ **11** ⑩ 석유, 천연가스 등 천연자원이 풍부해 다양한 산업이 발달했습니다.
12 ③

1 세계 지도를 보면 우리나라와 이웃하고 있는 나라의 위치를 알 수 있습니다.

2 중국의 동쪽에는 평야가, 서쪽에는 고원과 산지가 발달했습니다. 이러한 지형의 영향으로 동부 지역 바닷가에 주요 항구와 대도시가 있습니다.

자료 다시보기

중국의 자연환경과 인문환경

자연 환경	• 영토가 넓어 지역에 따라 다양한 지형과 기후가 나타남. • 동쪽은 넓은 평야와 대도시가 발달하고, 서쪽으로 갈수록 고원과 산지가 분포함.
인문 환경	• 동부 지역 바닷가에 주요 항구와 대도시가 있음. • 인구가 매우 많은 편이고, 지하자원과 노동력이 풍부해서 다양한 산업이 발달함.

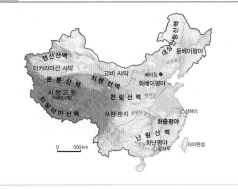

3 ② 러시아에 대한 설명입니다.

4 일본의 공업 지역은 주로 원료 수입과 제품 수출에 유리한 해안 지역에 있으며 전자 부품, 반도체, 자동차, 정보 서비스 산업 등이 발달했습니다.

5 일본에는 땅속의 마그마 등의 물질이 지구 표면을 뚫고 나와 분출하여 만들어진 지형인 화산이 많습니다.

채점 tip 화산이 많고 지진 활동이 활발하다는 내용을 썼으면 정답으로 합니다.

6 일본은 네 개의 큰 섬과 3,000개가 넘는 작은 섬들로 이루어졌습니다. ⑴ 일본은 국토 대부분이 산지이며, 화산이 많고 지진 활동이 활발합니다.

7 중국과 일본은 온대 기후가 나타나는 지역에 많은 사람들이 살고 있습니다. 러시아는 한대 기후보다 냉대 기후나 건조 기후가 나타나는 곳에 인구가 많습니다.

자료 다시보기

이웃 나라의 인구 분포

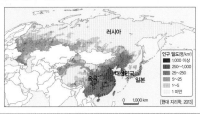

[현대 지리학, 2013]

중국	온대 기후가 나타나는 동부 평야 지역에 인구가 많음.
일본	해안가의 온대 기후 지역에 인구가 많음.
러시아	유럽과 가까운 서남부의 냉대 기후, 건조 기후 지역에 인구가 많음.

8 러시아는 세계에서 영토가 가장 넓은 나라이며, 우랄산맥을 경계로 서쪽은 유럽, 동쪽은 아시아에 속합니다.

9 러시아의 동부 지역은 주로 고원과 산지가 분포하고, 서부 지역으로 갈수록 평야가 넓게 펼쳐집니다. 서남부 지역에 대부분의 인구가 집중해 있습니다.

10 ⑵ 러시아는 위도가 높아 냉대 기후가 넓게 나타납니다.

11 이 외에도 러시아는 유럽과 아시아에 걸쳐 있어 두 대륙의 문화를 바탕으로 문학, 음악, 발레 등이 발달했습니다.

채점 tip 천연자원이 풍부한 점, 유럽과 아시아 대륙의 문화가 발달한 점 등을 알맞게 썼으면 정답으로 합니다.

12 중국의 수도는 베이징으로, 긴 역사를 가진 도시입니다. 일본의 수도는 도쿄로, 일본 정치, 경제, 문화의 중심지입니다. 러시아의 수도는 모스크바로, 러시아 최대의 공업 도시입니다.

③ 우리나라와 가까운 나라들 (2)

35쪽 **기본 개념 문제**

1 한자 **2** ○ **3** 러시아 **4** 교류 **5** ×

36쪽~37쪽 **문제 학습**

1 한자 **2 예** 우리나라와 중국, 일본은 지리적으로 가까이 있어 오래전부터 활발하게 교류했기 때문입니다. **3** (1) ○ (2) × **4** ③ **5** 일본 **6 예** 반찬이 무게가 있고, 국물이 있는 음식이 많아서 음식을 집기 편하도록 금속 젓가락을 사용합니다. **7** 동환 **8** ㉡ **9** 문화 **10** 중국 **11 예** 서로의 나라에 영향을 주는 여러 가지 환경 문제를 함께 해결하기 위해서입니다. **12** ③

1 우리나라와 중국, 일본은 한자 문화권에 속하여 일본은 중국의 한자와 한자의 일부를 변형하거나 간단하게 만든 '가나'를 사용하고, 우리말에는 한자어가 많습니다.

> **자료 다시보기**
>
> **이웃 나라의 문자**
>
> | 우리나라 | 한글을 쓰고, 한자를 함께 사용함. |
> |---|---|
> | 중국 | 한자를 간단하게 변형하여 사용함. |
> | 일본 | 한자의 일부를 변형하거나 한자와 함께 사용함. |
> | 러시아 | 한자를 사용하지 않고, 영어 알파벳처럼 대문자와 소문자가 있음. |

2 우리나라, 중국, 일본은 지리적으로 가까워 오래전부터 활발하게 교류하였기 때문에 공통적으로 한자를 사용합니다.

> **채점 tip** 지리적으로 가까이 있기 때문이라는 내용을 썼으면 정답으로 합니다.

3 (2) 영어 알파벳처럼 대문자와 소문자가 있는 것은 러시아 문자입니다.

4 러시아에서는 추운 날씨에 음식이 식지 않도록 코스 요리 문화가 시작되었습니다. 이러한 코스 요리 문화는 유럽으로 전해졌습니다.

5 젓가락은 각 나라 문화의 영향을 받아 나라마다 모양이 조금씩 다릅니다.

6 우리나라는 금속으로 만든 숟가락과 젓가락을 사용합니다.

> **채점 tip** 우리나라는 금속 젓가락을 사용한다는 내용을 썼으면 정답으로 합니다.

7 중국은 우리나라의 수출 비중과 수입 비중이 가장 큰 나라로, 경제 교류가 매우 활발한 나라입니다.

8 ㉠, ㉢은 우리나라와 이웃 나라의 문화 교류 사례입니다.

> **자료 다시보기**
>
> **국경을 초월한 에너지 협력**
>
>
>
> 러시아와 고비 사막 지역의 풍부한 신재생 에너지원을 이웃 나라인 한국, 중국, 일본에 공급하고자 4개국의 정부 연구 기관과 민간 기업들이 활발하게 논의하고 있습니다.

9 우리나라, 중국, 일본 사람들의 공감대가 있고, 교류하기에 거리가 가깝기 때문에 합작 만화 영화를 만들 수 있었습니다.

10 우리나라에 공부를 하기 위해 오는 외국인 유학생 중 절반 정도가 중국인입니다.

11 한국, 중국, 일본의 환경 장관들이 모여 미세 먼지 문제에 대해 함께 대처하고 노력하기로 약속했습니다.

> **채점 tip** 환경 문제를 함께 해결하기 위해서라는 내용을 썼으면 정답으로 합니다.

> **자료 다시보기**
>
> **우리나라와 이웃 나라의 교류**
>
> | ○○신문 | 20△△년 △△월 △△일 |
> |---|---|
>
> **한·중·일 환경 장관 회의**
> 우리나라와 중국, 일본의 환경 장관들이 미세 먼지 문제와 해양 쓰레기, 기후 변화 등 각종 환경 문제의 해결 방안을 논의하기 위해 모였다. 각 나라는 협력 기구를 만들고, 미세 먼지와 관련된 정책과 기술을 공유할 예정이다.

12 여러 문제를 해결하려고 교류할 때 각 나라 간 서로 이해하고 협력하는 태도를 가져야 합니다.

③ 우리나라와 가까운 나라들 (3)

39쪽 기본 개념 문제

1 미국 **2** 베트남 **3** 원유 **4** 브라질 **5** ○

40쪽~41쪽 문제 학습

1 ⑤　　**2** (1) × (2) ○ (3) ×　　**3** 다인　　**4** 쌀
5 예 베트남은 기온이 높고 강수량이 많으며, 토양이
비옥하여 벼농사가 발달하였습니다.　　**6** (1) 반도체
(2) 남아메리카　　**7** ②　　**8** ㉡　　**9** 예 사우디아라비아
는 우리나라가 원유를 수입하는 대표적인 나라입니다.
10 ③　　**11** 에티오피아　　**12** (1) 커지고 (2) 전자
제품

1 조사하는 나라의 자연환경(위치, 면적, 기후, 지형
등)과 인문환경(인구, 주요 산업 등), 우리나라와의
관계 등을 조사할 수 있습니다.

2 (1) 미국은 주로 온대 기후, 냉대 기후, 건조 기후가
나타납니다. (3) 석유, 석탄, 철광석 등 지하자원이
풍부하고 다양한 산업이 고르게 발달하였습니다.

자료 다시보기

미국의 특징

자연환경	영토 면적은 약 983만 ㎢이고, 주로 온대 기후, 냉대 기후, 건조 기후가 나타남.
인문환경	• 인구는 약 3억 3천만 명임. • 옥수수, 밀, 콩 등을 대규모로 재배함. • 석유, 석탄, 철광석 등 지하자원이 풍부하고 다양한 산업이 고르게 발달함.
우리나라와의 관계	우리나라는 반도체, 자동차, 무선 통신 기기 등을 수출하고, 원유, 의약품, 정밀 기기 등을 수입함.

3 우리나라가 자유 무역 협정(FTA)을 처음으로 맺은
나라는 칠레입니다.

4 베트남은 평야뿐만 아니라 산지에서도 벼를 많이
재배하여 쌀을 많이 수출하는 나라입니다.

5 베트남은 노동력이 풍부하여 전자 제품, 기계, 의류
등을 생산하는 제조업이 발달하였습니다.

채점 tip 베트남의 산업, 인구 등과 관련해 인문환경 특징을 썼으
면 정답으로 합니다.

6 우리나라는 인도에 철강, 반도체, 자동차 부품 등을
수출하고, 화학 원료, 의류 등을 수입합니다. 우리
나라는 1959년 남아메리카에 있는 나라로는 처음으
로 브라질과 외교를 맺었습니다.

자료 다시보기

우리나라와 관계 깊은 여러 나라

인도	우리나라는 인도에 철강, 반도체, 자동차 부품 등을 수출하고, 인도에서 화학 원료, 의류 등을 수입함.
브라질	1959년 남아메리카에 있는 나라로는 처음으로 외교를 맺고, 이후 다양한 분야에서 협약을 맺으며 관계를 이어 오고 있음.
칠레	우리나라가 자유 무역 협정(FTA)을 처음으로 맺은 나라로, 경제 교류가 활발히 이루어지고 있음.

7 제시된 조사 내용에는 사우디아라비아의 다양한 지
리 정보와 우리나라와의 관계 등이 나타나 있습니다.

자료 다시보기

세계에서 손꼽히는 원유 생산국, 사우디아라비아

▲ 사우디아라비아의 위치

▲ 사우디아라비아의 수도 리야드

8 사우디아라비아는 우리나라가 원유를 수입하는 대
표적인 나라입니다.

9 사우디아라비아는 석유 자원의 수출을 바탕으로 세
계 각국에서 여러 기술을 도입해 국가 발전을 이루
고 있습니다.

채점 tip 우리나라는 사우디아라비아에서 원유를 수입하고 있다
는 내용을 썼으면 정답으로 합니다.

10 ③은 우리나라 안에서 이루어지는 교류 사례입니다.

11 춘천에는 6·25 전쟁 당시 군대를 보내 도움을 준
에티오피아 참전 용사를 기리는 기념관이 있습니다.

12 오늘날 많은 사람이 우리나라와 세계 여러 나라를
오가며 다양한 활동을 하고, 우리나라와 세계 여러
나라는 서로에게 필요한 물건이나 서비스를 주고받
으며 함께 발전하고 있습니다.

BOOK ① 개념북

1 단원

1 아시아 **2** 유럽 **3** 대양 **4** 남극해 **5** 건조
6 사계절 **7** 뉴질랜드 **8** 일본 **9** 베트남

1 ㉠, ㉢, ㉣ **2** ②○ **3 예** 대양에는 태평양, 대서양, 인도양, 북극해, 남극해가 있습니다. **4** ①
5 ㉣ **6** ⑤ **7** ㉠, ㉣ **8 예** 짧은 여름에 땅이 녹아 이끼나 풀이 자라는 곳에서 순록을 기르는 유목 생활을 합니다. 사람들은 사냥하여 얻은 생선과 고기를 주로 먹습니다. **9** ② **10** ④ **11** 일본 **12** ③ **13 예** 우리나라와 중국, 일본은 모두 식사할 때 젓가락을 사용합니다. **14** ① **15** ②

1 세계 지도는 둥근 지구를 평면으로 나타낸 것으로, 세계 여러 나라의 위치와 영역을 한눈에 살펴볼 수 있지만 둥근 지구를 평면으로 나타낸 것이기 때문에 실제 모습과 다른 점이 있습니다. ㉡ 지구본의 특징입니다.

자료 다시보기

지구본, 세계 지도, 디지털 영상 지도의 특징 비교하기

지구본	세계 지도	디지털 영상 지도
실제 지구의 모습과 비슷해 지리 정보를 세계 지도보다 더 정확하게 담고 있음.	둥근 지구를 평면으로 나타내 세계 여러 나라의 위치와 영역을 한눈에 살펴볼 수 있음.	종이 지도와 달리 확대와 축소가 자유로우며, 다양한 정보를 검색할 수 있음.

2 지구본은 실제 지구의 모습을 아주 작게 줄인 모형으로 둥근 지구를 평면으로 나타낸 세계 지도와 달리 실제 지구처럼 생김새가 둥급니다.

3 바다를 구성하는 세계의 큰 바다를 대양이라고 합니다.

채점 기준	상	태평양, 대서양, 인도양, 북극해, 남극해를 모두 쓴 경우
	중	태평양, 대서양, 인도양, 북극해, 남극해 중 3~4가지를 쓴 경우

4 ① 유럽은 북반구에 있고, 서쪽으로는 대서양과 접해 있습니다.

5 유럽은 다른 대륙에 비해 좁지만 나라가 많이 있습니다. ㉠과 ㉢은 아시아, ㉡은 오세아니아 대륙에 대한 설명입니다.

6 세계에서 영토 면적이 가장 넓은 나라는 러시아이고, 가장 좁은 나라는 바티칸 시국입니다.

7 세계의 기후는 적도 지방에서 극지방으로 갈수록 기온이 점차 낮아지는데, 이는 기후 형성에 큰 영향을 미칩니다.

8 제시된 글은 한대 기후에 대한 설명입니다. 우리나라는 남극에 세종 과학 기지와 장보고 과학 기지, 북극에 다산 과학 기지를 세워 극지방 연구에 힘을 쏟고 있습니다.

채점 tip 한대 기후 지역에서 볼 수 있는 사람들의 생활 모습을 정확히 썼으면 정답으로 합니다.

9 건조 기후가 나타나는 사막 지역의 사람들은 오아시스나 나일강과 같은 강 주변에서 농사를 지으며 살아갑니다. 또한 주변에서 구하기 쉬운 진흙을 재료로 사용하여 흙집을 짓고 생활합니다.

10 세계 여러 나라의 음식과 관련된 생활 모습은 다양하며, 이러한 모습은 자연환경 외에도 풍습, 종교 등 인문환경의 영향을 받습니다.

11 일본은 화산 활동의 영향으로 온천이 발달했고 지진 활동이 활발합니다. 또한 원료 수입과 제품 수출에 유리한 태평양 연안을 따라 공업 지역이 발달했습니다.

12 러시아는 아시아와 유럽에 걸쳐 있는데, 우랄산맥을 기준으로 동쪽은 아시아, 서쪽은 유럽으로 구분합니다.

13 우리나라, 중국, 일본은 국경을 마주하고 있는 가까운 나라로 비슷한 문화를 가지고 있습니다.

채점 tip 우리나라, 중국, 일본 모두 식사할 때 젓가락을 사용한다는 내용을 썼으면 정답으로 합니다.

14 우리나라는 이웃 나라와 다양한 분야에서 활발하게 교류하고 있습니다. ②와 ⑤는 정치 교류, ③과 ④는 문화 교류의 사례입니다.

15 조사하는 나라의 면적, 기후, 지형, 인구, 주요 산업, 우리나라와의 관계 등을 조사해 신문으로 만듭니다.

47쪽~49쪽 단원 평가 ❷회

1 ①, ③ 2 적도 3 ④ 4 나라 5 ⓔ 아시아, 대륙 중에서 가장 크며 세계 육지 면적의 약 30%를 차지합니다. 6 기후 7 ① 8 냉대 기후 9 ⓔ 땅에서 올라오는 열기와 습기를 피하기 위해서입니다. 10 ② 11 ⓔ 멕시코는 옥수수를 주식으로 하기 때문입니다. 12 중국 13 ㉠ 14 서현 15 ④, ⑤

---

1 지구본은 실제 지구의 모습을 아주 작게 줄인 모형으로 실제 지구처럼 생김새가 둥급니다.

2 적도는 위선의 기준이 되는 위도 0°의 지점을 가로로 이은 선으로, 적도를 기준으로 북쪽은 북위, 남쪽은 남위입니다.

> **자료 다시보기**
>
> **위도와 경도를 이용해 나라의 위치를 나타내는 방법**
>
> 1 나라의 동, 서, 남, 북 끝 지점 찾기
> 2 남쪽과 북쪽 끝 지점에 가까운 위선 찾기
> 3 동쪽과 서쪽 끝 지점에 가까운 경선 찾기
> 4 각 위선과 경선에 표시된 수치(위도, 경도) 확인하기

3 대서양은 아프리카, 유럽, 아메리카 등에 둘러싸여 있고, 대체로 에스(S) 자형을 이루고 있습니다.

4 남아메리카는 대부분 남반구에 속해 있고, 남쪽은 남극해와 접해 있습니다.

5 아시아는 우리나라가 속해 있는 대륙으로, 대륙 중에서 가장 큽니다.

채점 기준	상	아시아라고 쓰고, 대륙 중에 가장 크다는 점 또는 세계 육지 면적의 약 30%를 차지한다는 점을 쓴 경우
	중	아시아라고만 쓴 경우

6 기후는 해당 지역의 기온과 강수량 등을 기준으로 구분합니다.

7 ① 냉대 기후는 온대 기후와 마찬가지로 사계절이 나타나지만 온대 기후보다 겨울이 더 춥고 깁니다.

8 냉대 기후 지역에서는 여름에는 밀, 감자, 옥수수 등을 재배할 수 있지만 겨울에는 농사를 짓기 어렵습니다. 잎이 뾰족하고 재질이 부드러운 침엽수림이 널리 분포해 목재와 펄프의 세계적인 생산지가 되기도 합니다.

9 열대 기후 지역은 일 년 내내 기온이 높아 덥고 비가 자주 내려 강수량이 많습니다.

> **채점 tip** 땅에서 올라오는 열기와 습기를 피하기 위해서라는 점 등을 썼으면 정답으로 합니다.

10 적도 부근은 기온이 매우 높지만 해발 고도가 높은 산지는 일 년 내내 날씨가 온화합니다. 이처럼 고도가 높은 곳에서 나타나는 기후를 고산 기후라고 합니다.

> **자료 다시보기**
>
> **고산 기후의 분포와 특징**
>
> | 분포 | 해발 고도가 높은 지역에서 나타남. |
> |---|---|
> | 특징 | • 일 년 내내 우리나라의 봄철과 같이 온화함.
• 적도 부근의 고산 지대는 인간이 거주하기 유리하여 일찍부터 도시가 발달함. |

11 타코는 얇게 구운 옥수수빵에 채소와 고기를 넣어 만든 음식입니다.

> **채점 tip** 멕시코는 옥수수를 주식으로 하기 때문이라는 내용을 썼으면 정답으로 합니다.

12 우리나라, 중국, 일본의 젓가락의 특징이 조금씩 차이가 있는 까닭은 주로 먹는 음식이나 식사 예절 등이 다르기 때문입니다.

13 ㉠ 베트남은 우리나라와 활발하게 교류하는 대표적인 나라로, 쌀을 많이 수출합니다.

14 사우디아라비아는 세계적인 원유 생산 국가로, 석유 자원의 수출을 바탕으로 세계 각국에서 여러 기술을 도입해 국가 발전을 이루고 있습니다.

15 미국은 영토 면적이 넓고, 인구도 우리나라의 약 6.4배로 많으며, 한 나라 안에서도 다양한 지형과 기후가 나타납니다.

> **자료 다시보기**
>
> **사우디아라비아의 특징**
>
> | 자연환경 | 영토 면적은 약 221만 km²이고, 주로 건조 기후가 나타남. |
> |---|---|
> | 인문환경 | • 인구는 약 3,500만 명으로, 우리나라의 약 2/3배임.
• 세계적인 원유 생산 국가로, 석유 자원의 수출을 바탕으로 세계 각국에서 여러 기술을 도입해 국가 발전을 이루고 있음. |
> | 우리나라와의 관계 | 우리나라가 원유를 수입하는 대표적인 나라임. |

50쪽 수행 평가 ❶회

1 ⊙ 대륙 ⓒ 대양 2 ⑩ 오세아니아는 대륙 중에 가장 작으며, 남반구에 있습니다. 3 ⑩ 남극해, 남극 대륙을 둘러싸고 있습니다.

1 대륙은 바다로 둘러싸인 큰 땅덩어리를 말하며, 아시아, 아프리카, 유럽 등이 있습니다. 대양은 큰 바다를 말하며, 태평양, 대서양, 인도양 등이 있습니다.

2 가장 큰 대륙은 아시아, 가장 작은 대륙은 오세아니아입니다.

채점 tip 대륙 중에 가장 작고, 남반구에 있다고 썼으면 정답으로 합니다.

3 남극해는 남극 대륙을 둘러싸고 있으며, 남반구에 있습니다.

채점 기준	상	남극해라고 쓰고 남극 대륙을 둘러싸고 있다고 쓴 경우
	중	남극해라고만 쓴 경우

51쪽 수행 평가 ❷회

1 한대 기후 2 ⊙ 적도 ⓒ 건조 기후 ⓒ 사계절
3 ⑩ 해발 고도가 높은 지역에서 나타나는 기후로, 적도 부근의 고산 지역은 일 년 내내 날씨가 온화하여 우리나라의 봄 날씨와 비슷합니다.

1 한대 기후는 햇볕을 가장 적게 받는 극지방에서 나타나는 기후로, 가장 따뜻한 달의 평균 기온이 10℃ 미만으로 매우 춥습니다.

자료 다시보기

한대기후의 분포와 특징

분포	남극과 북극 주변의 고위도 지역에 나타남.
특징	기온이 매우 낮아 얼음과 눈으로 덮인 곳이 많고, 나무가 자라기 어려움.

2 세계의 기후는 한대 기후, 냉대 기후, 온대 기후, 열대 기후, 건조 기후, 고산 기후 등으로 나눌 수 있으며, 기후에 따라 사람들의 생활 모습이 달라집니다.

3 고산 기후 지역에 사는 사람들은 낮은 기온에서도 잘 자라는 감자, 옥수수 등을 주로 먹습니다. 또한 낮과 밤의 큰 기온 차를 견디려고 망토와 같은 옷을 입습니다.

채점 tip 해발 고도가 높은 지역에서 나타나고, 날씨가 온화하고 썼으면 정답으로 합니다.

52쪽 수행 평가 ❸회

1 일본 2 ⑩ 유럽과 아시아에 걸쳐 있어 두 대륙의 문화를 바탕으로 문학, 음악, 발레 등이 발달했습니다. 3 ⑩ 우리나라와 중국, 일본은 모두 한자를 사용합니다.

1 일본은 국토 대부분이 산지이며 화산 활동과 지진이 자주 일어납니다. 원료를 수입하여 제품을 만든 후 다른 나라로 수출하는 산업이 일찍이 발달했습니다.

2 또한 러시아는 석유, 천연가스 등 천연자원이 풍부해 다양한 산업이 발달했습니다.

채점 tip 문화, 산업 등과 관련해 러시아의 인문환경 특징을 썼으면 정답으로 합니다.

자료 다시보기

러시아의 자연환경과 인문환경

자연환경	• 세계에서 영토가 가장 넓은 나라이며, 위도가 높아 냉대 기후가 넓게 나타남. • 동부는 주로 고원과 산지가, 서부는 평야가 넓게 펼쳐짐.
인문환경	• 유럽과 아시아에 걸쳐 있어 두 대륙의 문화를 바탕으로 문학, 음악, 발레 등이 발달함. • 석유, 천연가스 등 천연자원이 풍부해 다양한 산업이 발달함.

3 우리나라, 중국, 일본은 지리적으로 가까워서 비슷한 점이 많습니다.

채점 tip 세 나라 모두 한자를 사용한다고 썼으면 정답으로 합니다.

2. 통일 한국의 미래와 지구촌의 평화

1 한반도의 미래와 통일 (1)

55쪽 기본 개념 문제

1 독도 2 화산 3 ○ 4 × 5 천연기념물

56쪽~57쪽 문제 학습

1 ① 2 **예** 동해의 한가운데에 자리 잡고 있어 선박의 항로뿐만 아니라 군사적으로도 중요한 위치에 있습니다. 3 ④ 4 아량 5 경상북도 6 ⑤ 7 ㉡, ㉢ 8 (1) ㉠ (2) ㉡ 9 ② 10 제훈 11 **예** 독도 주변 바다는 차가운 바닷물과 따뜻한 바닷물이 만나 먹이가 풍부하기 때문입니다. 12 가스 하이드레이트

1 독도는 우리나라 영토 중 가장 동쪽에 위치한 섬으로, 북위 37°, 동경 132°에 가까이 있습니다.

2 독도는 우리나라, 일본, 러시아 세 나라로 둘러싸여 있는 동해에 위치해 있어 교통과 군사적으로 중요합니다.

   채점 tip 독도는 교통과 군사적으로 중요한 위치에 있다고 썼으면 정답으로 합니다.

3 ④ 독도는 동도와 서도 2개의 큰 섬과 그 주변 89개의 바위섬으로 이루어져 있습니다.

4 독도에서 울릉도까지의 거리가 일본 오키섬까지의 거리보다 약 70km 더 가깝습니다.

5 독도는 우리나라에서 가장 동쪽에 있는 영토로, 행정구역상 경상북도 울릉군 울릉읍에 속합니다.

6 독도는 우리나라에서 가장 오래된 화산섬이고, 지형과 자연 경관이 독특하기 때문에 천연기념물로 지정했습니다.

   자료 다시보기

   독도를 천연기념물로 지정해 보호하고 있는 까닭
   • 우리나라에서 가장 오래된 화산섬이기 때문입니다.
   • 지형과 자연 경관이 독특하고 아름답기 때문입니다.
   • 독도에는 다양한 동식물이 서식하고 있기 때문입니다.

7 ㉠ 독도는 경사가 급하고 대부분 암석입니다. ㉢ 독도는 차가운 바닷물과 따뜻한 바닷물이 만나 먹이가 풍부해 여러 해양 생물이 살기 좋은 환경을 갖추고 있습니다.

8 독도는 화산섬으로, 탕건봉, 코끼리 바위, 독립문 바위 등 독특한 지형과 경관이 나타납니다.

자료 다시보기

독도의 독특한 지형

탕건봉 한반도 바위 독립문 바위 코끼리 바위 천장굴

탕건봉	봉우리의 모양이 옛날 관리가 갓 아래 받쳐 쓰던 탕건과 닮음.
코끼리 바위	코끼리가 코를 물속에 넣고 물을 마시는 모습과 닮음.
독립문 바위	독립문 모양을 닮아서 독립문 바위라고 부름.
한반도 바위	북쪽에서 바라보면 마치 한반도처럼 생긴 바위임.
천장굴	파도, 바람 등에 깎여서 절벽에 생긴 동굴로, 천장이 뚫려 있어 천장굴이라고 불림.

9 독도에는 사철나무, 섬기린초, 괭이갈매기 등 다양한 동식물이 서식하고 있습니다.

10 예진 – 아름다운 경관을 보러 독도를 찾는 관광객이 늘고 있습니다. 유람 – 독도는 우리나라 동쪽 끝에 있는 섬으로 영토와 영해 설정에 있어 중요합니다.

11 독도 주변 바다는 차가운 바닷물과 따뜻한 바닷물이 만나 먹이가 풍부해 살오징어, 도화새우 등 여러 해양 생물이 살기 좋은 환경을 갖추고 있습니다.

   채점 tip 독도 주변 바다는 차가운 물과 따뜻한 물이 만나 먹이가 풍부하다는 점을 정확히 썼으면 정답으로 합니다.

12 가스 하이드레이트는 미래 에너지원으로 주목받고 있습니다.

BOOK ❶ 개념북

2 단원

1 한반도의 미래와 통일 (2)

59쪽　기본 개념 문제

1 ○　2 ×　3 「조선왕국전도」　4 안용복　5 정부

60쪽~61쪽　문제 학습

1 『세종실록』「지리지」　2 ②　3 ㉠, ㉣　4 「팔도총도」　5 ⑩ 오래 전부터 독도가 우리나라의 영토임을 알 수 있습니다.　6 민지　7 ③　8 안용복　9 ⑩ 일본에서 울릉도와 독도가 우리나라 영토임을 주장하고, 이를 확인하는 문서를 일본으로부터 받아 냈습니다.　10 ⑴ ○　⑵ ×　⑶ ○　11 반크　12 종희

1　『세종실록』「지리지」에는 지금의 독도인 우산과 지금의 울릉도인 무릉이 동쪽 바다에 있다는 사실이 나와 있습니다.

2　우산도는 독도의 옛 이름으로, 가장 오랫동안 사용한 명칭입니다.

3　㉠ 태정관은 당시 일본의 최고 행정 기관입니다. ㉣ 프랑스의 지리학자가 만든 조선의 전도입니다.

> **자료 다시보기**
>
> **우리나라의 옛 기록과 옛 지도**
>
> | | |
> |---|---|
> | 『세종실록』「지리지」 (1454년) | 우산(독도)과 무릉(울릉도)이 울진현의 정동쪽 바다에 있다는 사실이 나와 있음. |
> | 대한 제국 칙령 제41호(1900년) | 석도(독도)를 울도군(울릉군)의 관할 구역에 포함한다는 대한 제국 황제의 칙령 |
> | 「팔도총도」 (1531년) | 지리서인 『신증동국여지승람』에 수록된 지도로, 우산도(독도)가 조선의 영토에 포함되어 있음. |
> | 「조선전도」 (18세기 후반) | 우산도(독도)가 제자리인 울릉도의 동쪽에 그려져 있음. |

4　「팔도총도」는 현존하는 우리나라 옛 지도 중 우산도(독도)가 표기된 가장 오래된 지도입니다.

5　「팔도총도」를 통해 옛날 우리 조상들은 독도를 우리 땅이라고 생각하고 있었다는 것을 알 수 있습니다.
　　채점 tip 옛날부터 독도가 우리나라의 영토임을 알 수 있다고 썼으면 정답으로 합니다.

> **자료 다시보기**
>
> **독도가 우리나라의 영토임을 보여주는 옛 지도**
>
>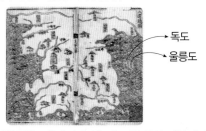
>
> → 독도
> → 울릉도
>
> 「팔도총도」는 현존하는 우리나라 옛 지도 중 우산도(독도)가 표기된 가장 오래된 지도입니다. 당시 지도에는 우산도(독도)를 실제와 달리 울릉도의 서쪽에 그렸습니다.

6　일본에서 만든 지도를 통해 예부터 독도가 우리나라의 영토임을 알 수 있습니다.

7　정부와 민간단체는 독도를 지키기 위해 다양한 노력을 하고 있습니다. ③ 일본의 억지 주장에 대해 무력으로 항의를 하고 있지는 않습니다.

> **자료 다시보기**
>
> **독도를 지키기 위한 정부와 민간단체의 노력**
>
> | | |
> |---|---|
> | 정부 | • 독도에 등대, 선박 접안 시설, 경비 시설 등을 설치함.
• 독도의 생태계를 보호하고 독도를 지속적으로 이용할 수 있도록 여러 법령을 시행하고 있음. |
> | 민간단체 | • 외국에 독도를 알릴 수 있는 홍보 활동을 다양하게 하고 있음.
• 독도를 잘못 소개한 정보와 자료를 찾아 수정을 요구하는 등의 노력을 하고 있음. |

8　안용복은 울릉도에서 불법으로 고기잡이를 하던 일본 어선에 항의를 했습니다.

9　안용복은 일본에 가서 울릉도와 독도가 우리나라의 영토임을 일본으로부터 확인하고 돌아왔습니다.
　　채점 tip 일본에 가서 울릉도와 독도가 우리나라의 영토임을 확인했다는 내용을 썼으면 정답으로 합니다.

10　⑵ 정부가 독도를 지키려고 노력하는 모습입니다.

11　반크는 1999년 인터넷상에서 전세계 외국인에게 한국을 알리기 위해 설립된 사이버 외교 사절단입니다.

12　반크는 독도에 관한 사실을 전 세계 사람들에게 알리고, 일본의 억지 주장을 바로잡는 데 힘쓰고 있습니다.

① 한반도의 미래와 통일 (3)

기본 개념 문제

1 분단 **2** 전쟁 **3** × **4** ○ **5** 육로

문제 학습

1 ㉠ 광복, ㉡ 6·25 전쟁 **2** ③ **3** 이산가족
4 (1) ○ (2) × **5** 예 다른 분야에 사용하면 사회의
여러 분야가 발전할 수 있습니다. **6** ㉠, ㉣ **7** ④
8 ② **9** 예 1991년에 남북 기본 합의서가 채택되었
습니다. **10** (2) ○ **11** ③ **12** 현규

1 남한과 북한 사람들은 남북 분단으로 여러 가지 어
려움을 겪고 있습니다.

2 ③ 남북 분단으로 남한과 북한이 사용하는 국방비
의 비율이 높아 경제적으로 손실을 보고 있습니다.

> **자료 다시보기**
>
> **남북 분단으로 겪는 어려움**
>
> | 전쟁에 대한 두려움 | 전쟁이 일어날 수 있다는 공포가 있으며, 세계 평화에 부정적 영향을 미치고 있음. |
> | --- | --- |
> | 이산가족의 고통 | 이산가족들이 고향에 가지 못해 슬픔을 겪고 있음. |
> | 언어와 문화의 차이 | 남북한의 언어, 문화와 생활 모습 등의 차이가 더욱 벌어지고 있음. |
> | 과도한 국방비 지출 | 남한과 북한의 국방비 지출이 많아 경제적으로 손실을 보고 있음. |

3 남북 분단으로 이산가족들이 고향을 가지 못하거나
가족을 만날 수 없어서 슬픔에 빠져 있습니다.

4 (2) 남북 분단으로 남한과 북한이 서로의 장점을 살
리지 못하고 자원이나 기술력 등을 효율적으로 사
용하지 못하고 있습니다.

> **자료 다시보기**
>
> **남북한의 언어 비교**
>
> | 남한 | 북한 |
> | --- | --- |
> | 날씨 | 날거리 |
> | 빙수 | 단얼음 |
> | 해열제 | 열내림약 |
> | 꿈나라 | 잠나라 |

5 통일이 되면 국방비가 줄어서 남은 비용을 국민들
삶의 질을 높이는 곳에 사용할 수 있습니다.

> **채점 tip** '국방비를 효율적으로 사용할 수 있다.', '다른 분야에 사
> 용할 수 있다.' 등의 내용을 썼으면 정답으로 합니다.

6 남북통일이 된다면 국방비를 줄일 수 있고, 우리나
라의 전통문화와 역사를 함께 발전시킬 수 있을 것
입니다.

7 남북통일이 되면 전쟁에 대한 두려움과 전쟁 가능
성이 사라질 것입니다.

8 남한의 자본과 기술력에 북한의 노동력이 결합한
개성 공단이 활발하게 운영되었던 적이 있습니다.

> **자료 다시보기**
>
> **남북통일을 위한 노력**
>
> | 정치적 노력 | • 1972년 7·4 남북 공동 성명을 발표함.
• 1985년 처음으로 이산가족이 상봉하였고 이후 여러 차례 상봉이 이루어짐.
• 1991년 남북 기본 합의서가 채택되었음.
• 2000년, 2007년, 2018년 남북 정상 회담이 열렸음. |
> | --- | --- |
> | 경제적 노력 | • 남과 북이 끊어진 도로와 철도를 연결하고 시설을 개선함.
• 남한의 자본과 기술력에 북한의 노동력이 결합한 개성 공단이 활발하게 운영되었던 적이 있음. |
> | 사회·문화적 노력 | • 2018년 남북한 예술단이 강릉, 서울, 평양에서 합동 공연을 했음.
• 2018년 남한과 북한 선수들이 평창 동계 올림픽 대회에 공동으로 입장했음. |

9 남북 교류의 움직임은 1970년대 들어 나타나기 시
작했고, 1991년에는 남북 화해, 교류, 협력 등의 내
용이 담긴 남북 기본 합의서를 채택하였습니다.

> **채점 tip** 7·4 남북 공동 성명, 남북 기본 합의서 채택, 남북 정상
> 회담 개최 등의 내용 중 한 가지를 썼으면 정답으로 합니다.

10 (1) 북한 지역의 풍부한 지하자원을 사용할 수 있어
경제가 성장합니다. (3) 중국, 러시아를 지나 유럽의
여러 나라까지도 육로로 갈 수 있습니다.

11 남북통일이 된다면 북한에서 살던 또래 친구들과
같은 교실에서 공부할 수 있습니다. ③ 통일이 되면
남한과 북한 중 아무 곳에서나 공부할 수 있습니다.

12 통일이 되면 여러 분야에서 지금보다 발전해 살기
좋은 나라가 될 수 있을 것입니다.

BOOK ① 개념북

2 단원

2 지구촌의 평화와 발전 (1)

67쪽 기본 개념 문제

1 팔레스타인 **2** 메콩강 **3** 종교 **4** × **5** ○

68쪽~69쪽 문제 학습

1 (1) ○ (2) × **2** ①, ④ **3** ㉠ 유대교, ㉡ 이슬람교
4 메콩강 **5** ⑤ **6** 예 시리아에서는 독재 정치와
종교 문제로 국내에 크고 작은 전쟁이 계속되고 있습
니다. **7** 내전 **8** (1) ○ **9** ㉠, ㉢, ㉣ **10** 예 자기
나라의 이익을 먼저 생각하기 때문입니다. **11** 전체
12 ㉠, ㉢

1 영토, 종교, 민족, 자원, 문화 등 다양한 원인으로
일어나는 갈등이 지구촌의 평화를 위협합니다.

2 이스라엘과 팔레스타인은 하나의 지역을 서로 자기
땅이라고 주장하고 있고, 종교가 달라 갈등이 일어
나고 있습니다.

3 이스라엘과 팔레스타인의 갈등은 영토뿐만 아니라
종교, 그동안의 충돌로 인한 오래된 감정도 원인이
되어 일어났습니다.

4 메콩강은 중국, 미얀마, 라오스, 타이, 캄보디아, 베
트남을 흐르는 강입니다.

5 밑줄 친 나라들은 주로 벼농사를 짓기 때문에 물이
부족하면 식량난에 처할 수 있어서 서로 양보할 수
없는 문제가 되었습니다.

6 시리아에서는 독재 정치에 반대하는 시위대와 정부
군의 갈등으로 내전이 일어났습니다. 이후 종교 갈
등으로까지 번졌고 주변 나라들의 개입으로 더욱
상황이 악화되었습니다.

> **채점 tip** 독재 정치와 종교 문제 때문이라고 썼으면 정답으로 합
> 니다.

7 나라 안에서도 민족이나 종교, 인종, 생각과 믿음이
다른 경우가 많아 다툼이 시작되면 쉽게 끝나지 않
습니다.

8 나이지리아는 서로 문화와 종교가 다른 부족들이
하나의 나라로 묶여 있어서 내전이 일어나고 있습
니다.

> **자료 다시보기**
>
> **나이지리아 내전**
>
> ▲ 나이지리아의 언어 민족 구분
>
> 나이지리아는 1960년 영국으로부터 독립했지만 식민지 이후
> 만들어진 국경으로 다른 문화와 종교를 가진 종족들이 하나
> 의 나라로 묶여 있게 되었습니다. 여러 종족들이 서로 화합하
> 지 못하고 종족, 종교 등의 원인으로 충돌하고 있습니다.

9 시리아에서는 독재 정치로 인한 내전이 종교 갈등
으로까지 번졌습니다. 카슈미르 지역은 힌두교도가
많은 인도와 이슬람교도가 많은 파키스탄이 갈등하
는 곳입니다. 팔레스타인 지역은 유대교를 믿는 유대인
과 이슬람교를 믿는 아랍인이 갈등하는 곳입니다.

10 자기 나라의 이익을 먼저 생각하고 갈등의 세월이
길기 때문에 갈등이 지속되고 있습니다.

> **채점 tip** '갈등의 세월이 길다.', '자기 나라의 이익을 먼저 생각하기
> 때문이다.' 등의 내용을 썼으면 정답으로 합니다.

11 특정 지역에서 일어난 갈등이 지구촌 전체에 큰 영향
을 줍니다.

12 ㉡ 함부로 다른 나라를 침략하는 일이 없어야 합니다.

② 지구촌의 평화와 발전 (2)

1 국제 연합 2 ○ 3 비정부 4 이태석 5 ×

1 국제 연합(UN) 2 ④ 3 (1) ⓒ (2) ㉠ (3) ⓒ
4 ② 5 한국 국제 협력단 6 예 평화 유지, 환경
보전, 빈곤 퇴치 등을 위한 활동을 합니다. 7 (1) ○
8 그린피스 9 (1) ㉠ (2) ㉡ 10 예 전쟁, 질병, 자
연재해 등으로 고통받는 사람들에게 의료 지원 활동
을 펼칩니다. 11 말랄라 유사프자이 12 ⑤

1 지구촌 갈등은 한 나라나 개인의 힘만으로는 문제
　를 해결하기 어렵기 때문에 국제기구와 국가들이
　함께 노력하고 있습니다.

2 제1, 2차 세계 대전으로 많은 사람이 다치거나 죽고
　전쟁에 참여한 나라들이 큰 피해를 입자, 세계는 평
　화로운 방법으로 갈등을 해결하는 것이 중요하다는
　점을 깨닫고 국제 연합을 만들었습니다.

3 제시된 국제기구들은 국제 연합의 정신을 갖는 전
　문 산하 기구로서 각기 해당 분야에서 활동하는 기
　구들입니다.

4 우리나라는 전쟁이나 환경 파괴를 막고자 관련 조
　약에 가입하거나 다른 나라를 돕고 그 나라들과의
　관계를 우호적으로 유지할 수 있도록 다양한 외교
　활동을 하는 등의 노력을 펼치고 있습니다. ② 우리
　나라는 군대가 있습니다.

5 우리나라는 전쟁이나 폭력으로부터 생명과 인권을
　보호하고 지구촌 갈등을 해결하려고 다양한 활동을
　하고 있습니다.

6 비정부 기구는 인권, 아동, 보건, 환경 등의 각 분야
　에서 일어나는 지구촌 문제를 해결하려고 민간에서
　만든 단체입니다.

　　채점 tip 평화 유지, 환경 보전 등 비정부 기구가 하는 활동을 정
　확히 썼으면 정답으로 합니다.

7 비정부 기구는 국제기구와 달리 정부나 국가와 상
　관이 없어서 국가 이익과 관계없이 활동할 수 있습
　니다.

8 핵을 사용하면 위험하다는 의견을 가진 사람들이 '개
　인의 평화적 행동이 긍정적인 변화를 이끌어 낼 수
　있다'는 신념으로 1971년 그린피스를 설립했습니다.

9 ⓒ 핵무기 폐기 국제 운동은 핵무기와 관련된 모든
　활동을 반대하는 운동을 하며, 유엔 핵무기 금지 조
　약을 이끌어 냈습니다.

자료 다시보기

비정부 기구의 종류와 하는 일

국경 없는 의사회	그린피스
전쟁, 질병, 자연재해 등으로 고통받는 사람들에게 의료 지원 활동을 펼침.	지구 환경과 평화를 지키고자 다양한 방법으로 핵 실험 반대, 자연 보호 운동을 하고 있음.

세이브 더 칠드런	해비타트
아동의 생존과 보호를 돕고 이를 위한 시민들의 참여를 실현하고자 활동함.	가난, 전쟁, 재해 등으로 인해 고통받는 사람들의 주거 환경을 개선하는 활동을 함.

핵무기 폐기 국제 운동	국제 앰네스티
핵무기와 관련된 모든 활동을 반대하는 운동을 하며, 유엔 핵무기 금지 조약을 이끌어 냄.	인권이 차별받지 않고 존중받는 세상을 만들기 위해 사형 폐지, 난민 보호 등의 활동을 함.

10 국경 없는 의사회는 인종이나 종교, 성별 등과 관계
　없이 의료 도움이 필요한 사람들을 돕는 단체입니다.

　　채점 tip 고통받는 사람들에게 의료 지원을 하고 있다는 내용을 썼
　으면 정답으로 합니다.

11 말랄라 유사프자이는 여성 교육을 위해 활동한 파
　키스탄의 운동가입니다.

12 넬슨 만델라는 남아프리카 공화국의 흑인 인권 운
　동가로 화해와 관용의 정신을 기초로 인종 차별을
　없애고자 노력했습니다. 1994년에 대통령이 되어
　인종 차별 정책의 폐지를 선언했습니다.

③ 지속 가능한 지구촌 (1)

75쪽 기본 개념 문제

1 온난화 **2** 열대 우림 **3** ○ **4** 줄이고 **5** ×

76쪽~77쪽 문제 학습

1 (1) ○ (2) × **2** 열대 우림 **3** 대기 오염 **4** **예** 사람들의 필요에 따라 개발이 무분별하게 이루어지고 있기 때문입니다. **5** 지구 온난화 **6** 현우, 연두 **7** ㄹ **8** **예** 기업은 제품의 용기를 친환경 소재로 바꾸거나 포장재를 최소화한 상품을 소비자들에게 제공합니다. **9** 파리 협정 **10** 해양 **11** (2) ○ **12** (1) ㄴ (2) ㄱ (3) ㄷ

1 (2) 우리는 환경을 지키고 보존해야 할 의무가 있습니다.

2 사람들의 필요에 따라 개발이 무분별하게 이루어져 아마존 열대 우림 파괴 문제가 심각합니다.

3 석유와 석탄 등 화석 연료의 사용으로 공기가 오염되고 있습니다.

> **자료 다시보기**
>
> **지구촌의 다양한 환경 문제**
>
> | 지구 온난화 | · 극지방의 빙하가 녹고 있으며, 더위가 심한 날이 많아짐.
· 태풍이 자주 발생하고, 폭설이 내리는 등 세계 곳곳에서 이상 기후 현상이 나타남. |
> |---|---|
> | 대기 오염 | · 많은 오염 물질을 배출하는 화석 연료를 사용하는 공장과 자동차로 공기가 오염되고 있음.
· 크기가 아주 작은 먼지인 미세 먼지도 사람과 동식물에게 나쁜 영향을 줌. |
> | 열대 우림 파괴 | · 숲을 농지나 도시로 개발하거나 목재를 얻으려고 무분별하게 나무를 베기 때문에 발생함.
· 열대 우림이 파괴되어 지구 온난화가 더욱 심해지고 동식물이 살 곳을 잃고 있음. |
> | 사막화 | · 오랜 가뭄이나 과도한 개발로 사막 주변의 초원 지대가 점점 사막으로 변하고 있음.
· 식량 생산량이 줄어들고 황사가 심해지는 등의 문제가 나타남. |
> | 플라스틱 쓰레기 | · 플라스틱은 생산 과정에서 많은 자원을 사용함.
· 잘 썩지 않아 오랫동안 쓰레기로 남아 있어 환경을 파괴함. |

4 경제적 이익, 편리함 등만을 생각하며 환경을 생각하지 않고 개발을 하기 때문에 환경 문제가 발생합니다.

> **채점 tip** '무분별하게 개발한다.', '환경을 생각하지 않고 개발한다.' 등의 내용을 썼으면 정답으로 합니다.

5 지구 온난화는 대기 중에 이산화 탄소, 메탄 등 온실가스가 늘어나 태양열 일부를 지구에 가둬서 지구의 평균 기온이 높아지는 현상입니다.

6 지구 온난화로 사막화가 지속되고, 산호 백화 현상이 진행되고 있습니다.

7 ㄹ은 지구촌 환경 문제를 해결하기 위한 세계의 노력에 해당합니다.

8 기업은 친환경 제품을 생산하거나 재사용이 가능한 원료를 이용하여 제품을 생산하기도 합니다.

> **채점 tip** 예시 답안과 관련해 지구촌 환경 문제를 해결하기 위한 기업의 노력을 썼으면 정답으로 합니다.

9 정부에서는 지속 가능한 미래를 위한 정책과 법령을 마련하고, 기업에서 배출되는 온실가스의 양을 규제하는 등 파리 기후 협정의 목표를 실천하고자 노력하고 있습니다.

10 해양에 들어온 플라스틱은 미세 플라스틱이 되어 해양 생태계뿐만 아니라 생선이나 조개, 소금을 먹는 지구촌 사람들까지 위협하고 있습니다.

> **자료 다시보기**
>
> **해양 쓰레기 문제**
>
>
>
> · 플라스틱을 비롯한 엄청난 양의 쓰레기가 해양으로 쏟아져 들어가 바다 위에 거대한 섬이 생겼습니다.
> · 해양에 들어온 플라스틱은 미세 플라스틱이 되어 해양 생태계와 생선이나 조개, 소금을 먹는 사람들까지 위협하고 있습니다.

11 (1) 기업은 제품 생산 과정에서 오염 물질의 배출을 줄이고, 친환경 제품을 생산하는 기술을 개발하려고 노력합니다.

12 지구촌의 환경 문제를 해결하기 위해서는 개인, 기업, 국가, 세계의 많은 나라가 함께 노력해야 합니다.

③ 지속 가능한 지구촌 (2)

기본 개념 문제

1 지속 **2** 세계 시민 **3** × **4** 친환경적 **5** ○

문제 학습

1 지속 가능한 미래 **2** ⑴ ○ **3** 국제 연합(UN)
4 ◉ 지속 가능한 미래를 만들기 위해 지구촌의 문제
에 관심을 가지고 해결하려고 적극적으로 협력하는
사람을 말합니다. **5** ⑴ ㉡ ⑵ ㉠ **6** ⑴ ○ ⑵ ×
7 ② **8** ⑵ ○ **9** 공정 무역 **10** ㉢ **11** 로컬 푸드
운동 **12 ◉** 먼 곳에서 이동하기 위해 사용하는
화석 연료 사용을 줄여 환경을 지킬 수 있습니다.

1 나와 우리 그리고 미래 세대가 살아갈 지속 가능한
미래를 위해서 우리는 환경을 지키고 보존해야 할
책임을 가지고 있습니다.

2 다양한 문제들은 오늘날 사람들의 안정적인 생활을
어렵게 할 뿐만 아니라, 미래의 사람들이 발전할 수
있는 권리까지 빼앗고 있습니다.

> **자료 다시보기**
>
> **지속 가능한 미래의 필요성**
> • 지구촌에는 환경 오염, 빈곤과 기아, 갈등과 분쟁 등 해결하
> 기 어려운 문제들이 나타나고 있습니다.
> • 문제들은 오늘날 사람들의 생활을 어렵게 할 뿐만 아니라,
> 미래의 사람들이 발전할 수 있는 권리까지 빼앗고 있습니다.

3 지속 가능한 목표는 평화롭고 더욱 발전하는 지구
촌을 이루고자 우리가 관심을 기울이고 해결해야
할 과제입니다.

4 우리는 세계 시민으로서 지구촌 문제에 관심을 기울이
고 이를 해결하고자 노력해야 합니다.

> **채점 tip** 지속 가능한 미래를 만들기 위해 노력하고 협력하는 사
> 람이라는 내용을 썼으면 정답으로 합니다.

5 친환경적 생산과 소비는 환경을 생각하며 물건을
생산하고 소비하는 활동입니다.

6 ⑵ 쓰레기를 줄이기 위해 포장을 줄이고 상표 띠가
없는 페트병에 담긴 생수를 판매하기도 합니다.

7 플라스틱 쓰레기를 줄이기 위해 옥수수, 대나무 등
친환경 재료를 이용해 상품을 만들고 있습니다.

> **자료 다시보기**
>
> **친환경적 생산의 사례**
> • 친환경적인 재료를 이용하여 물건을 만듭니다.
> • 환경 오염이 적은 전기 자동차나 수소 자동차를 만듭니다.
> • 농작물을 재배할 때 화학 비료나 농약 등의 사용을 줄입니다.
> • 쓰레기를 줄이기 위해서 상표 띠가 없는 페트병에 담긴 생
> 수를 판매합니다.

8 대나무, 옥수수 전분 등 친환경 재료로 만든 상품은
자연에서 분해되거나 시간이 지나면서 썩어 없어져
서 퇴비로 사용할 수 있습니다.

9 환경친화적인 방식으로 생산한 공정 무역 제품을
구입하여 친환경적 소비를 할 수 있습니다.

> **자료 다시보기**
>
> **친환경적 소비의 사례**
>
>
>
> | 포장이 없거나 필요한 만큼
만 덜어서 살 수 있는 제품을
구입함. | 환경친화적인 방식으로 생
산한 공정 무역 제품을 구입
함. |
> | --- | --- |

10 동물 복지 인증 표시는 동물에게 쾌적한 환경을 제
공한 곳에서 식품을 생산했다는 친환경 인증 표시
입니다.

11 로컬 푸드 운동은 환경을 보호하고자 가까운 곳에서 생
산한 식품을 소비하자는 운동입니다.

> **자료 다시보기**
>
> **로컬 푸드 운동**
>
>  로컬 푸드 운동은 가까운 곳에
> 서 생산한 식품을 소비하자는
> 운동입니다. 먼 곳에서 생산된
> 식품은 운반하는 과정에서 자동
> 차, 기차 등에 화석 연료가 사용
> 되기 때문에 환경이 오염됩니다. 또한 신선도를 유지하려고
> 화학 물질을 사용하기 때문에 가까운 곳에서 생산한 식품을
> 구입하는 것은 환경을 지키는 소비 방법 중 하나입니다.

12 로컬 푸드는 신선도를 유지하기 위한 화학 물질의 사
용이 적기 때문에 건강에도 좋습니다.

> **채점 tip** 로컬 푸드 운동에 참여하여 우리가 얻을 수 있는 이점을
> 정확히 썼으면 정답으로 합니다.

3 지속 가능한 지구촌 (3)

83쪽 기본 개념 문제

1 기아 **2** 학교 **3** 홍보 **4** ○ **5** 세계 시민

84쪽~85쪽 문제 학습

1 (1) 기아 (2) 빈곤 **2** 근아 **3** (1) × (2) ○ **4** 기아
5 예 아프리카 지역에서 영양 결핍 비율이 높게
나타납니다. **6** ③ **7** 적정 기술 **8** ④ **9** ㉢
10 세계 시민 **11** ④ **12** 예 대기가 오염되지 않도
록 가까운 거리는 걷거나 자전거를 타고 이동합니다.

1 지구촌에서 빈곤과 기아 문제가 심각한 문제로 나
타나고 있습니다.

2 지구 온난화로 가뭄이 생기고 물이 부족해져 빈곤
문제가 심각합니다.

3 (1) 세계 어린이의 21.3%는 영양을 제대로 공급받지
못해 건강하게 성장하는 데 어려움을 겪습니다.

4 지도를 보면 기아 문제로 고통을 겪고 있는 지역이
많다는 것을 알 수 있습니다.

5 아프리카 지역에서 영양 결핍 비율이 높게 나타나
고, 유럽이나 미국 등에서 영양 결핍 비율이 낮게
나타납니다.

채점 tip 아프리카 지역에서 영양 결핍 비율이 높게 나타난다는
점을 썼으면 정답으로 합니다.

6 ③ 지구촌 사람들은 함께 살아가고 있으며 이러한
문제는 결국 우리 모두의 문제이기 때문에 빈곤과
기아 문제를 해결하기 위해 노력해야 합니다.

자료 다시보기

빈곤과 기아 문제를 해결하기 위한 노력

식량이 부족한 지역에 식량을 지원하
고, 어린이들에게 필요한 약과 물품
을 공급함.

빈곤으로 교육받기 어려운 사람들을
위해 직접 교육하거나 빈곤 지역에
학교를 지음.

빈곤과 기아 문제에 사람들이 관심을
가질 수 있도록 다양한 홍보 활동을
벌임.

7 적정 기술은 지역의 필요와 조건에 맞게 개발한 기
술로, 적정 기술로 만든 물건에는 정화 빨대, 큐(Q)
드럼 등이 있습니다.

8 세계 곳곳에서는 문화가 다르다는 이유로 편견과
차별에 고통받는 사람들이 있습니다. ④는 문화가
달라서 생기는 문제가 아닙니다.

9 문화에는 좋고 나쁨이 없기 때문에 서로 다른 문화
를 존중하는 태도를 가져야 합니다.

자료 다시보기

문화적 편견과 차별 문제를 해결하기 위한 노력

편견과 차별 문제를 해결하기 위해
상담을 지원하고 제도를 마련함.

서로 다른 문화를 이해하고 다양성을
존중하는 교육을 진행함.

다양한 문화를 체험하며 이해할 수
있는 행사를 개최함.

10 지속 가능한 미래를 위해 생활 속에서 세계 시민으
로서의 태도를 지녀야 합니다.

11 세계 시민은 지구촌의 문제에 관심을 가지고 이를 해
결하고자 꾸준히 노력하고 있습니다.

12 나와 다른 문화를 가진 친구에게 편견을 가지지 않
고 서로 다른 문화를 이해합니다.

채점 tip 세계 시민으로서 지구촌 문제를 해결하고자하는 노력을
알맞게 썼으면 정답으로 합니다.

86쪽~87쪽 교과서 통합 핵심 개념

1 동쪽 **2** 「팔도총도」 **3** 전쟁 **4** 개성 공단 **5** 국제
연합(UN) **6** 비정부 기구 **7** 일회용품 **8** 세계 시민

88쪽~90쪽 단원 평가 ❶ 회

1 ㉡ **2** ① **3** 예 옛날부터 일본이 독도를 우리
나라의 땅으로 인식하고 있음을 알 수 있습니다.
4 (1) 안용복 (2) 정부 **5** ③ **6** ② **7** ③ **8** ㉢
9 ⑤ **10** 예 국경 없는 의사회, 전쟁, 질병, 자연재
해 등으로 고통받는 사람들에게 의료 지원 활동을
펼치고 있습니다. **11** ① **12** (1) ㉢ (2) ㉠ (3) ㉡
13 ⑤ **14** ㉢ **15** 예 서로 다른 문화를 이해할 수
있도록 다양한 교육을 진행합니다.

1 ㉡ 독도는 동도와 서도인 두 개의 큰 섬과 그 주위에 크고 작은 바위섬 89개로 이루어졌습니다.

2 독도는 동해의 한가운데에 자리 잡고 있어 선박의 항로로 중요한 위치에 있습니다.

3 이 지도에는 조선은 황색, 일본은 녹색으로 칠했는데 울릉도와 독도를 한반도와 같은 황색으로 칠했습니다.

채점 tip 독도가 우리나라의 땅이라고 인식하고 있었다는 내용을 썼으면 정답으로 합니다.

4 ⑴ 안용복은 일본에 가서 울릉도와 독도가 조선의 땅임을 확인해 준 문서를 받아와 일본이 울릉도와 독도를 조선의 땅으로 인정하는 데 중요한 역할을 했습니다. ⑵ 정부는 독도를 지키려고 여러 법령을 시행하고, 민간단체는 독도가 우리나라의 영토임을 알리는 다양한 활동을 하고 있습니다.

5 광복 이후 우리나라의 남과 북에는 서로 다른 정부가 수립되었고 6·25 전쟁을 겪으면서 분단이 더욱 굳어졌습니다.

6 개성 공단 가동, 남북 도로와 철도 연결 등은 남북 통일을 위한 경제적 노력의 모습입니다.

7 ③ 생각과 믿음이 다르기 때문에 지구촌에서 갈등이 일어납니다.

8 2010년에 중국이 메콩강 상류에 거대한 댐을 건설해 흐르는 물의 양을 조절하자 다른 나라가 크게 반발했습니다.

9 이스라엘 사람들이 현재 팔레스타인 사람들이 살고 있는 곳을 역사적으로 이스라엘 사람들이 살던 곳이기 때문에 자기 땅이라고 주장하여 갈등을 겪고 있습니다.

10 이 외에도 그린피스에서는 다양한 방법으로 핵 실험 반대, 자연 보호 운동을 하고 있습니다. 비정부 기구에는 국경 없는 의사회, 국제 앰네스티, 해비타트 등이 있습니다.

채점 기준	상	비정부 기구를 한 곳 쓰고, 그 기구에서 하는 활동을 알맞게 쓴 경우
	중	비정부 기구 한 곳만 쓴 경우

11 국제 연합에는 다양한 전문 기구들이 설립되어 있으며, 세계 여러 나라가 서로 협력해 지구촌 갈등을 해결하려고 노력하고 있습니다.

12 지구촌 환경 문제를 해결하고자 개인, 기업, 국가, 세계가 여러 가지 노력을 기울이고 있습니다.

13 환경을 생각하는 생산 활동은 우리의 건강과 환경을 지킬 수 있습니다.

14 ㉢은 문화적 편견과 차별을 해결하기 위한 노력입니다.

15 이 외에도 편견과 차별 문제를 해결하기 위한 제도 마련, 다양한 문화를 체험할 수 있는 행사 개최 등의 노력이 있습니다.

채점 tip 문화적 편견과 차별을 해결하기 위한 노력을 정확히 썼으면 정답으로 합니다.

91쪽~93쪽 **단원 평가 ②회**

1 ② **2** 『세종실록』「지리지」 **3** 반크 **4** ③
5 ⑩ 북한에서 살던 또래 친구들과 같은 교실에서 공부할 수 있습니다. 백두산이나 금강산으로 여행을 갈 수 있습니다. **6** ① **7** ③ **8** 국제기구 **9** 이태석 신부 **10** ⑩ 비정부 기구로, 뜻이 비슷한 사람들이 모여 지구촌의 여러 문제를 해결하고자 활동하는 조직입니다. **11** ④ **12** ⑩ 어패류를 먹는 사람들도 플라스틱을 먹는 일이 생길 수 있습니다. **13** ③
14 ㉠ 빈곤, ㉡ 기아 **15** 해리, 민호

1 ② 독도는 우리나라의 동쪽 끝에 위치한 섬입니다.

2 『세종실록』「지리지」를 통해 옛날부터 독도를 우리나라 영토로 생각하고 있었음을 알 수 있습니다.

3 반크는 인터넷에서 우리나라와 관련된 잘못된 사실을 바로잡는 데 노력하고 있습니다.

4 ③ 농촌의 일손 부족은 남북 분단으로 겪는 어려움이라고 보기 어렵습니다.

5 통일이 되면 남과 북에서 살던 사람들이 함께 어울려 생활하게 될 것입니다. 어른이 되면 평양에 있는 회사에 다닐 수 있습니다.

채점 tip 예시 답안과 같이 통일이 되면 달라질 생활 모습 한 가지를 정확히 쓴 경우 정답으로 합니다.

6 메콩강 유역 갈등은 여러 나라의 물 자원을 어느 한 국가가 많이 가지려고 하기 때문에 일어났습니다.

7 ③ 지구 온난화는 지구촌에서 발생하는 환경 문제입니다.

8 지구촌 갈등은 전 세계에 영향을 미치므로 한 나라나 개인의 힘만으로는 문제를 해결하기 어렵습니다.

9 지구촌 갈등을 해결하려면 국제기구와 국가뿐만 아니라 세계 시민으로서 각 개인의 역할도 중요합니다.

10 그린피스, 해비타트, 국경 없는 의사회, 국제 앰네스티 등의 비정부 기구는 인권, 환경, 보건 등 다양한 영역에서 활동하고 있습니다.

채점 기준	상	비정부 기구라고 쓰고, 그 의미를 자세히 쓴 경우
	중	비정부 기구라고만 쓴 경우

11 비정부 기구들은 지구촌 갈등을 해결하고 평화와 발전을 이룰 수 있도록 다양한 노력을 하고 있습니다.

12 우리가 일상생활에서 사용하고 버리는 플라스틱 쓰레기가 바다로 떠내려가면 바다가 오염되고 결국 우리 모두가 살아갈 수 없는 환경으로 변하게 됩니다.

채점 tip 어패류를 먹는 사람들도 플라스틱을 먹게 된다는 내용을 썼으면 정답으로 합니다.

13 ③ 지구 온난화로 극지방의 빙하 면적이 줄어들고 있습니다.

14 계속되는 가뭄으로 식량이 부족해지고, 전쟁이 일어나기 때문에 빈곤과 기아 문제가 발생합니다.

15 세계 시민은 지구촌 문제가 우리의 문제임을 알고 이를 해결하고자 협력하는 자세를 지닌 사람입니다.

94쪽 **수행 평가 ❶ 회**

1 ㉠ 동쪽, ㉡ 경상북도 **2** 예 독도 주변 바다는 차가운 바닷물과 따뜻한 바닷물이 만나 먹이가 풍부해 여러 해양 생물이 살기 좋은 환경입니다.

1 독도는 우리나라의 동쪽 끝에 있는 섬으로, 행정구역상 경상북도 울릉군 울릉읍에 속합니다.

2 독도는 우리나라 동쪽 끝에 있는 섬으로 영토와 영해 설정에 있어 중요한 위치입니다. 우리나라는 독도 전체를 천연기념물 제336호로 지정해 보호하고 있습니다.

채점 tip 독도의 지형, 자원 등과 관련해 독도의 가치를 썼으면 정답으로 합니다.

95쪽 **수행 평가 ❷ 회**

1 카슈미르 **2** 예 영토, 종교, 민족, 자원, 문화 등 다양한 원인으로 발생합니다. **3** 예 전쟁 등으로 살 곳을 잃은 난민들을 돕고 난민 문제를 해결하는 데 힘쓰고 있습니다.

1 이슬람교도가 대부분인 카슈미르 지역이 인도에 속하면서 갈등이 시작되었습니다.

2 자원을 둘러싼 분쟁, 더 넓은 영토와 영해를 차지하기 위한 분쟁, 민족이나 종교 등을 이유로 나타나는 분쟁 등이 있습니다.

채점 tip 영토, 종교, 민족 등의 갈등 원인을 썼으면 정답으로 합니다.

3 국제 연합(UN)은 지구촌의 평화 유지, 전쟁 방지, 국제 협력 등의 활동을 합니다.

채점 tip 난민을 돕고 있다는 내용을 썼으면 정답으로 합니다.

96쪽 **수행 평가 ❸ 회**

1 지구 온난화 **2** 예 환경을 생각하는 생산과 소비 활동을 통해 지구촌 환경 오염을 막고 피해를 보는 사람을 줄일 수 있기 때문입니다. **3** 예 물건을 구입할 때 친환경적인 물건을 선택합니다. 지구촌 문제 해결을 위해 생활 속에서 실천하려는 태도를 지닙니다.

1 지구의 평균 기온이 높아지는 현상인 지구 온난화가 발생하고 있습니다. 이로 인해 해수면이 올라가고 일부 나라는 물에 잠길 위기에 처해 있습니다.

2 환경을 생각하는 생산과 소비 활동으로 환경에 미치는 영향을 최소화함으로써 우리의 건강과 환경을 지킬 수 있습니다.

채점 tip 환경 오염을 줄이기 위해서라는 내용을 썼으면 정답으로 합니다.

3 지구촌 문제 해결에 책임감을 가지고 적극적으로 동참하는 태도를 가져야 합니다.

채점 기준	상	세계 시민으로서의 노력을 두 가지 쓴 경우
	중	세계 시민으로서의 노력을 한 가지만 쓴 경우

1. 세계의 여러 나라들

① 지구, 대륙 그리고 국가들

| 2쪽 | 묻고 답하기 ❶회 |

1 지구본   2 세계 지도   3 위선   4 디지털 영상 지도   5 대양   6 유럽   7 아시아   8 북아메리카   9 러시아   10 남북

| 3쪽 | 묻고 답하기 ❷회 |

1 지구본   2 평면   3 인터넷   4 대륙   5 대양   6 아프리카   7 북아메리카   8 태평양   9 바티칸 시국   10 단조로운

| 4쪽~7쪽 | 중단원 평가 |

1 세계 지도   2 ⑤   3 본초 자오선   4 예 전 세계의 모습을 한눈에 보기 어려워.   5 ㉠, ㉢, ㉣   6 (1) ✕ (2) ○ (3) ○   7 대륙   8 (1) 아시아 (2) 오세아니아   9 ③   10 예 북반구에 있으며 태평양, 대서양, 북극해와 접해 있습니다.   11 (1) 태평양 (2) 남아메리카   12 (1) ㉠ (2) ㉡   13 예 아시아, 유럽, 북아메리카 대륙에 둘러싸여 있으며, 북반구의 고위도 지역에 위치하고 있습니다.   14 ②   15 ⑤   16 ③   17 예 세계에서 영토의 면적이 가장 좁습니다.   18 캐나다   19 영규   20 뉴질랜드

1 세계 지도는 세계 여러 나라의 위치와 영역을 한눈에 살펴볼 수 있습니다.

2 ⑤ 세계 지도는 둥근 지구를 평면으로 나타낸 것이기 때문에 실제 모습과 다른 점이 있습니다.

3 본초 자오선은 지구의 경도를 결정하는 데 기준이 되는 선으로, 영국의 그리니치 천문대를 지나는 선으로 정합니다.

4 지구본은 실제 지구의 모습을 아주 작게 줄인 모형으로 지구의 실제 모습과 비슷하지만 전 세계의 모습을 한눈에 보기 어렵습니다.

채점 tip '전 세계의 모습을 한눈에 보기 어렵다.', '가지고 다니기 불편하다.' 등의 내용을 썼으면 정답으로 합니다.

이런 답도 가능해!
• 확대와 축소를 할 수 없습니다.
• 내 현재 위치를 검색할 수 없습니다.

5 디지털 영상 지도는 위성 영상이나 항공 사진에 디지털 정보를 결합해 만든 지도로, 다양한 지리 정보를 담고 있습니다. ㉡ 디지털 영상 지도는 스마트폰이나 컴퓨터를 이용해 지도를 확대, 축소할 수 있으며 원하는 지역으로 지도를 이동시킬 수 있습니다.

6 (1) 디지털 영상 지도를 이용하면 찾고자 하는 장소의 실제 모습을 볼 수 있습니다.

7 대륙에는 아시아, 아프리카, 유럽, 오세아니아, 북아메리카, 남아메리카, 남극 대륙이 있습니다.

8 아시아는 세계 육지 면적의 약 30%를 차지하는 세계에서 가장 큰 대륙입니다. 오세아니아는 대륙 중 가장 작으며 남반구에 있습니다.

9 아프리카는 아시아 다음으로 큰 대륙이며 북반구와 남반구에 걸쳐 있습니다.

10 북아메리카는 동쪽으로 대서양, 서쪽으로 태평양과 접해 있습니다.

채점 tip 북아메리카의 위치, 가까운 대양 등과 관련해 특징을 알맞게 썼으면 정답으로 합니다.

11 (1) 우리나라의 동쪽에는 태평양이 있습니다. (2) 북아메리카는 북반구에 있고 남아메리카는 대부분이 남반구에 있습니다.

12 대서양은 세계에서 두 번째로 큰 바다입니다. 인도양은 아시아, 아프리카, 오세아니아 등에 인접해 있습니다.

13 북극해는 북반구에 위치하며 여러 대륙에 둘러 싸여 있습니다.

채점 tip 예시 답안에 제시된 북극해의 범위와 위치 특징을 썼으면 정답으로 합니다.

14 ② 육지의 면적은 약 30%, 바다의 면적은 약 70%입니다.

15 ①은 북아메리카, ②는 유럽, ③은 아시아, ④는 아프리카에 속한 나라입니다.

16 세계에서 영토의 면적이 가장 넓은 나라는 러시아(1,710만 km²)이고, 두 번째로 넓은 나라는 캐나다(998만 km²)입니다.

17 바티칸 시국은 세계에서 영토의 면적이 가장 좁은
나라로, 면적이 0.44㎢ 정도이며 인구는 약 400명
입니다.

채점 tip 세계에서 영토의 면적이 가장 좁은 나라라는 내용을 썼
으면 정답으로 합니다.

18 지구본을 활용해 여러 나라의 범위와 위치 등을 살
펴보고, 어떤 대륙에 위치해 있는지, 어떤 바다와
붙어 있는지 등을 알 수 있습니다.

19 노르웨이와 칠레는 영토가 남북으로 길게 뻗은 모
양이고, 이집트는 국경선이 단조로운 편입니다.

20 나라마다 영토 모양은 서로 다릅니다. 세계 지도와
지구본을 살펴보면 다양한 나라들의 영토 모양을
알 수 있습니다.

2 세계의 다양한 삶의 모습

8쪽 묻고 답하기 1회

1 기후   2 극지방   3 열대 기후   4 고상 가옥
5 초원   6 게르   7 지중해   8 남극   9 자연환경
10 케밥

9쪽 묻고 답하기 2회

1 적도   2 온대 기후   3 한대   4 흙집   5 유목
6 침엽수림   7 고산   8 사리   9 인문환경
10 존중

10쪽~13쪽 중단원 평가

1 ④   2 건조 기후   3 예 적도 주변의 저위도 지역에
나타납니다.   4 ②   5 ㄹ   6 ⑴ ㄴ   ⑵ ㄱ   ⑶ ㄷ
7 ④   8 ②   9 ⑴ ○   10 예 일 년 내내 우리나라
의 봄철과 같이 온화해 인간이 생활하기 유리하기
때문입니다.   11 나리   12 ㄹ   13 예 햇볕을
막기 위해 챙이 넓은 솜브레로를 씁니다.   14 멜
15 ⑴ 게르   ⑵ 타코   16 고상 가옥   17 예 집의
모양은 지형과 기후의 영향을 받습니다.   18 그리스
19 소   20 ⑤

1 기후는 한 지역에서 여러 해에 걸쳐 나타나는 평균
적인 날씨를 말하며, 세계에는 지역별로 다양한 기
후가 나타납니다. ④ 적도 부근은 열대 기후가 나타
납니다.

2 건조 기후 지역은 사막이 널리 나타나거나 약간의
비가 내려 초원이 넓게 나타나는 곳도 있습니다.

3 베트남, 인도네시아, 브라질 등 적도 주변의 나라들
은 열대 기후가 나타납니다.

채점 tip 적도, 저위도 지역 등의 열대 기후 지역의 분포를 알맞게
썼으면 정답으로 합니다.

4 열대 기후 지역에서는 독특한 자연 경관과 야생 동
물을 볼 수 있어서 생태 관광 산업이 발달하기도 합
니다.

5 건조 기후는 일 년 동안의 강수량을 모두 합쳐도
500mm가 채 안 될 정도로 비가 내리지 않습니다.
㉠, ㉡은 열대 기후, ㉢은 한대 기후에 대한 설명입
니다.

6 온대 기후는 사계절이 비교적 뚜렷한 기후로, 이 지
역에서는 일찍부터 다양한 농업이 발달했습니다.

7 냉대 기후는 온대 기후와 마찬가지로 사계절이 나
타나지만 온대 기후보다 겨울이 더 춥고 깁니다. ④
는 고산 기후에 대한 설명입니다.

8 한대 기후는 고위도의 극지방에 주로 나타나며, 이곳
주민들은 짧은 여름에 땅이 녹아 이끼나 풀이 자라는
곳에서 순록을 기르며 유목 생활을 하기도 합니다.

9 한대 기후의 일부 지역에서는 풍부한 천연가스와 석
유 등을 개발하고, 극지방에는 과학 및 군사 기지를
세우기도 합니다. ⑵ 통나무집은 냉대 기후 지역에서
주로 볼 수 있습니다.

10 고산 기후는 주변의 고도가 낮은 지역보다 기온이
낮아 일 년 내내 온화합니다. 적도 부근의 고산 지
대는 일찍부터 도시가 발달했습니다.

채점 tip 일 년 내내 온화해 인간이 생활하기 유리하기 때문이라
고 썼으면 정답으로 합니다.

11 고산 기후 지역에서는 서늘한 지역에서 잘 자라는
감자와 옥수수를 재배합니다. 또한 라마와 알파카
같은 가축을 길러 고기와 털을 얻습니다.

12 인도 여성의 전통 복장인 사리는 옷감을 자르거나
바느질하는 것을 바람직하지 않게 여기는 힌두교의
영향으로 나타난 의생활 모습입니다.

13 멕시코에서는 일교차가 심한 날씨에 쉽게 입고 벗을 수 있는 판초를 입고, 챙이 넓어 햇볕을 막을 수 있는 솜브레로를 씁니다.

채점 tip 햇볕을 막기 위해서라는 내용을 썼으면 정답으로 합니다.

14 델은 몽골의 전통 복장으로, 추위를 막을 수 있도록 두꺼운 원단을 사용하여 만듭니다. 소매가 좁고 길며 허리띠를 두르는 것이 특징입니다.

15 세계 여러 나라 사람들은 자신이 살고 있는 환경을 이용하여 옷, 음식, 집을 만들어 생활합니다.

16 고상 가옥의 지붕은 빗물이 고이지 않도록 경사를 가파르게 만들고 바람이 잘 통하도록 집의 창을 크게 만듭니다.

17 집의 모양은 지형과 기후의 영향을 받으며, 생활 방식과 관련이 있습니다.

채점 tip 지형과 기후의 영향을 받는다는 내용을 썼으면 정답으로 합니다.

18 그리스에서는 하얀 가옥을, 타이에서는 수상 가옥을, 캐나다에서는 통나무집을 볼 수 있습니다.

19 이 외에도 이슬람교를 믿는 사람들은 돼지고기, 동물의 피, 술 등을 먹지 않습니다.

20 서로 다른 생활 모습을 이해하고 존중하려는 마음가짐이 필요합니다.

❸ 우리나라와 가까운 나라들

14쪽　묻고 답하기 **❶**회

1 일본　**2** 러시아　**3** 한자　**4** 젓가락　**5** 경제
6 중국　**7** 베트남　**8** 칠레　**9** 미국　**10** 사우디아라비아

15쪽　묻고 답하기 **❷**회

1 중국　**2** 러시아　**3** 관광　**4** 일본　**5** 길고
6 문화　**7** 정치　**8** 원유　**9** 브라질　**10** 커지고

16쪽~19쪽　중단원 평가

1 ㉠ 러시아　㉡ 중국　**2** ㉠　**3** ②　**4** ③
5 예 동쪽은 넓은 평야가 발달했고, 서쪽은 높은 산지와 고원이 발달했습니다.　**6** ⑴ 온천　⑵ 서남부
⑶ 온대　**7** 예 러시아 대다수의 사람들이 유럽에 가까운 서남부 지역에 살기 때문입니다.　**8** ②　**9** ㉣
10 중국　**11** ㉡　**12** 근영　**13** 협력　**14** ②, ⑤
15 예 중국은 우리나라에서 수출 비중과 수입 비중이 가장 큰 나라로, 경제 교류가 활발합니다.
16 미국　**17** ③　**18** ⑤　**19** 예 노동력이 풍부하여 전자 제품, 기계, 의류 등을 생산하는 제조업이 발달했습니다.　**20** ③

1 우리나라의 북쪽에는 러시아, 서쪽에는 중국이 이웃하고 있습니다.

2 러시아는 우리나라의 북쪽에 있으며 세계에서 영토가 가장 넓은 나라입니다.

3 일본은 섬나라이기 때문에 비와 눈이 많이 내립니다.

4 ③ 해안가의 온대 기후 지역에 인구가 많습니다.

5 중국은 영토가 넓고 지역마다 다양한 지형과 기후가 나타납니다.

채점 tip 서쪽은 산지와 고원이 발달했고 동쪽은 넓은 평야가 발달했다는 특징을 썼으면 정답으로 합니다.

6 ⑴ 일본은 화산, 온천 등 자연환경을 이용한 관광 산업이 발달했습니다. ⑵ 러시아는 유럽과 가까운 서남부의 냉대 기후, 건조 기후 지역에 인구가 많습니다. ⑶ 중국은 온대 기후가 나타나는 동부 평야 지역에 인구가 많습니다.

7 러시아는 영토의 대부분이 아시아에 속하지만 언어나 음식 문화 등 생활 모습은 유럽과 비슷합니다.

채점 tip 대다수의 사람들이 유럽과 가까운 지역에 산다고 썼으면 정답으로 합니다.

8 우리나라와 중국, 일본은 한자 문화권에 속합니다.

9 일본은 섬나라 특성상 쉽게 녹슬지 않는 나무로 젓가락을 만듭니다.

10 중국은 둥글고 큰 식탁에 빙 둘러앉아 음식을 한가운데 두고 먹기 편하도록 긴 젓가락을 사용합니다.

11 ㉡ 우리나라와 중국, 일본은 지리적으로 가까워 옛날부터 서로 오가면서 자연스럽게 문화를 주고받을 수 있었습니다.

12 우리 주변을 살펴보면 우리나라와 이웃 나라가 다양한 분야에서 교류하고 있는 사례를 쉽게 찾아볼 수 있습니다.

13 우리나라와 이웃 나라는 공동의 문제들을 해결하기 위해 교류하며 협력합니다.

14 우리나라는 이웃 나라와 활발한 교류를 하고 있습니다. ①, ③, ④는 우리나라와 이웃 나라의 문화 교류의 모습입니다.

15 우리나라의 수출 비중과 수입 비중에서 가장 높은 비율을 차지하는 이웃 나라는 중국입니다.

채점 기준	상	수출 비중과 수입 비중이 가장 큰 나라라고 쓴 경우
	중	우리나라와 경제 교류가 활발하다고만 쓴 경우

16 미국은 지리적으로 거리가 멀지만 우리나라와 깊은 관계를 맺고 있는 가장 대표적인 나라입니다.

17 ③ 미국은 국토가 크고 넓은 만큼 각종 지하자원이나 에너지 자원이 풍부합니다.

18 조사할 나라의 위치, 면적, 기후, 지형, 인구, 주요 산업과 우리나라와의 관계 등을 조사합니다.

19 베트남은 노동력이 풍부해서 제조업이 발달하였으며, 쌀이 많이 생산되는 나라입니다.

채점 tip 노동력이 풍부하다는 특징과 함께 제조업이 발달했다는 내용을 썼으면 정답으로 합니다.

20 ③은 우리나라와 일본이 겪고 있는 문제로, 교류한 사례로 알맞지 않습니다.

20쪽 ~ 23쪽 | 대단원 평가

1 ㉠ 위선 ㉡ 경선 **2** ①, ② **3** ⑤ **4** ㉡
5 예 아시아 다음으로 큰 대륙이며, 북반구와 남반구에 걸쳐 있습니다. **6** (1) 남아메리카 (2) 태평양
7 ③, ⑤ **8** ① **9** 예 한 지역에서 여러 해에 걸쳐 나타나는 평균적인 날씨를 말합니다. **10** 지수
11 ④ **12** ㉠, ㉣ **13** 예 고산 기후 지역은 일 년 내내 날씨가 온화해 인간이 거주하기에 유리하기 때문입니다. **14** 케밥 **15** 유나, 민찬 **16** 예 나라마다 지형, 기후, 풍습 등이 다르기 때문입니다.
17 ㉡, ㉢, ㉣ **18** ④, ⑤ **19** ② **20** 쌀

---

1 위선과 경선은 위치를 찾기 편리하도록 지도나 지구본에 나타낸 가상의 선입니다.

> **자료 다시보기**
> **위도와 경도를 이용해 나라의 위치를 나타내는 방법**
> ❶ 나라의 동, 서, 남, 북 끝 지점 찾기
> ❷ 남쪽과 북쪽 끝 지점에 가까운 위선 찾기
> ❸ 동쪽과 서쪽 끝 지점에 가까운 경선 찾기
> ❹ 각 위선과 경선에 표시된 수치(위도, 경도) 확인하기

2 세계 지도는 둥근 지구를 평면으로 나타낸 것으로 실제 모습과 다른 점이 있습니다.

3 디지털 영상 지도를 이용하여 지역의 이름, 도로와 건물, 특정 장소의 실제 모습 등을 살펴볼 수 있습니다.

4 디지털 영상 지도를 통해서 세계 지도나 지구본에서 찾기 어려운 다양한 정보를 얻을 수 있습니다. ㉠은 세계 지도, ㉢은 세계 지도와 지구본, ㉣은 지구본의 특징입니다.

5 아프리카는 아시아와 유럽 등에 이웃해 있으며, 인도양과 대서양 사이에 있습니다.

채점 tip 아시아 다음으로 큰 대륙, 북반구와 남반구에 걸쳐 위치한다고 썼으면 정답으로 합니다.

6 세계는 일곱 개의 대륙과 다섯 개의 대양으로 나누어져 있습니다.

7 ① 세계에서 영토의 면적이 가장 넓은 나라는 러시아입니다. ② 세계에서 영토의 면적이 가장 좁은 나라는 바티칸 시국입니다. ④ 세계에서 영토의 면적이 두 번째로 넓은 나라는 캐나다입니다.

8 칠레는 세계에서 영토가 남북으로 가장 긴 나라입니다.

9 세계의 기후는 열대 기후, 건조 기후, 온대 기후, 냉대 기후, 한대 기후 등으로 구분됩니다.

채점 tip 한 지역에서 여러 해에 걸쳐 나타나는 평균적인 날씨라고 썼으면 정답으로 합니다.

10 적도 지방에서 극지방으로 갈수록 기온이 점차 낮아지고, 태양열을 많이 받는 적도 부근은 열대 기후가 나타납니다.

11 적도를 중심으로 한 저위도 지역에는 일 년 내내 기온이 높고 강수량이 많은 열대 기후가 주로 나타납니다.

12 건조 기후는 주로 중위도 지역의 내륙에 분포합니다. ㉡은 열대 기후 지역, ㉢은 온대 기후 지역의 모습입니다.

13 해발 고도가 높은 고산 지대는 일 년 내내 날씨가 온화합니다.

채점 tip 일 년 내내 날씨가 온화하기 때문이라는 내용을 썼으면 정답으로 합니다.

14 국민 대부분이 이슬람교를 믿는 튀르키예 사람들은 주로 양고기로 케밥을 만듭니다.

15 열대 기후가 나타나는 지역에서는 땅에서 전달되는 열기와 습기를 피하고 바람이 잘 통하게 하려고 나무 기둥을 세워 바닥이 땅에서 떨어지게 집을 짓습니다.

16 세계 각 지역의 지형, 기후 등 자연환경과 풍습, 종교 등 인문환경은 그곳에 사는 사람들의 생활 모습에 영향을 줍니다.

채점 tip 지형, 기후, 풍습 등이 다르기 때문에 의생활이 다르다는 내용을 썼으면 정답으로 합니다.

17 우리나라와 국경을 마주하고 있는 이웃 나라에는 중국, 일본, 러시아가 있습니다.

18 우리나라와 중국, 일본은 식사할 때 모두 젓가락을 사용합니다. 세 나라의 젓가락은 각 나라 문화의 영향을 받아 모양이 나라마다 조금씩 다릅니다.

19 ①과 ③은 문화, ④와 ⑤는 경제 교류 사례에 해당합니다.

20 베트남은 기온이 높고 강수량이 많으며, 토양이 비옥하여 벼가 많이 재배됩니다.

24쪽 수행 평가 ①회

1 ㉠ 열대 기후 ㉡ 온대 기후 ㉢ 냉대 기후 ㉣ 한대 기후 **2** 예 게르는 쉽게 분리할 수 있어 가축과 함께 자주 이동해야 하는 유목 생활에 유리합니다.

1 세계는 적도 지방에서 극지방으로 갈수록 기온이 점차 낮아지는데, 이는 기후 형성에 큰 영향을 미칩니다.

2 게르는 주로 건조 기후가 나타나는 몽골에서 유목 생활을 하고 있는 몽골 사람들에게 적합한 형태의 집입니다.

채점 기준		
	상	쉽게 분리할 수 있어 유목 생활에 유리하다고 쓴 경우
	중	유목 생활에 적합하다고만 쓴 경우

자료 다시보기

게르의 특징과 생활 모습
- 게르는 뼈대를 이루는 나무와 뼈대를 덮는 천막(양털로 짠 펠트)으로 이루어졌습니다. 쉽고 빠르게 조립 또는 분해할 수 있어 가축과 함께 자주 이동해야 하는 유목 생활에 유리합니다.
- 게르 내부에는 난로가 있는데, 가축의 배설물을 연료로 사용해 요리와 난방을 합니다.

25쪽 수행 평가 ②회

1 ㈎ 러시아 ㈏ 중국 ㈐ 일본 **2** ㈎ ㉡, ㉥ ㈏ ㉠, ㉤ ㈐ ㉢, ㉣ **3** 예 일본은 화산이 많으며 지진 활동이 활발하기 때문에 화산, 온천 등 자연환경을 이용한 관광 산업이 발달했습니다.

1 우리나라와 국경을 마주하고 있는 이웃 나라에는 중국, 일본, 러시아가 있습니다.

2 중국과 일본의 생활 모습은 우리나라와 비슷한 부분이 많고, 러시아는 우리나라와 국경을 마주하고 있지만 유럽과 생활 모습이 비슷합니다.

3 일본 국토의 대부분은 산지로 이루어져 있고 화산이 많으며 지진 활동이 활발합니다. 온천이 있는 지역에서는 관광 산업이 발달하기도 합니다.

채점 tip 화산, 온천을 이용한 관광 산업이 발달했다고 썼으면 정답으로 합니다.

2. 통일 한국의 미래와 지구촌의 평화

① 한반도의 미래와 통일

26쪽 묻고 답하기 ❶회

1 동 2 화산 3 가스 하이드레이트 4 천연기념물 5 「팔도총도」 6 이산가족 7 자원 8 남북 기본 합의서 9 개성 공단 10 육로

27쪽 묻고 답하기 ❷회

1 두(2) 2 경상북도 3 암석 4 안용복 5 반크 6 6·25 전쟁 7 언어 8 국방비 9 정치 10 전통 문화

28쪽~31쪽 중단원 평가

1 ⑤ 2 ㉠ 급 ㉡ 암석 3 ⑤ 4 ③ 5 예 우리나라에서 가장 오래된 화산섬이기 때문입니다. 지형과 자연 경관이 독특하고 아름답기 때문입니다. 6 ㉡ 7 독도 8 ④ 9 ㉡, ㉢ 10 예 독도에 관한 사실을 전 세계 사람들에게 알리고, 일본의 억지 주장을 바로잡는 데 힘쓰고 있습니다. 11 (2) ○ 12 예 우리나라는 남한과 북한으로 분단되었기 때문입니다. 13 윤희 14 ④ 15 ⑤ 16 ㉠ 남한 ㉡ 북한 17 개성 공단 18 ㉠, ㉡ 19 예 남한과 북한 선수들이 평창 동계 올림픽 대회에 공동으로 입장했습니다. 20 ③

1 ⑤ 독도에서 울릉도까지의 거리가 일본 오키섬까지의 거리보다 약 70km 더 가깝습니다.

2 독도는 독특한 지형과 경관을 지닌 화산섬입니다. 독도는 경사가 급하고 대부분 암석이지만 다양한 동식물이 서식하고 있습니다.

3 ⑤ 독도 주변 바다의 밑바닥에는 미래 에너지원으로 주목받는 가스 하이드레이트가 묻혀 있습니다.

4 독도에는 독특한 지형과 다양한 동식물이 서식하고 있습니다. ③ 돌하르방은 돌로 만든 할아버지라는 뜻으로, 제주도에서 볼 수 있는 수호신입니다.

5 독도에는 다양한 동식물이 서식하고 있기 때문에 천연기념물 제336호로 지정해 보호하고 있습니다.

채점 tip 예시 답안 중 한 가지를 썼으면 정답으로 합니다.

6 ㉡ 「대일본전도」는 일본이 공식적으로 자국의 영토 전체를 표기해 만든 지도로, 일본 영토를 자세히 그려 놓았지만 독도는 어디에도 없습니다.

7 제시된 역사적 자료에는 독도가 우리나라의 영토라는 사실이 나타나 있습니다.

8 안용복은 일본으로부터 독도가 조선 땅임을 확인하려고 노력했습니다.

9 정부는 독도의 생태계 보호와 지속 가능한 이용을 위해 여러 법령을 시행하고 있습니다. ㉠ 독도는 우리나라의 주권이 미치는 우리나라의 영토입니다. ㉢ 독도에는 독도 경비대가 독도를 지키고 있습니다.

10 사이버 외교 사절단 반크는 외국 사람들에게 우리나라의 올바른 정보를 알리는 활동을 하는 단체로서 독도, 통일, 한국 문화, 한국사 등을 해외에 홍보할 수 있는 다양한 교육 프로그램과 활동 방법을 제시하고 있습니다.

채점 tip 독도에 관한 사실을 전달하는 데 노력하고 있다는 내용을 썼으면 정답으로 합니다.

11 (1) 독도 경비대원, 등대 관리원, 울릉군청 독도 관리 사무소 직원 등 약 50여 명이 거주하며 독도를 지키고 있습니다.

12 분단으로 남한과 북한 사람들은 여러 가지 어려움을 겪고 있습니다.

채점 tip 남북 분단 때문이라는 내용을 썼으면 정답으로 합니다.

13 남북 분단으로 전쟁에 대한 두려움, 이산가족의 고통, 국방비 과다로 인한 경제적 손실, 남북 간의 언어와 문화 차이 등의 어려움을 겪고 있습니다.

14 남한과 북한은 예전에는 같은 언어를 사용하고 같은 역사와 문화를 공유했지만, 분단으로 언어와 문화가 달라졌습니다.

15 ⑤ 유라시아 횡단 철도가 연결되면 우리나라에서 유럽까지 기차로 갈 수 있습니다.

16 북한에는 석탄, 철광석, 마그네사이트 등의 지하자원이 풍부하게 매장되어 있습니다. 남한의 높은 기술력과 북한의 풍부한 자원을 효율적으로 이용하면 경쟁력 높은 제품을 만들 수 있습니다.

17 남한의 자본과 기술력에 북한의 노동력이 결합한 개성 공단이 활발하게 운영되었던 적이 있습니다.

18 남북통일을 위해 정치적으로는 1991년에 남북 기본 합의서 채택, 2000년·2007년·2018년에 남북 정상 회담 개최 등의 노력을 했습니다.

19 1991년 남북 탁구 단일팀을 시작으로, 남과 북은 스포츠에서 단일팀을 구성하거나 올림픽에서 한반도기를 들고 공동 입장을 함으로써 전 세계에 통일에 대한 희망의 메시지를 전했습니다.

> **채점 tip** 남북한 스포츠 팀이 하나가 되어 국제 대회에 출전했다는 내용을 썼으면 정답으로 합니다.

20 통일이 되면 백두산이나 금강산으로 여행을 갈 수 있습니다.

② 지구촌의 평화와 발전

32쪽 묻고 답하기 ❶회

1 갈등 **2** 메콩강 **3** 팔레스타인 **4** 국제 연합(UN) **5** 국제 노동 기구 **6** 인권 **7** 의료 **8** 해비타트 **9** 이태석 신부 **10** 말랄라 유사프자이

33쪽 묻고 답하기 ❷회

1 종교 **2** 중국 **3** 이익 **4** 유네스코 **5** 난민 **6** 외교 **7** 비정부 기구 **8** 세이브 더 칠드런 **9** 그린피스 **10** 조디 윌리엄스

34쪽~35쪽 중단원 평가

1 팔레스타인 **2** ③, ⑤ **3** 예 언어, 민족, 종교가 서로 다른 부족들이 하나의 나라로 묶여 있기 때문입니다. **4** (2) ○ **5** 예 세계 여러 나라가 서로 밀접하게 연결되어 있기 때문입니다. **6** ㉡ **7** 국제 연합(UN) **8** ① **9** 예 국제기구에 가입하여 지구촌 문제 해결에 협력하거나 국제적 지원 활동을 합니다. **10** (1) 환경 (2) 의료 **11** ㉢ **12** ③

1 이스라엘과 팔레스타인은 하나의 지역을 서로 자기 땅이라고 주장하며 갈등을 겪고 있습니다.

2 이스라엘과 팔레스타인은 영토와 종교 문제로 갈등을 겪고 있습니다.

3 나이지리아는 1960년 영국으로부터 독립했지만 언어, 민족, 종교가 서로 다른 250여 개의 종족들이 서로 협력하지 못했습니다.

> **채점 tip** 언어, 민족, 종교가 서로 다른 종족들이 하나의 나라로 묶여 있기 때문이라는 내용을 썼으면 정답으로 합니다.

4 이 외에도 강대국들이 어려운 나라를 이용해 이익을 얻으려고 하기 때문에 지구촌 갈등이 지속됩니다. (1) 국가들이 지켜야 하는 강력한 법이 없기 때문에 지구촌 갈등이 사라지지 않고 있습니다.

5 이 외에도 문제가 심해지면 살 곳을 잃은 사람들이 난민이 되어 주변국에 도움을 청하는 등 갈등 상황이 주변으로 번지기도 하기 때문입니다.

> **채점 tip** 세계 여러 나라가 서로 연결되어 있기 때문이라는 내용을 썼으면 정답으로 합니다.

6 지구촌 평화는 구성원들의 끊임없는 노력으로 지속될 수 있습니다. ㉠ 우리들이 할 수 없는 일입니다. ㉢ 지구촌 갈등을 해결하자는 내용의 홍보 동영상을 만들 수 있습니다.

7 1945년 설립된 국제 연합(UN)은 지구촌의 평화 유지, 전쟁 방지, 국제 협력 활동을 하는 단체입니다.

8 국제 연합 산하 전문 기구인 유네스코는 교육, 과학, 문화 분야 등에서 다양한 국제 교류를 하면서 국제 평화를 추구하고 있습니다.

9 이 외에도 지구촌에서 일어나는 문제를 여러 나라와 함께 고민하고 해결하는 외교 활동을 하기도 합니다.

> **채점 tip** 국제기구 활동 참여, 외교 활동, 국제적 지원 활동 등 지구촌 갈등을 해결하기 위한 국가의 노력을 썼으면 정답으로 합니다.

10 (1) 지구 환경과 평화를 지키기 위해 1971년 그린피스를 설립했습니다. (2) 국경 없는 의사회는 1971년 프랑스 의사들과 의학 전문 언론인들에 의해 설립되었습니다.

11 해비타트는 집이 필요한 사람들에게 집을 지어 주는 일을 하는 비정부 기구입니다. ㉠은 핵무기 폐기 국제 운동, ㉡은 세이브 더 칠드런, ㉣은 국제 앰네스티에서 하는 일입니다.

12 지구촌 갈등을 해결하려면 국제기구와 국가뿐만 아니라 각 개인의 역할도 중요합니다.

3 지속 가능한 지구촌

36쪽 묻고 답하기 ❶회

1 열대 2 지구 온난화 3 미세 먼지 4 일회용품
5 세계 시민 6 친환경적 7 빈곤 8 학교 9 편견
10 교육

37쪽 묻고 답하기 ❷회

1 환경 2 플라스틱 3 친환경 4 파리 협정
5 지속 6 생산 7 기아 8 적정 기술 9 행사
10 존중

38쪽~41쪽 중단원 평가

1 ④ 2 ③ 3 ⑤ 4 ④ 5 ⑩ 친환경 제품을
생산하는 기술을 개발합니다. 제품 생산 과정에서
오염 물질의 배출을 줄입니다. 6 ㉠ 7 현규
8 (2) ○ 9 지속 가능한 10 ⑩ 지속 가능한 미래를
만들기 위해 지구촌의 문제에 관심을 가지고 해결
하려고 적극적으로 협력하는 사람을 말합니다.
11 (2) ○ 12 ⑩ 사용하지 않는 물건을 기부합
니다. 환경을 생각하여 만든 물건을 구입합니다.
13 ㉠ 빈곤 ㉡ 기아 14 ㉠ 아프리카 ㉡ 유럽 15 ③
16 ⑤ 17 ㉠, ㉡ 18 ③ 19 ⑩ 대기가 오염되지
않도록 가까운 거리는 걷거나 자전거를 타고 이동합
니다. 20 (2) ○

1 플라스틱 쓰레기가 바다로 떠내려가면 어패류를 먹는
우리들도 플라스틱을 먹는 일이 생길 수 있습니다.

2 ③ 기아 인구의 증가는 환경 문제에 해당하지 않습
니다.

3 브라질이 경제 개발을 위해서 아마존 지역을 개발
하려고 하고 그 과정에서 아마존 열대 우림의 파괴
가 급속도로 진행되고 있습니다.

4 세계 환경 문제의 심각성을 알리는 홍보 자료를 만
들 때 미세 먼지 증가, 심각해지는 지구 온난화, 지
속되는 사막화 등의 환경 문제가 나타난 사진을 활
용할 수 있습니다.

자료 다시보기

지구촌 환경 문제

○○신문   20△△년 △△월 △△일

사라지는 산호초

전 세계 바다 곳곳에서
산호가 죽어가고 있다. 산
호가 하얗게 변하며 죽어
가는 현상인 산호 백화 현
상이 전 세계 바다에서 진
행되고 있다. 산호 백화 현상은 바다 온도의 급격한 상
승, 오염 등에 큰 영향을 받는다.

5 기업들이 환경을 보호하고 사회적 책임을 실천하기
위해 노력하고 있습니다.

채점 tip 기업에서 환경 문제를 해결하기 위해 하는 노력을 한 가
지 썼으면 정답으로 합니다.

6 ㉠ 지구촌 환경 문제를 해결하기 위한 국가의 노력
에 해당합니다.

7 지구촌 환경 문제를 해결하기 위해 개인은 환경 캠
페인 참여하기, 일회용품 줄이기 등의 노력을 할 수
있습니다.

8 정부에서는 환경 보호 관련 국제 규약이나 협약을
준수하고, 친환경 에너지 개발을 지원합니다. 또한
다양한 환경 정책을 시행합니다.

9 자원을 절약하고 환경 오염을 줄임으로써 지속 가
능한 미래를 이룰 수 있습니다.

10 지구촌에서 나타나는 문제들은 오늘날 사람들의 안
정적인 생활을 어렵게 하고 있습니다. 우리는 지구촌
문제에 관심을 가지고 해결하려고 노력해야 합니다.

채점 tip 지속 가능한 미래를 만들기 위해 지구촌 문제에 관심을
가지고 협력하는 사람이라는 내용을 썼으면 정답으로 합니다.

11 환경을 생각하는 생산과 소비로 자원을 아끼고 환
경 문제를 줄일 수 있습니다.

12 이 외에도 친환경적 소비의 사례로는 가까운 곳에
서 생산한 식품 구입하기, 공정 무역 제품 구입하기
등이 있습니다.

채점 기준	
상	친환경적 소비의 사례 두 가지를 정확히 쓴 경우
중	친환경적 소비의 사례를 한 가지만 정확히 쓴 경우

13 세계에는 빈곤과 기아에 시달리고 있는 사람들이
많이 있습니다.

14 아프리카 지역에서 영양 결핍 문제가 심각합니다. 빈곤과 기아 문제를 해결하기 위해서는 지구촌에 함께 살고 있는 사람들의 고통을 공감하고, 문제 해결을 위해 적극적으로 동참하는 태도가 필요합니다.

15 빈곤과 기아 문제는 그 지역만의 문제가 아니라 지구촌 모두와 연결된 문제임을 알고 서로 협력해 문제를 해결하려고 노력해야 합니다.

16 세계 곳곳에서는 문화가 다르다는 이유로 편견과 차별에 고통받는 사람들이 있습니다.

17 음식 문화, 종교 등이 나와 다르다고 해서 이상하게 생각하는 것은 문화적 편견과 차별입니다.

18 ③ 문화적 편견과 차별은 없어져야 할 지구촌 문제입니다.

19 이 외에도 나와 다른 문화를 가진 친구에게 편견을 가지지 않고 서로 다른 문화를 이해합니다.

채점 tip 세계 시민으로서 우리가 할 수 있는 일을 썼으면 정답으로 합니다.

20 ⑴ 자신의 행동이 지구촌 환경 문제에 영향을 미칠 수 있다고 생각해야 합니다.

42쪽~45쪽 대단원 평가

1 ㉠, ㉣ **2** ② **3** ⑴ ○ ⑶ ○ **4** 예 남한과 북한이 분단되었기 때문에 여러 가지 어려움을 겪고 있습니다. **5** ④ **6** ③ **7** ⑤ **8** 메콩강 **9** 예 문제가 심각해지면 살 곳을 잃은 사람들이 다른 나라에 도움을 청하는 등 갈등 상황이 주변으로 번지기도 하기 때문이야. **10** ⑴ ○ **11** 국제 연합(UN) **12** ㉠ **13** ③ **14** ② **15** 예 지구촌 갈등을 해결하기 위해 노력했습니다. **16** ④ **17** ⑤ **18** ③ **19** ㉠, ㉢ **20** 예 지구촌 문제가 우리의 문제임을 알고 이를 해결하려고 협력하는 자세를 지닌 사람입니다.

1 ㉡ 독도는 우리나라의 동쪽 끝에 있는 섬입니다. ㉢ 「팔도총도」, 『세종실록』「지리지」 등 독도가 우리나라 영토라는 사실이 나타나 있는 옛 자료가 남아 있습니다.

2 ② 독도는 경사가 급하고 대부분 암석이지만 다양한 동식물이 서식하는 생태계의 보고이기도 합니다.

3 ② 정부는 독도에 등대, 선박 접안 시설, 경비 시설 등을 설치했습니다.

4 광복 이후 우리나라의 남과 북에는 서로 다른 정부가 수립되었고 6·25 전쟁을 겪으면서 분단이 더욱 굳어졌습니다.

채점 tip 우리나라가 남한과 북한으로 분단되었다는 내용을 썼으면 정답으로 합니다.

자료 다시보기

남북 분단으로 겪는 어려움

남한과 북한이 분단되어 전쟁에 대한 두려움, 이산가족의 고통, 과도한 국방비 지출 등 여러 가지 어려움을 겪고 있습니다.

5 ④ 남북이 통일한다면 비무장 지대에 평화 기념관을 세우고 그 주위를 생태 공원으로 만들어 활용할 수 있게 됩니다.

6 ③ 남한의 자본과 기술력에 북한의 노동력이 결합한 개성 공단이 활발하게 운영되었던 적이 있습니다.

7 ⑤ 남북통일이 되면 전쟁에 대한 두려움과 전쟁 가능성이 사라질 것입니다.

8 미얀마, 라오스, 타이, 캄보디아, 베트남은 주로 벼농사를 짓기 때문에 물이 부족하면 식량난에 처할 수 있어서 중국의 댐 건설은 서로 양보할 수 없는 문제가 되었습니다.

9 전쟁으로 살 곳을 잃은 사람들이 난민이 되어 주변국에 도움을 청하거나, 몇몇 나라들이 전쟁 무기를 개발해서 판매하면 국제 사회에 영향을 주는 등 한 나라 안에서 일어난 문제가 지구촌 문제가 되기도 합니다.

채점 tip 갈등 상황이 주변으로 번지기도 하기 때문이라는 내용을 썼으면 정답으로 합니다.

10 ⑵ 지구촌 갈등의 문제를 해결하려면 갈등을 겪는 지역뿐만 아니라 여러 사람이 함께 노력해야 합니다.

11 국제 연합(UN)은 지구촌의 평화 유지, 전쟁 방지, 국제 협력 활동을 하는 단체입니다.

12 국제 연합(UN)은 산하에 여러 전문 기구를 두고 지구촌 갈등을 해결하려고 노력하고 있습니다.

13 우리나라는 전쟁이나 폭력으로부터 생명과 인권을 보호하고 지구촌 갈등을 해결하려고 다양한 활동을 하고 있습니다.

14 ② 해비타트는 가난, 전쟁, 재해 등으로 인해 고통받는 사람들의 주거 환경을 개선하는 활동을 합니다.

15 넬슨 만델라, 이태석 신부, 조디 윌리엄스는 지구촌 갈등을 해결하고자 노력했습니다.

채점 tip 지구촌의 평화를 위해 노력했다는 내용을 썼으면 정답으로 합니다.

16 ④ 전쟁으로 발생한 난민 문제는 지구촌 갈등 사례에 해당합니다.

17 지구촌 환경 문제를 해결하기 위해 국가에서는 관련 정책과 법령을 만들어 노력하고 있습니다. 18 지구촌 사람들은 빈곤과 기아 문제를 해결하려고 모금 활동, 식량 지원, 캠페인, 교육 지원, 농업 기술 지원 등 다양한 노력을 합니다.

18 지구촌 사람들은 빈곤과 기아 문제를 해결하려고 모금 활동, 식량 지원, 캠페인, 교육 지원, 농업 기술 지원 등 다양한 노력을 합니다.

19 세계는 계속 가까워지고 있는데 서로 다른 문화를 존중하지 않고 자신의 문화를 기준으로 함부로 판단하기 때문에 문화적 편견과 차별의 문제가 지속되고 있습니다.

20 지구촌의 세계 시민들은 지속 가능한 미래를 만들고자 지구촌에 나타나는 문제에 관심을 가지고 살펴보며 함께 해결하려고 노력하고 있습니다.

채점 tip 지구촌 문제를 해결하려고 협력하는 자세를 지닌 사람이라는 내용을 썼으면 정답으로 합니다.

46쪽   수행 평가 ❶회

1 ⓔ 독도에서 일본의 오키섬보다 우리나라의 울릉도까지의 거리가 더 가깝다는 것을 보아 독도가 우리나라의 영토라는 사실을 알 수 있습니다.   **2** ⓔ 「팔도총도」, 『세종실록』「지리지」 등   **3** ⓔ 외국에 독도를 알릴 수 있는 홍보 활동을 다양하게 하고 있습니다.

---

1 독도가 우리나라의 울릉도에 더 가깝게 위치해 있다는 것은 독도가 우리나라의 영토라는 또 하나의 증거입니다.

채점 기준	상	독도에서 오키섬보다 울릉도까지의 거리가 가깝다고 쓰고, 독도가 우리나라의 영토임을 알 수 있다고 쓴 경우
	중	독도에서 오키섬보다 울릉도까지의 거리가 가깝다고만 쓴 경우

2 「팔도총도」는 현존하는 우리나라 옛 지도 중 독도가 표기된 가장 오래된 지도이고, 『세종실록』「지리지」에 독도가 우리나라 영토임이 표기되어 있습니다.

3 이 외에도 독도를 잘못 소개한 정보와 자료를 찾아 수정을 요구하는 등의 노력을 하고 있습니다.

채점 tip 홍보 활동, 잘못된 정보 수정 등의 노력을 썼으면 정답으로 합니다.

47쪽   수행 평가 ❷회

1 비정부 기구   **2** 국경 없는 의사회   **3** ⓔ 아동의 생존과 보호를 돕고 이를 위한 시민들의 참여를 실현하고자 활동합니다.

---

1 비정부 기구는 스스로 생각하는 것을 국가나 다른 단체의 간섭을 받지 않고 자유롭게 해 보기 위해 만들었습니다.

> **자료 다시보기**
>
> **국제기구와 비정부 기구의 비교**
> • 국제기구는 각국 정부가 모인 단체이고, 비정부 기구는 개인이나 민간단체 중심으로 만들어진 단체라는 점이 다릅니다.
> • 국제기구와 비정부 기구의 성격은 다르지만, 지구촌의 평화와 발전을 이루고자 노력한다는 점은 같습니다.

2 국경 없는 의사회에서는 인종이나 종교, 성별 등과 관계없이 의료 지원이 필요한 사람들을 돕는 단체입니다.

3 세이브 더 칠드런은 인종, 종교, 정치적 이념을 초월하여 아동 권리 실현을 위해 활동하는 비정부 기구입니다.

채점 tip 아동의 생존과 보호를 위해 노력한다는 내용을 썼으면 정답으로 합니다.

동아출판

내신과 수능의 빠른시작!
중학 국어 빠작 시리즈

비문학 독해

독해력과 어휘력을 함께 키우는 독해 기본서

· 다양한 주제의 지문과 독해 원리를 익히는 '지문 분석'
· 지문 연계 배경지식과 어휘·어법 학습으로
　독해력, 어휘력 향상

문학 독해 / 고전 문학 독해

필수 작품을 통해 문학 독해력을 기르는 독해 기본서

· 내신과 수능에서 다루는 대표 작품 수록
· '작품 독해'와 더불어 배경지식과 사고력 확장

문학×비문학 독해

문학 독해력과 비문학 독해력을 함께 키우는 독해 기본서

· 문학·비문학 교차 학습
· '지문 분석' 워크북을 통한 지문의 구조적 이해

어휘

내신과 수능의 기초를 마련하는 중학 어휘 기본서

· 필수 어휘 및 수능 기출 예문을 통한 어휘력 확장

한자 어휘

중학 국어 필수 어휘를 배우는 한자 어휘 기본서

· 교과서 속 어휘를 한자 뜻으로 쉽게 익혀 어휘력 강화

첫 문법

중학 국어 문법을
쉽게 익히는 문법 입문서

문법

풍부한 문제로
문법 개념을 정리하는 문법서

서술형 쓰기

유형으로 익히는 실전 Tip
중심의 서술형 실전서

친절한 해설북